I0759649

El arte de concentrarte

El arte de concentrarte

Recupera tu atención en tiempos de distracción

Dra. Zelana Montminy

REM*life*

Finding focus: own your attention in an age of distraction
El arte de concentrarte. Recupera tu atención en tiempos de distracción

Loreto 13-15, Local B.
08029 Barcelona – España
revertemanagement.com

Fecha de publicación: octubre 2025

Edición en papel
ISBN: 978-84-10121-30-0

Edición en ebook
ISBN: 978-84-291-9898-0 (ePub)
ISBN: 978-84-291-9899-7 (PDF)

Editores: Ariela Rodríguez / Ramón Reverté
Coordinación editorial y maquetación: Patricia Reverté
Traducción: Irene Muñoz

Impreso en España – *Printed in Spain*
Depósito legal: B 17002-2025
Impresión y encuadernación: Liberdúplex
Barcelona – España

#146

Para Joel, Ethan, Ava y Ella, mi núcleo.

Sois la energía vibrante, el amor y la alegría
que guían mi enfoque e inspiran este trabajo.

CONTENIDOS

El arte de concentrarte

PREFACIO

Nuestra capacidad de concentración, antaño piedra angular de los logros humanos, está desapareciendo. Sepultados bajo una avalancha de listas de tareas pendientes, vamos saltando de una tarea a otra como cobayas de laboratorio en un laberinto de distracciones digitales, donde cada notificación es una promesa efímera de recompensa.

Como habitantes de dos mundos, el físico que nos rodea y el reino digital en constante expansión, vivimos en un permanente estado de flujo. Gestionar nuestras bandejas de entrada, las redes sociales y nuestros perfiles online es como un segundo trabajo que reclama nuestra atención, incluso cuando intentamos estar presentes en el mundo real. Este estado constante de «división» erosiona nuestra concentración y nos hace sentir fragmentados.

Las exigencias son implacables: una interminable cacofonía de ansiedades que resuena en nuestras vidas a un volumen ensordecedor. Los plazos inminentes retumban mientras el zumbido de otras obligaciones susurra una melodía angustiante de insuficiencia. Nos quedamos mentalmente exhaustos, incapaces de oír nuestras propias voces internas por encima del estruendo.

Incluso el consuelo del descanso parece un bien de lujo en este entorno hiperconectado. Las alertas de noticias parpadean como luces estroboscópicas, los correos electrónicos suenan con la urgencia de una alarma de incendios y nuestros teléfonos vibran con el ritmo incesante de un capataz exigente. Este ruido persistente de distracción ahoga los tranquilos anhelos de nuestras almas: el deseo de una conexión genuina, el simple placer de un pensamiento ininterrumpido.

No se trata de una lucha privada o individual, de un simple caso de mala gestión del tiempo o de falta de fuerza de voluntad. Es una epidemia social. Nuestros dispositivos, lejos de ser las herramientas de comunicación que prometían ser, se han convertido en máquinas meticulosamente elaboradas para captar nuestra atención. Diseñadas para explotar los sistemas de recompensa de nuestros cerebros, nos bombardean con un flujo constante de notificaciones impredecibles y bucles de refuerzo positivo. Cada «me gusta», comentario o seguidor nos proporciona un pequeño subidón de dopamina, una palmadita neuroquímica en la espalda que nos mantiene comprobando compulsivamente si hay más. Es un círculo vicioso que nos deja conectados y enganchados, pero en última instancia insatisfechos.

No se trata de una lucha privada o individual.
Es una epidemia social.

Nos hemos acostumbrado a estos fugaces golpes de dopamina, siempre al límite, buscando la próxima validación digital. Incluso la presión de seguir el ritmo de las noticias de nuestros amigos y familiares en las redes sociales merma nuestra capacidad de estar plenamente presentes. Ansiamos el sistema de recompensa digital, que es tan impredecible y seductor como una máquina tragaperras. Pero ¿a qué precio? ¿Hemos sacrificado la base misma del bienestar humano —la conexión significativa— en aras de la actividad?

Pero no se trata solo de nuestros dispositivos. Las exigencias incesantes de la vida moderna se amontonan: los plazos del trabajo, las cestas de la ropa sucia desbordadas, el bucle mental constante de recados y citas. No dejamos de exigirnos cada vez más a nosotros mismos: ser más ambiciosos en el trabajo; no ser simplemente «buenos» padres, sino perfectos; cuidar con esmero el hogar, la vida y las relaciones para proyectar un tipo imposible de impecabilidad. Incluso el cuidado personal se convierte en otra cosa más que optimizar.

Todo el mundo, desde los ejecutivos más poderosos hasta los padres ocupados que hacen malabarismos con innumerables exigencias, pasando por los estudiantes que acaban de empezar, se siente perpetuamente rezagado. Nuestros días están fragmentados por las distracciones, nuestra energía agotada por las incesantes exigencias de nuestro frenético estilo de vida. Incluso en los momentos de ocio, el hábito de cambiar de tarea se aferra a nosotros como una segunda piel. Tender la ropa se ve salpicado por listas mentales de tareas pendientes, un paseo por el parque interrumpido por un pensamiento persistente sobre un correo electrónico sin respuesta. Nuestros cerebros, condicionados por el interminable bombardeo de estímulos, se han vuelto incómodos con el enfoque sostenido. El mero hecho de experimentar la vida en tiempo real se ha convertido en un reto.

El mero hecho de experimentar la vida en tiempo real se ha convertido en un reto.

Mi más reciente toque de atención se produjo en un semáforo. Esperando en mi coche en la intersección, aproveché el momento de inactividad para responder a un correo electrónico de trabajo. Mientras terminaba, sintiéndome satisfecha por haber completado esta tarea con tanta eficacia, fui consciente de que mi hijo me suplicaba en voz alta desde su asiento. «¡Mamá, te estoy hablando!». No había oído ni una sola palabra de lo que había dicho. Cuando me volví hacia él y vi sus ojos serios fijos en mí, se me partió el corazón. No solo estaba distraída, sino que también estaba haciendo lo mismo que a menudo les digo a mis hijos que nunca hagan: estaba siendo una hipócrita, y eso me destrozó. En ese momento, supe que tenía que reorganizarme en serio. Necesitaba ser más consciente de dónde y cuándo centrar mi atención, y ser muy consciente de cuándo las distracciones se interponían en la vida que quería llevar.

La batalla por la atención lleva años cociéndose a fuego lento, una lenta erosión de la presencia frente a una marea digital creciente. A esto se añaden las realidades de la pandemia y el aislamiento físico forzado que solo sirvió para aumentar nuestra dependencia y la ubicuidad de los dispositivos. A pesar de sus asombrosas pérdidas y de todas las penurias, el periodo de aislamiento, en realidad, nos regaló a algunos de nosotros algo bastante notable: la oportunidad de liberarnos del ciclo de distracción de una forma sin precedentes. En ausencia de estímulos constantes y del bullicio habitual de la actividad, surgió un espacio de tranquilidad para muchos de nosotros. En él, nos vimos obligados a enfrentarnos tanto al mundo exterior como al paisaje, a menudo descuidado, de nuestra propia mente. La vertiginosa corriente de nuestras vidas anteriores a la pandemia se evaporó. Mientras que las videollamadas con FaceTime y Zoom nos mantenían conectados en un sentido virtual, las limitaciones físicas impuestas por los encierros forzaron un tipo diferente de conexión: una enraizada en la experiencia compartida. Nos vimos empujados a estar juntos, despojados de las distracciones externas que suelen poblar nuestro tiempo.

Esta intimidad forzada, aunque inicialmente abrumadora, se convirtió en un catalizador. Empezamos a ver, aunque solo fuera por un momento, el peaje que el estado de «siempre conectados» nos estaba cobrando, así como a nuestras parejas y a nuestros hijos. Los frenéticos malabarismos con el trabajo, los recados y las obligaciones sociales dieron paso a un ritmo más sencillo, centrado en las necesidades inmediatas y el bienestar de nosotros mismos como individuos y de nuestras familias.

Aunque no fue la experiencia de todos —desde luego no para los que trabajaron para salvar vidas y siguieron desempeñando funciones esenciales, desde enfermeras a empleados de correos— para muchos la introspección impuesta y la conciencia siempre presente de nuestra propia mortalidad fue una oportunidad para volver a establecer prioridades. Innumerables personas dejaron sus trabajos, insatisfechas con vidas que antes habían encontrado normales. Ante la crisis mundial, el ritmo frenético de la vida se ralentizó, lo que provocó una reevaluación de lo que de verdad importaba. Este gusto por una vida más sencilla, aunque nacido de la crisis, encerraba una belleza sorprendente. Experimentamos el poder fugaz del enfoque y la alegría de las conexiones más profundas, aunque a veces sintiéramos incomodidad al enfrentarnos a nuestros propios pensamientos.

Cuando salimos de la pandemia, la vuelta a la normalidad, que una vez fue un faro de esperanza, se percibió como extrañamente chocante. El frenético ajetreo de nuestras vidas anteriores a la pandemia volvió a rugir, amplificado por una nueva urgencia. Ansiábamos la concentración y la conexión que habíamos redescubierto, pero una vez más las demandas implacables y las distracciones digitales lo convirtieron en una batalla cuesta arriba. Muchos de nosotros, entre los que me incluyo, nos encontramos aún más atados a nuestros dispositivos. Esta creciente dependencia sirvió como crudo recordatorio de un problema mayor: nuestra lucha por mantener el enfoque en medio del caos. En mi trabajo como psicóloga clínica, observé que no eran solo mi familia o mis clientes los que estaban abrumados y siempre ansiosos; era un tema omnipresente, y nadie estaba exento. Mis clientes en las escuelas, los padres, los profesionales y el personal de alto rendimiento en empresas como American Express, Bank of America, KPMG, Coca-Cola y Estée Lauder, todos sufren una frenética sensación de distracción y un profundo sentimiento de agotamiento. Estamos estresados, cansados e insatisfechos, al margen de nuestro nivel de éxito.

Esta lucha generalizada encendió un fuego en mi interior para encontrar una solución. Este libro es la culminación de esa chispa: un grito de guerra por un mundo en el que la atención no sea un recurso menguante, sino una fuerza vibrante a la espera de ser aprovechada.

RECLAMAR TU DERECHO DE NACIMIENTO

Imagina un mundo en el que la concentración no sea un privilegio de unos pocos, sino un derecho de nacimiento que se pueda reclamar. Un mundo en el que podamos silenciar la cacofonía externa y el parloteo interno, no mediante el aislamiento, sino a través del poder colectivo de la intención. Este mundo está a nuestro alcance, pero requiere algo más que conocimiento. Requiere acción.

Este libro es tu hoja de ruta hacia esta revolución. A diferencia de otros libros que prometen una concentración sobrehumana en pos de una mayor productividad, este libro se centra en el control intencionado de nuestra atención. A lo largo de este viaje, nos embarcaremos en una profunda exploración de la ciencia que hay detrás de la concentración, echando por tierra los mitos y conceptos erróneos que han enturbiado nuestra comprensión de la productividad. Nos adentraremos en el fascinante funcionamiento de tu cerebro, examinando cómo procesa la información y por qué es tan susceptible a la distracción en nuestro mundo moderno. Te proporcionaré estrategias basadas en pruebas que te ayudarán a elegir lo que más importa en medio del ruido para que puedas convertirte en un gestor activo de tu atención en lugar de un consumidor pasivo de información.

Te proporcionaré estrategias basadas en pruebas que te ayudarán a elegir lo que más importa en medio del ruido para que puedas convertirte en un gestor activo de tu atención en lugar de un consumidor pasivo de información.

Al final de este viaje, dispondrás de una caja de herramientas rebosante de estrategias prácticas. Aprenderás a:

- **Identificar a tus ladrones de concentración.** Las distracciones digitales y mentales que te roban tu tiempo y tu atención. Exploraremos cómo silenciar las notificaciones, gestionar el uso de las redes sociales y domar al siempre presente crítico interior.
- **Elaborar un plan de enfoque personalizado.** Una hoja de ruta alineada con tus valores y objetivos. Este plan te ayudará a identificar lo que realmente importa y a priorizar las tareas que te impulsan hacia tus aspiraciones.
- **Optimizar tu cerebro para la presencia.** Estar en el aquí y el ahora. Desvelaremos los secretos para hackear los ciclos

naturales de concentración de tu cerebro con el fin de entrar en un estado de flujo y alcanzar la máxima productividad.

- **Agudizar tu capacidad para decir «no».** El arte de establecer límites y proteger tu tiempo. Descubrirás cómo rechazar educadamente las peticiones que no se ajustan a tus prioridades y recuperar el control sobre tu agenda.
- **Navegar por el mundo digital sin sucumbir a sus exigencias.** Estrategias para domar a la bestia digital. Exploraremos los pasos que puedes dar, desde la utilización de aplicaciones de productividad hasta la creación de zonas libres de distracciones.
- **Cultivar una sensación de calma y conciencia.** Cómo acallar el parloteo mental en un mundo de ajetreo constante. Con estas técnicas, podrás alcanzar un estado de paz interior, incluso en medio del caos exterior.
- **Fortalecer tus relaciones, incluida la que tienes contigo mismo, y construir una vida más significativa.** Recuperar tu enfoque para que tengas tiempo y energía para invertir en las relaciones que más importan.

LA REVOLUCIÓN DEL ENFOQUE: VUELVE A CONECTAR CON TU YO INTERIOR

Este libro no trata de diagnosticar o considerar como una patología el problema de la falta de atención. Se trata de reconocer la verdadera lucha humana de vivir en un entorno en el que la atención escasea. Nuestra realidad de estar «siempre activos» nos bombardea con estímulos, y así fractura nuestros pensamientos, disminuye el bienestar y nos deja crónicamente distraídos. Pero hay una buena noticia: la neuroplasticidad, la notable capacidad del cerebro para adaptarse y cambiar, está de nuestra parte. Tenemos el poder de cultivar la concentración y la resiliencia, recableando nuestras vías neuronales para favorecer la atención sostenida.

Recuperar la concentración no solo tiene que ver con la productividad personal; en el fondo, se trata de liberar todo tu potencial para conectar de forma significativa, contribuir con autenticidad y dar forma a la vida que has estado anhelando. Todos los demás aspectos positivos caerán en cascada como un efecto dominó al reescribir la narrativa de la distracción.

Este camino para recuperar el enfoque no consiste en retirarse o desconectar, sino en recordar y explorar. Se trata de recordar el asombro de ojos abiertos que poseíamos de niños, la capacidad de perdernos por completo en una sola actividad cautivadora. Se trata de recordar el silencioso murmullo de satisfacción que surge de un trabajo bien hecho, la intimidad que florece cuando entregamos toda nuestra presencia a otro ser humano. Aunque todo nos parezca demasiado lejano para recordarlo, aún podemos cultivar la curiosidad y el compromiso de forma intencionada y redescubrir esos susurros olvidados en nuestro interior.

Este libro es una llamada a la acción para cualquier persona que anhele liberarse de las garras de la distracción y reclamar el poder de la atención. Se trata de rescatar la esencia misma de lo que somos de la marea implacable de la distracción. Se trata de redescubrir la alegría de la exploración enfocada, el poder de la sintonía emocional compartida y la fuente de innovación que llevamos dentro, anhelando ser liberada.

Este libro es una llamada a la acción para cualquier persona que anhele liberarse de las garras de la distracción y recuperar el poder de la atención.

Se trata de salvarnos de la lenta erosión de nuestra serenidad, de la fragmentación de nuestras vidas y de la constante corriente subterránea de ansiedad que se ha convertido en la norma. Y se trata de reclamar el poder de elegir lo que más importa, de dar forma a nuestras realidades con intención y de vivir una vida llena de sentido y conexión.

Toma aire y pasa página. Tu viaje hacia la concentración comienza ahora.

INTRODUCCIÓN

Comprender la concentración

Al iniciar nuestro viaje, resulta útil comprender tanto lo que entendemos por enfoque como por qué somos tan propensos a la distracción. Cuando comprendemos lo que pretendemos conseguir en términos de enfoque y podemos reconocer las razones por las que nuestros mejores esfuerzos se ven a menudo interrumpidos, podemos sentirnos capacitados para desarrollar estrategias y mantener el rumbo.

Atención, concentración y enfoque son palabras que a menudo se utilizan indistintamente, cuando en realidad tienen significados distintos. Comprender las sutiles diferencias puede ayudarte a apreciar los matices de cada experiencia.

Veamos un sencillo desglose:

- **Atención.** Es el término más amplio y se refiere a la capacidad de procesar selectivamente la información del entorno en el que te encuentras. Es como un foco de luz que puede desplazarse entre los diferentes estímulos, a los que va explorando constantemente para que puedas registrar lo que ocurre a tu alrededor.
- **Concentración.** Este término se refiere a la capacidad de mantener la atención en una tarea o estímulo específico. Un ejemplo sería un estudiante concentrándose en un libro o un músico atendiendo a una nota concreta. Mantener la concentración fija y resistirse a las distracciones requiere esfuerzo.

- **Enfoque.** A menudo se utiliza «enfoque» como sinónimo de «concentración», pero también puede implicar un mayor nivel de intensidad y esfuerzo mental. Imagina que el foco se estrecha aún más, bloqueando casi todo, excepto el objeto de tu atención. El enfoque permite una inmersión profunda, absorbiéndote completamente en la tarea que estás realizando.

En su libro *Los principios de la psicología*, publicado en 1890 y citado aún hoy en las investigaciones, el psicólogo y filósofo William James decía: «Todo el mundo sabe lo que es la atención. Es la toma de posesión por la mente, de forma clara y vívida, de uno entre varios objetos o líneas de pensamiento simultáneamente posibles... Implica apartarse de algunas cosas para ocuparse eficazmente de otras». Esta definición resuena en mí. Nuestras mentes reciben y procesan una enorme cantidad de información procedente de múltiples fuentes, externas e internas, en cada momento mientras avanzamos a lo largo de nuestros días, y no podemos prestar atención a todo ello. James continuaba: «Millones de elementos del orden exterior están presentes para mis sentidos que nunca entran adecuadamente en mi experiencia. ¿Por qué? Porque no tienen ningún interés para mí. Mi experiencia es aquello a lo que acepto prestar atención». La atención es un foco que destaca partes del mundo que nos rodea y, al hacerlo, crea para nosotros nuestra realidad subjetiva.

La concentración es como mantener fijo el rayo de luz de una linterna en un objeto concreto. Diriges tu atención y tu esfuerzo para mantenerte concentrado en una tarea o fuente de información concreta, filtrando algunas distracciones, pero sin dejar de ser consciente del entorno. Requiere un esfuerzo activo mantener ese foco de atención, pero no implica necesariamente una inmersión profunda. Imagina que estudias para un examen: te concentras activamente en el libro de texto, pero puedes seguir oyendo ruidos de fondo o ser consciente de pensamientos pasajeros.

El enfoque es más extremo, es como encender un puntero láser con una precisión milimétrica. Alcanzas un estado de profunda absorción y compromiso, en el que casi todo lo demás se desvanece. Tu atención queda completamente capturada por la tarea que tienes entre manos, bloqueando las distracciones y los estímulos externos. Es un estado intenso que permite una comprensión profunda y un rendimiento de alta calidad. Piensa en estar tan absorto en un libro apasionante que pierdes la noción del tiempo y del entorno.

En esencia, la concentración es el puente entre la atención y el enfoque. Utilizas la concentración para estrechar tu atención desde el entorno más amplio a una tarea específica, y luego, con un mayor esfuerzo, alcanzar el nivel más profundo de inmersión que llamamos enfoque. Todas son herramientas valiosas para navegar por nuestro mundo repleto de información, y comprender sus diferencias te ayudará a elegir el «modo mental» adecuado para la situación que tengas entre manos.

Para hacer todo esto un poco más concreto, intenta imaginar que estás en un restaurante concurrido:

- **Atención.** Eres consciente de tu entorno de una manera informal. Puedes oír la música que suena, las conversaciones que tienen lugar a tu alrededor y el tintineo de los cubiertos. Incluso podrías ver entrar a alguien conocido.
- **Concentración.** Decides escuchar una conversación en tu mesa. Ignoras el ruido de fondo y sintonizas tu atención con las palabras concretas que se pronuncian.
- **Enfoque.** Tienes que mantener una conversación importante con tu pareja durante la cena. Silencias las notificaciones, dejas a un lado el ruido del restaurante y te concentras por completo en cómo eliges tus palabras, fijándote en tu tono de voz, tus expresiones faciales y tus emociones.

Piensa en ello como un espectro: la atención es una conciencia amplia, la concentración es un estrechamiento de tu atención y el enfoque es una concentración intensa con un objetivo determinado. Funcionan conjuntamente para ayudarte a desenvolverte en el mundo y a completar las tareas con eficacia.

La atención es una conciencia amplia, la concentración es un estrechamiento de tu atención y el enfoque es una concentración intensa con un objetivo determinado.

Todos pasamos por alguna versión de los tres cada día. Prestamos atención a unas cosas y no a otras, y dirigimos nuestra atención y concentración hacia diversas tareas y actividades… y cuando lo hacemos, a nuestro cerebro le gusta. Cuando estamos enfocados en una tarea, nuestro cerebro se baña en dopamina, el neurotransmisor que nos motiva a hacer cosas que nos producen placer. Para nuestros antepasados, esto tenía sentido desde el punto de vista evolutivo, ya que los llevaba a buscar comida o pareja para asegurarse la supervivencia. La recompensa de dopamina por el éxito en la búsqueda de comida, la actividad sexual o una cueva bien defendida los mantenía atentos y concentrados.

Sin embargo, la liberación de dopamina asociada a la concentración sostenida puede disminuir con el tiempo. Aquí es donde, en nuestro mundo moderno, caemos en la trampa de la distracción. Podemos encontrar ese subidón de dopamina casi en cualquier lugar que miremos. Es posible que la expectativa de comentarios y «me gusta» en las redes sociales, o de un correo electrónico interesante, no sea una cuestión de supervivencia, pero, aun así, nuestro cerebro experimenta el mismo subidón de placer. Así que cuando una distracción nos llama, ofreciéndonos un rápido golpe de dopamina, estamos encantados de prestarle nuestra atención. Por muy decididos que estemos a mantener el enfoque, a menudo es una batalla perdida. En muchos sentidos, estamos abocados al fracaso y, antes de que nos demos cuenta, descubrimos que nuestra atención se centra en algo distinto de lo que pretendíamos.

No podemos hablar del enfoque y la atención sin mencionar el TDAH (trastorno por déficit de atención con hiperactividad), un diagnóstico que ha ganado relevancia en la conversación general a medida que muchas personas están siendo diagnosticadas, a menudo de adultas. El TDAH implica un patrón constante de falta de atención y dificultad para dirigir el enfoque o hiperactividad y comportamiento impulsivo, aunque puede manifestarse de formas diferentes en cada persona. A menudo se trata con medicación que aumenta la dopamina y la norepinefrina en el cerebro para ayudar a mejorar la atención. En esta era de las distracciones, las personas con TDAH pueden tener aún más dificultades para mantener el enfoque. Este libro no está escrito específicamente pensando en el TDAH, pero muchas de las herramientas que proporciona pueden resultar útiles a los lectores neurodivergentes. Una parte clave de la conversación en torno al TDAH, y la neurodiversidad en general, es reducir el estigma, algo que este libro espera acometer. La distracción, o la incapacidad para concentrarse, no es un fallo moral o personal; independientemente de cómo funcione tu cerebro, nuestro mundo moderno hace que sea increíblemente difícil ser intencionados con nuestra atención.

Entonces, ¿por qué es tan difícil centrarse? Exploremos algunas de las otras causas subyacentes de nuestra distracción habitual.

Sesgo de novedad

Nuestros cerebros están cableados para dar prioridad a lo nuevo y estimulante sobre lo familiar y, cuando la dopamina baja, buscan la novedad y la estimulación. Nuestra tarea actual, por importante que sea, pierde su brillo y nos atrae el encanto de lo desconocido. Más allá de la neuroquímica, la estructura cerebral también desempeña un papel en cómo nos vemos afectados. La red neuronal por defecto (RND), activa cuando no estamos directamente concentrados, se nutre de la exploración. Explora sin cesar el entorno en busca de recompensas potenciales y estímulos interesantes, y cuando nuestra concentración decae, nuestra atención errante no tiene que buscar muy lejos una alternativa en un mundo lleno de brillantes distracciones. Un rápido vistazo a Instagram, una repentina alerta de noticias o un correo electrónico que aterriza en nuestra bandeja de entrada nos resultan prometedores.

- **Fatiga de atención.** Aunque queramos mantenernos en la tarea, puede que no seamos capaces. La atención sostenida es agotadora a nivel mental, sobre todo cuando no tenemos práctica en el arte de la concentración. El esfuerzo continuo de mantener la atención puede resultar agotador, lo que dificulta aún más resistir la tentación de actividades más fáciles y atractivas.
- **Escape emocional.** Las tareas difíciles o mundanas pueden resultar emocionalmente agotadoras y acogemos las distracciones como un refugio temporal que nos proporciona un respiro de la tensión mental. ¿Quién no prefiere ver vídeos de gatitos en lugar de pagar facturas?
- **Sensación de control.** En un mundo con tantas exigencias, elegir distraernos puede darnos una sensación de poder. Es una forma de recuperar el control, aunque sea por un breve lapso, de la presión del trabajo concentrado y otros compromisos.

EL MITO DE LA MULTITAREA

A medida que empezamos a reconocer la forma en que nuestros mecanismos cerebrales y el entorno pueden influir en nuestra predisposición a la distracción, también es crucial comprender que a todos nos han vendido un mito en lo que se refiere a la multitarea. Nos han enseñado a verla como la clave de la productividad, nuestro boleto para ganar en la vida, y, sin embargo, en realidad, es todo lo contrario: la multitarea desafía y socava nuestros esfuerzos de concentración. Es abrumadora y agotadora, y provoca un ciclón silencioso de angustia mental colectiva.

La multitarea desafía y socava nuestros esfuerzos de concentración.

En los últimos años, cada vez nos damos cuenta con mayor frecuencia de que la multitarea puede no ser todo lo que se dice, pero no queremos creerlo... ni sabemos qué hacer al respecto. Seguimos hablando de la multitarea como una habilidad deseable en nuestros currículos, y los reclutadores de talentos buscan candidatos que puedan hacer malabarismos con múltiples tareas simultáneas. Con nuestros teléfonos al alcance de la mano, podemos conectarnos en un instante a un sinfín de información, redes sociales y entretenimiento siempre disponibles. Mientras nos movemos entre correos electrónicos con nuestro jefe y mensajes de texto con nuestros amigos, hacemos la compra mientras recogemos a los niños o vemos un episodio de la última serie imprescindible en la sala de espera del médico, nos alimentamos de la emoción de hacer tantas cosas. Pero al final del día, o antes para muchos de nosotros, estamos agotados y abrumados. Nuestros cerebros están quemados y nuestra concentración destruida. Aun así, no conseguimos relacionar los hechos y no nos damos cuenta de que nuestro malestar cognitivo y mental está causado por nuestra incesante multitarea.

Creemos, sin dudarlo, que necesitamos realizar varias tareas a la vez, que se nos da bien y que mejora nuestras vidas. Pero, en esencia, nos está minando a cada paso y hace descarrilar nuestra capacidad de concentración. Nuestros cerebros simplemente no tienen la capacidad cognitiva para navegar por la avalancha de información que asalta nuestra atención a diario. Tampoco nuestros cerebros son capaces de procesar dos o más tareas al mismo tiempo, en particular si cada una de ellas requiere control cognitivo: prestar atención, ignorar las distracciones, utilizar la memoria de trabajo y avanzar hacia los objetivos. Eso incluye la mayoría de nuestras actividades diarias, como ocuparnos de nuestras bandejas de entrada, terminar un proyecto, dirigir una reunión, hacer una lista de la compra, cocinar una comida, conducir hasta el centro comercial, escribir un trabajo o planificar el futuro.

De hecho, casi todo lo que hacemos en nuestras vidas centradas en la productividad implica algún elemento de control cognitivo. Y, aun así, aunque nuestros cerebros no estén preparados para ello, todos pasamos gran parte de nuestros días haciendo más de una cosa a la vez. Puede ser hablar por teléfono mientras conducimos, enviar mensajes de texto durante una clase o hacer doble pantalla mientras vemos la televisión. Consideramos esto como multitarea y nos complace pensar que estamos logrando más en menos tiempo. En realidad, no estamos haciendo varias cosas a la vez. O bien estamos dividiendo nuestra atención alternándola con rapidez de un lado a otro, microsegundos cada vez (como mantener una conversación telefónica mientras miramos la carretera y conducimos), o estamos cambiando entre dos o más tareas cada pocos minutos (por ejemplo, enviar correos electrónicos y estudiar para un examen). Lo hacemos en detrimento de nuestra salud mental y nuestra capacidad de concentración.

Hemos dividido nuestra atención con tanta frecuencia a lo largo de nuestra vida cotidiana que ya casi no nos damos cuenta de que lo estamos haciendo. Vivimos en un estado de interrupción constante, y lo aceptamos como algo normal. Puede que reconozcas este escenario común: estás concentrado en una tarea cuando te llega un correo electrónico, un mensaje de texto u otra notificación. De inmediato, tu atención se desvía de lo que estás haciendo y pasa a estar dividida, lo que significa que te estás centrando en más de una cosa. Puedes decidir ignorar la interrupción y continuar con lo que estabas haciendo, aunque el esfuerzo por bloquear la distracción te costará valiosos recursos cognitivos. O puedes decidir comprobar el mensaje o abrir el correo electrónico y atenderlo porque, razonas, solo te llevará un momento y entonces estará hecho y podrás volver a lo que estabas haciendo. Sin embargo, las investigaciones demuestran que incluso después de interrupciones sencillas como abrir y contestar un correo electrónico, podemos tardar mucho tiempo en volver a concentrarnos en nuestra tarea original. Un estudio demostró que se tarda, de media, veintitrés minutos y quince segundos. Incluso cuando reanudamos nuestra tarea tras una interrupción, parte de nuestra mente sigue centrada en el correo electrónico que acabamos de enviar, un fenómeno conocido como «residuo de atención», en el que nuestra atención vuelve a parpadear hacia la tarea terminada. Lleva tiempo cambiar nuestra mentalidad y reorientarnos. El proceso reduce nuestra eficacia.

Vivimos en un estado de interrupción constante, y lo aceptamos como algo normal.

Podemos recibir docenas de correos electrónicos cada hora, por no hablar de los mensajes de texto, las notificaciones de las redes sociales y la gente que asoma la cabeza por la puerta con «solo una pregunta rápida», todo ello interrumpe nuestra concentración y nos hace cambiar de una tarea a otra. Los estudios demuestran que, aunque estas interrupciones no tienen por qué disminuir nuestra productividad, la subsiguiente carrera por terminar nuestras tareas provoca mayores niveles de estrés, más frustración y un aumento de la presión del tiempo y el esfuerzo, y esto, cuando se repite día tras día, pasa una factura enorme a nuestro bienestar.

Hace poco, en una cena con amigos, la conversación giró en torno a la multitarea, y me llamó la atención que muchas personas alrededor de la mesa sabían intuitivamente que no era buena para ellos, pero, aun así, creían que era imperativo realizarla para superar el día. Sentían que las exigencias de su vida laboral y doméstica hacían de la capacidad de realizar varias tareas a la vez una necesidad absoluta. No eran capaces de aceptar el hecho de que nuestros cerebros simplemente no pueden hacer el trabajo que les pedimos y que nos estamos abocando al fracaso a diario. Un estudio reveló que solo el 2,5 por ciento de las personas son capaces de realizar varias tareas a la vez con eficacia.

Al igual que tú, tengo una vida ajetreada, llena de compromisos, no todos ellos agradables. Sé que nuestro mundo hiperconectado nos exige mucho, y a menudo desearía que hubiera más horas al día para poder hacerlo todo. Pero también he llegado a saber que la multitarea no es la respuesta, no importa lo que nos hayan dicho o de lo que intentemos convencernos a nosotros mismos.

CÓMO UTILIZAR ESTE LIBRO

Recuperar nuestra atención es un objetivo crucial en el mundo actual, y hacer la transición de estar distraído a estar enfocado requiere un deseo y un trabajo genuinos. Desde luego, no es algo que pueda lograrse de la noche a la mañana. Mientras hacemos este viaje juntos, mi esperanza es que encuentre un camino que funcione para ti, que sea realista en tu vida en este momento, y que avances por él paso a paso. Empezar algo nuevo puede ser abrumador, y a veces puede parecer imposible en un día, una semana o un mes ya de por sí ajetreados. Si podemos reconocer por adelantado que recuperar el enfoque requiere tiempo e intención —y quizá no te sobre mucho de eso— podremos reducir presión. Aquí no hay plazos ni fechas límite, solo lo que a ti te parezca bien. Más adelante, exploraremos la idea de proceso, de mantener la vista en los pasos en lugar de obsesionarnos con lo que puede parecer un objetivo inalcanzable. El proceso tiene lugar en el presente, en las minucias cotidianas de nuestras vidas y, en muchos sentidos, es todo lo que tenemos. Este aquí, este ahora, es la esencia de nuestras vidas. El momento actual es el futuro que una vez soñamos y, si lo pensamos bien, es con estos momentos con los que tenemos más poder para crear cambios en nuestras vidas. Así que con eso en mente, recordemos que los pequeños pasos pueden llevarnos a los lugares en los que queremos estar si podemos ser pacientes con nosotros mismos.

Este aquí, este ahora, es la esencia de nuestras vidas.

En los capítulos siguientes, te proporciono consejos claros, información clave y pasos prácticos. Puede parecer mucho para asimilar y demasiado para incorporar a tu vida, y puede que te preguntes cómo podrás encontrar tiempo para todo ello. De nuevo, haz lo que tenga sentido para ti. Algunas de las sugerencias pueden resonar más que otras, y algunas pueden encajar fácilmente en tus rutinas, mientras que otras pueden darte una nueva conciencia o perspectiva sobre la que reflexionar. Como en tantas otras cosas, lo perfecto es enemigo de lo bueno. Intenta hacer todo lo que puedas, sabiendo que incluso un solo cambio es beneficioso. Si hay días en los que sientes que no puedes hacer nada, también está bien. No es todo o nada.

Recordemos que los pequeños pasos pueden llevarnos a los lugares en los que queremos estar si somos pacientes con nosotros mismos.

Al final de cada capítulo, encontrarás un apartado con las claves para enfocar tu mente, que podrás consultar siempre que lo necesites. Para quienes prefieran la estructura de un marco temporal, en el apéndice he proporcionado una «Guía de 21 días para enfocarte». Estas indicaciones diarias están vinculadas a cada capítulo y ofrecen sugerencias para practicar los elementos clave. La guía te invita a completar una tarea cada día, con la intención de comenzar el trabajo de restablecer tus patrones y reconfigurar tus hábitos y tu cerebro. También he reunido un kit de herramientas de emergencia para esas épocas estresantes de tu vida en las que parece que no hay tiempo suficiente para nada. Mis cinco consejos principales te ayudarán a encontrar el enfoque incluso cuando la vida es insoportablemente agitada.

Me ilusiona iniciar este camino contigo hacia una vida más intencional. El momento de reclamar tu atención es ahora. Hagámoslo.

PRIMERA PARTE

Sentar las bases

Bienvenido a la primera parte de tu viaje para recuperar tu capacidad de enfocar tu atención y reclamar tu capacidad de elegir hacia dónde dirigir la atención. A lo largo de los próximos cinco capítulos profundizaremos en los comportamientos fundamentales que te proporcionarán una base sólida para tu transformación y te ayudarán a obtener los mejores resultados posibles:

- Visión y compromiso
- Combustible
- Sueño
- Actividad física
- Naturaleza

Cada capítulo te introducirá en el tema, te proporcionará datos científicos y métricas, y te ayudará a empezar a aplicar los hallazgos en tu propia vida mediante herramientas y estrategias concretas.

CAPÍTULO UNO

Visión y compromiso

Muchos lectores se habrán sentido atraídos por este libro porque están desbordados. Puede que se sientan estresados por las exigencias constantes del trabajo o las obligaciones familiares, por el ciclo interminable de noticias que inducen al miedo o por la presión incesante de tener que presentar su mejor yo al mundo de las redes sociales. Existen innumerables razones por las que podemos sentirnos desorientados y fuera de control, y por las que recuperar la capacidad de centrarse de nuevo puede parecer atractivo. Incluso como una tabla de salvación. Para mí, el punto de inflexión llegó cuando me di cuenta de que no estaba dando a mi familia —los cinco, incluyéndome a mí— la presencia que merecía. Mis hijos no deberían tener que decir mi nombre repetidamente solo para ser reconocidos, y mi marido no debería sentir que compite con mi teléfono por mi atención. Esa no era la vida familiar que yo imaginaba. Ansiaba un nivel más profundo de conexión, del tipo que prospera cuando escuchamos, vemos y acompañamos de verdad a las personas que amamos. Tú tendrás tus propias experiencias y deseos para devolver la atención a su vida.

Al comenzar este viaje, me gustaría que pensaras por un momento en cómo quieres que cambie tu vida cuando puedas volver a enfocar tu atención. ¿Cómo sería para ti una vida en la que pudieras dirigir tu atención a tu elección? ¿A qué decidirás dedicar tu tiempo y qué harás con el tiempo extra que ganarás al minimizar las distracciones? Te pido un compromiso con la idea de visualizar, de imaginar tu vida ideal y cómo podrías sentirte viviéndola. Esto puede resultar difícil de contemplar en medio del ajetreo y el ruido constante de esa lista interminable de tareas pendientes. Incluso la idea de pensar en ello puede parecerte una nueva tarea imposible. Sin embargo, es importante prestar atención a nuestras visiones y comprometernos con ellas. Muchos de nosotros hemos perdido los sueños que una vez tuvimos para el futuro a medida que nuestras vidas se han sobrecargado de información, interrupciones y, aunque no lo sepamos, de las perspectivas de otras personas. Este es uno de los problemas de no dirigir con intención nuestra atención: siempre hay alguien que está encantado de dirigirla por nosotros.

Este es uno de los problemas de no dirigir con intención nuestra atención: siempre hay alguien que está encantado de dirigirla por nosotros.

Desde el momento en que nos despertamos, nos bombardean con mensajes, notificaciones, correos electrónicos, publicidad, noticias y más noticias, y todo eso nos llega a través de nuestros teléfonos, posiblemente antes de que hayamos salido de la cama. Miremos donde miremos nos lanzan mensajes o intentan vendernos algo sin cesar, y es difícil aislarse de ese ruido. En el trabajo, gran parte de nuestro día (los estudios dicen que un tercio de nuestro tiempo) lo pasamos gestionando datos, navegando por correos electrónicos, reaccionando a cualquier cosa que se nos presente. Puede parecer que nos sepultan en el proceso, que no hay forma de salir de debajo de todo. Con la avalancha de tanta información, es casi imposible crear un plan para el día, o incluso para la hora siguiente, por no hablar del resto de nuestras vidas. Si alguna vez intentamos pensar en el panorama general, nos parece demasiado extenso, demasiado inmanejable, demasiado abstracto. No tenemos tiempo para ello, ni capacidad para reflexionar, y nos resulta mucho más fácil responder a un correo electrónico o a un mensaje de texto.

Si somos sinceros, ¿sabemos de verdad lo que anhelamos? ¿Hemos pensado en ello en las últimas semanas? ¿Pensado de verdad, desde lo más profundo de nuestro ser? En una sociedad que nos dice lo que queremos basándose en las enormes cantidades de datos personales que compartimos de forma voluntaria, aunque no lo sepamos, es fácil perdernos de vista a nosotros mismos y a nuestras auténticas necesidades. Si nos detenemos en un post de Instagram, si dirigimos nuestra atención a un anuncio de Facebook, los algoritmos toman nota y en el futuro se dirigirán a nosotros basándose en nuestras supuestas preferencias. Más del 80 por ciento de lo que vemos en Netflix no se decide por las elecciones conscientes de las personas, sino por los algoritmos, aunque la mayoría de nosotros argumentará que estamos viendo lo que habríamos elegido de todos modos. Quizás hayas oído decir: «¡Me conocen mejor que yo mismo!». En última instancia, nuestras opciones se reducen hasta que vemos, vestimos, comemos o leemos lo que nos dicen que queremos, y lo aceptamos sin pararnos a pensar. ¿Cómo podemos encontrar un lugar para nuestras propias visiones en este mundo en el que todo está pensado para una versión de nosotros mismos inducida por algoritmos?

POR QUÉ NECESITAMOS UNA VISIÓN

Cuando escuches la palabra «visión», puede que sepas de inmediato cuál es la visión de tu vida. O puede que nunca te hayas planteado esta cuestión y necesites tomarte un tiempo para pensar en el camino que quieres seguir. Puede que se estés cuestionando todo el concepto: por qué es importante y qué tiene que ver con encontrar el enfoque. Veamos algunos ejemplos en los que tener una visión puede ayudarte al iniciar este viaje.

Dirección

Tener una visión clara dibuja una imagen de nuestro resultado deseado. Una visión actúa como nuestro guía interior, que nos proporciona una dirección fija en un mundo incierto, una manera de dar forma a nuestra vida en lugar de ver simplemente cómo pasa. Nos ayuda a lograr lo que parecía imposible. Aclara nuestras prioridades, nos permite tomar decisiones con conocimiento de causa y nos mantiene centrados en lo que de verdad importa. Muchas personas creen que quieren aprender a centrarse en el mundo actual, ruidoso y lleno de distracciones, para ser más productivas. Pero te invito a cuestionar esta suposición y a replantearte qué significa «productivo» para ti. ¿Significa enviar más correos electrónicos o registrar más tiempo en el trabajo? ¿O que un post en las redes sociales se convierta en viral? ¿O enfocarse en una afición que le apasione? ¿Qué es lo que crea valor en tu vida? Al final del capítulo, cuando hayas puesto nombre a tu visión, tendrás una mejor comprensión de lo que en realidad quieres.

Una visión actúa como nuestra estrella polar, que nos proporciona una dirección fija en un mundo incierto, una manera de dar forma a nuestra vida en lugar de ver simplemente cómo pasa.

Resiliencia

Los obstáculos son inevitables en cualquier viaje. Una visión sólida actúa como fuente de esperanza, recordándonos para qué estamos trabajando y por qué es importante. No se trata solo de conocer tus objetivos; se trata de anclarlos a un significado. Este anclaje mental alimenta la resiliencia. Cuando surgen contratiempos, una visión clara nos recuerda el «por qué» de nuestros esfuerzos. Se convierte en el empujón interno que nos hace avanzar, incluso cuando el camino se pone difícil.

Compromiso

A veces podemos olvidar que el camino hacia nuestra visión comienza a nuestros pies. Seguir ese camino requiere compromiso, o nuestra visión seguirá siendo algo lejano e inabordable en lugar de impregnar nuestro presente. El trabajo diario del compromiso nos permite avanzar con intención hacia donde queremos estar, construyendo por etapas a lo largo del tiempo, superando los retos y fortaleciendo nuestra determinación cuando las cosas son difíciles. Cambiar de hábitos nunca es fácil.

La visión enciende la chispa del deseo, pero el compromiso la aviva hasta convertirla en una llama ardiente. Es la fuerza que nos mantiene aferrados cuando la motivación decae. Verbalizar nuestras visiones añade otra capa de poder. Al expresarlas en voz alta, las fijamos en nuestra mente, haciéndolas más alcanzables. Este simple acto se convierte en un poderoso motivador que nos acerca al futuro que deseamos.

Rendición de cuentas

Cuando estamos comprometidos de verdad, nos hacemos responsables de nuestras acciones y progresos. Establecemos hitos, hacemos un seguimiento de los logros y ajustamos el rumbo según sea necesario. Esta autorrendición de cuentas te garantiza que sigues en el buen camino, avanzando en la dirección de tu visión.

Es fácil decirlo, pero no tanto ponerlo en práctica. ¿Cómo podemos responsabilizarnos y comprometernos gradualmente con nuestras visiones en medio de la naturaleza frenética de la vida? En un estudio sobre el establecimiento de objetivos, se dividió a los participantes en cinco grupos y se les indicó que trabajaran para alcanzar sus objetivos siguiendo diferentes planes (entre ellos: no tener ni objetivos ni un plan concreto, escribir planes de acción bien definidos y compartir objetivos y planes con un amigo). Al final del estudio, los datos mostraron que escribir y comprometerse con un objetivo hacía mucho más probable que alguien lograra ese objetivo. Compartir los objetivos con otras personas para crear responsabilidad y proporcionar actualizaciones frecuentes de los progresos también eran piezas importantes para el éxito.

Plasmar tu visión y tu compromiso por escrito los graba profundamente en tu mente. Esto se debe al «efecto de generación», que significa que somos más capaces de recordar material que hemos generado nosotros mismos (por ejemplo, imaginándolo y escribiendo sobre él) que de recordar material que solo hemos leído. Pensar en tu visión, crear una imagen de ella en tu mente y luego escribirla te garantiza que la recordarás.

La visión y el compromiso, juntos, crean sinergia. Trabajan en tándem en un poderoso ciclo de retroalimentación. Tu visión alimenta tu compromiso, y tu compromiso refuerza tu visión. Este ciclo de refuerzo positivo te impulsa, cada vez más y más fuerte, hacia tus objetivos.

ENCONTRAR TU VISIÓN

A veces, puede resultar difícil apuntar a lo grande porque lo que uno anhela parece poco realista o poco práctico. He descubierto que la gente, a menudo, rebaja sus visiones porque parecen inalcanzables. Pero siempre es mejor empezar por tu ideal. Tu visión es tu sueño global, no los pasos a lo largo del camino.

Recuerda que las visiones tienen que ver con cómo quieres sentirte, más que con las cosas que te gustaría lograr o adquirir. Si te encuentras deseando algo específico, como un nuevo trabajo o una pareja romántica, intenta profundizar y descubrir los sentimientos subyacentes. Tal vez estés deseando encontrar el valor para probar algo nuevo, o anheles construir una intimidad más profunda en las relaciones. Una de mis clientas deseaba con desesperación huir de todo y vivir en Italia, y la idea se le presentaba cada vez que pensaba en su visión. Intentaba desterrarla de sus pensamientos e idear otra cosa. Era poco realista, me decía. Nunca sucedería. Pero le sugerí que se quedara con la idea, ya que le salía de las entrañas. Con el tiempo, a medida que trabajábamos juntas, fue capaz de ir quitando las capas y encontrar lo que sí quería: ser más curiosa y más abierta a nuevas ideas, personas y lugares. Centrar su tiempo en construir estas prácticas. Su imagen de Italia la condujo a una visión más cercana, pero igual de transformadora.

Recuerda que las visiones tienen que ver con cómo quieres sentirte, más que con las cosas que te gustaría lograr o adquirir.

Para algunos de nosotros es más fácil declarar lo que no queremos que lo que sí queremos, y eso está bien, si puedes utilizar tus instintos para que te guíen hacia una visión. Quizás estés cansado de sentirte solo y quieras estar más conectado. O todo te parece fuera de control y te gustaría experimentar la calma. Pregúntate qué hay en el fondo de lo que necesitas.

Si tienes dificultades para discernir tu visión, puedes encontrar algunas preguntas útiles en el Apéndice B al final del libro. La sección correspondiente al segundo día puede guiarte en el trabajo reflexivo de dar nombre a tu visión. Puede que lleve algún tiempo reflexionar sobre tu visión, y puede que quieras volver a esta tarea con el tiempo. Pero no la abandones. Es un fundamento crucial para tu trabajo de enfoque futuro. Los capítulos siguientes serán unos recordatorios diarios, tus pasos comprometidos en el camino hacia tu objetivo.

Claves para enfocar tu mente

En este capítulo hemos desentrañado los retos de la concentración en el mundo actual, inundado de información. Hemos explorado el poder de elaborar una visión, una luz guía que vaya más allá de la mera productividad. Veamos los puntos clave:

- **Escasez de enfoque.** Estamos bombardeados de distracciones, más que nunca, y esto dificulta nuestra capacidad de concentración.
- **La brújula de la visión.** Una visión clara define lo que más importa, impulsándonos hacia adelante.
- **Más allá de la productividad.** Enfocarse no es solo en hacer más tareas, sino actuar según nuestros valores.
- **El poder de la escritura.** Poner tu visión por escrito refuerza su solidez y enciende el compromiso.
- **Sueña a lo grande, siente profundamente.** No temas soñar audazmente y conecta tu visión con las emociones deseadas.
- **Encuentra tu guía interior.** Dedica tiempo a descubrir tu visión, aunque empieces por lo que no quieres.

CAPÍTULO DOS

Combustible

En este capítulo exploraremos la importancia de comer bien para mejorar la atención, analizando los recientes avances en el campo de la psiquiatría nutricional, que demuestran cómo la alimentación afecta al funcionamiento de nuestro cerebro y, en última instancia, a nuestra capacidad para pensar con claridad. Puede parecer poco convencional considerar lo que comemos como una habilidad fundamental para recuperar el enfoque, pero no podía ignorar este aspecto esencial. Aunque no soy nutricionista titulada, adopto un enfoque holístico de la salud mental, y la ciencia sobre este tema es inequívoca: nuestra dieta tiene la capacidad de alterar la salud de nuestro cerebro, lo que a su vez afecta a cómo nos sentimos, pensamos y actuamos. Algunos alimentos y sustancias pueden dañar las células cerebrales, reduciendo nuestra capacidad cognitiva, mientras que otros ayudan al cerebro a rendir al máximo de su capacidad. Si comprendemos el papel que pueden desempeñar los alimentos en la optimización de nuestra mente y comemos en consecuencia, abordaremos una de las causas esenciales de nuestra falta de atención.

Analizaremos el vínculo entre la nutrición y nuestra salud cerebral en general, y encontrarás recomendaciones de alimentos y nutrientes específicos que puedes añadir a tu dieta para favorecer la función cognitiva y la concentración. Con algunos alimentos, es posible que sientas los efectos inmediatos de la claridad mental, pero en general empezarás a notar los beneficios con el tiempo, a medida que vayas introduciendo alimentos que favorecen la actividad cerebral en cada comida y se convierta en una forma natural de alimentarte. Tu experiencia individual con los beneficios de los alimentos que potencian el cerebro depende de los cambios que realices y de tu estado de salud de partida: algunas personas sienten los efectos sobre la energía y el estado de ánimo muy rápido después de hacer estos cambios, aunque las mejoras cognitivas significativas como la memoria y la concentración suelen tardar de semanas a meses con un esfuerzo constante. Considera esto como una inversión a largo plazo en la salud cerebral, adoptando hábitos alimentarios sostenibles, y no esperes resultados inmediatos. Un puñado de arándanos no va a cambiarte la vida. Como siempre que hagas cambios que puedan afectar a tu salud: lo recomendable es consultar con un profesional de la salud antes de introducir nuevos alimentos o suplementos en tu dieta.

Cuando empieces a pensar en la conexión entre lo que comes y tu capacidad de concentración, ya estarás dando el primer paso para romper una tendencia perjudicial que nos hace recurrir a alimentos muy procesados cada vez que estamos agotados o abrumados. Para muchas personas, esto ocurre con demasiada frecuencia. Estas elecciones alimentarias —piensa en la pizza, la bollería y los aperitivos salados— minan la capacidad de nuestro cerebro para funcionar bien, nos mantienen estresados y desconcentrados, y aún más propensos a seguir tomando malas decisiones dietéticas. Todos hemos tenido días o semanas en los que no hemos podido comer bien, cuando hemos estado de viaje o atrapados en una serie de reuniones interminables. Si eres como yo, durante esas épocas puede que te hayas sentido agotado a nivel emocional y siempre al límite, sin punto intermedio. Al darnos cuenta de que nuestras elecciones nutricionales afectan directamente nuestra salud cerebral y prestar atención a lo que comemos, podemos empezar a avanzar hacia el cambio.

Una manera sencilla de comprender el impacto de la alimentación en nuestra salud mental es considerar la comida como combustible. Al igual que un coche, el cerebro funciona mejor con un buen combustible. Entonces, ¿qué alimentos representan el mejor combustible para nuestro cerebro?

Al igual que un coche, el cerebro funciona mejor con un buen combustible.

Lo ideal es que comamos alimentos que ayuden al cerebro a rendir de forma óptima y que lo protejan de daños y del deterioro cognitivo. En general, algunos de los mejores alimentos para la salud integral del cerebro son los ricos en antioxidantes, los antiinflamatorios y los que favorecen la conexión cerebro-intestino.

ANTIOXIDANTES

Los antioxidantes son sustancias que nos ayudan a protegernos de las enfermedades al mantener a raya a las moléculas inestables de los radicales libres. Los radicales libres pueden dañar nuestro cerebro y nuestro organismo y provocar enfermedades. Se crean en el interior de nuestro cuerpo como subproducto natural del metabolismo, pero también estamos expuestos a ellos a través de diversas fuentes ambientales, como la contaminación y la luz solar. Pueden surgir problemas cuando hay más radicales libres de los que los antioxidantes pueden neutralizar. Este desequilibrio causa estrés oxidativo, que puede provocar daños en las células cerebrales, lo que conduce a un deterioro de la función cerebral y a la pérdida de concentración.

Una forma de evitar que esto ocurra es cargarse de alimentos ricos en antioxidantes, como las vitaminas C y E, el betacaroteno, el licopeno, la luteína, el selenio, el zinc y los polifenoles. Por suerte, hay muchos alimentos entre los que elegir, especialmente frutas y verduras de distintos colores, y la mejor manera de asegurarse de que se está comiendo lo suficiente es «comerse el arco iris», como solemos decir en casa. Algunos de mis alimentos favoritos rebosantes de antioxidantes son los siguientes.

Bayas

Una ración de bayas te proporcionará todos los antioxidantes que necesitas en un día. Los arándanos silvestres son las estrellas de los antioxidantes, pero los arándanos de cultivo, los arándanos rojos, las moras, las frambuesas y las fresas también tienen muchos. Cómelos en temporada para obtener los mejores precios, y prueba las frutas congeladas y deshidratadas en otras épocas del año. Un estudio con más de 16.000 personas descubrió que comer arándanos y fresas estaba relacionado con un envejecimiento mental más lento de hasta 2,5 años.

Fruta

Hay tantas frutas deliciosas entre las que elegir, pero todas estas son ricas en antioxidantes: manzanas, uvas rojas, ciruelas negras, cerezas, naranjas, melocotones y mango. ¡Intenta elegir una fruta de color diferente para comer cada día!

Verduras de hoja verde

La col rizada, las espinacas, la rúcula, la lechuga romana, los brotes, la berza y la col china son solo algunas de las verduras que pueden proteger tu cerebro de los daños y mantenerlo funcionando a pleno rendimiento. Cómelas en ensaladas, sopas o batidos, o disfrútalas como guarnición. Múltiples estudios de investigación han demostrado que comer una ración al día de verduras de hoja verde puede ralentizar el deterioro cognitivo que se produce con el envejecimiento. Puedes añadir otras opciones con potentes antioxidantes junto a estas verduras: brócoli, zanahorias, calabacín, berenjena y espárragos.

Tomates

Con un alto contenido en los antioxidantes licopeno, luteína y betacaroteno, los tomates son fáciles de añadir a la dieta, ya sean crudos, secos o cocinados. Me encanta la abundancia de tomates rojos, naranjas y amarillos en mi mercado local.

ÁCIDOS GRASOS OMEGA-3

Se ha demostrado que los ácidos grasos omega-3 favorecen la salud del cerebro protegiendo a las neuronas (células nerviosas que envían y reciben mensajes hacia y desde el cerebro) de la inflamación y disminuyendo el riesgo de deterioro cognitivo. Como nuestro cuerpo no puede fabricarlos, tenemos que obtenerlos a través de fuentes dietéticas, y la mayoría de las personas necesitan consumir más de los que consumen. También debemos prestar atención a los ácidos grasos omega-6 y a la proporción de omega-6 y omega-3 en nuestra dieta. Los humanos evolucionaron comiéndolos en una proporción de alrededor de 1 a 1, pero la mayoría de los que consumimos una dieta occidental típica (por ejemplo, queso graso, comida frita, patatas fritas de maíz y carne roja) los comemos ahora en una proporción de alrededor de 16 a 1. A lo largo de los años, los ácidos grasos omega-6 han sido demonizados, ya que pueden ser proinflamatorios en algunos casos, y se nos ha dicho que los eliminemos de nuestra dieta. Sin embargo, la ciencia no es tan simple como eso. Nuestro cuerpo necesita tanto los ácidos grasos omega-6 como los omega-3. Ambos contribuyen a funciones importantes como la salud del cerebro, la estructura de las membranas celulares y la producción de hormonas, pero un exceso de omega-6 y una insuficiencia de omega-3 puede favorecer un estado de inflamación crónica, vinculada a numerosas enfermedades, como las cardiopatías, la diabetes y los trastornos autoinmunes. Para optimizar nuestra salud cerebral, y nuestra salud en general, debemos prestar atención a nuestra ingesta de ácidos grasos omega-6 y aumentar la de omega-3.

Los ácidos grasos omega-3 están presentes en diversos alimentos y existen tres tipos principales: el ácido alfa-linolénico (ALA), el ácido docosahexaenoico (DHA) y el ácido eicosapentaenoico (EPA). El ALA se encuentra en frutas y verduras, y el DHA y el EPA pueden obtenerse comiendo plantas y animales marinos, sobre todo pescado y marisco.

Aumenta el consumo de ácidos grasos omega-3

Veamos algunas buenas maneras de alcanzar la cantidad diaria recomendada de 1100 miligramos para las mujeres y 1600 para los hombres:

- **Pescado y marisco.** Intenta tomar pescado graso varias veces a la semana, en particular: salmón, atún, caballa, arenques, sardinas o anchoas. Puede que estos otros no sean tan ricos en omega-3, pero, aun así, te aportarán beneficios: lubina, ostras, tilapia bacalao y marisco. Aunque el pescado es una gran fuente de omegas, algunos contienen altos niveles de mercurio. Esto puede ser perjudicial durante el embarazo, para los niños pequeños y para las mujeres que planean quedarse embarazadas. Limita ciertos tipos de pescado y habla con un profesional de la salud para obtener más información.

- **Carne de vacuno alimentado con pasto.** La carne de vacuno puede formar parte de una dieta equilibrada, y la carne de vacuno alimentado con pasto tiene de tres a cuatro veces más omega-3 que la carne de vacas alimentadas con cereales, aunque es mejor disfrutarla con moderación, ya que sigue teniendo un alto contenido de omega-6.

Entre las **opciones vegetarianas** encontrarás:

- Algas marinas (incluidas: nori, kelp, kombu, wakame, alga dulse y algas verdeazuladas, como espirulina y chlorella).
- Nueces.
- Natto (soja fermentada).
- Semillas de chía, semillas de cáñamo, linaza recién molida; prueba a añadirlas a los cereales, al yogur o a los batidos.
- Aceite de linaza: como aliño para ensaladas.
- Huevos enriquecidos con omega-3 (producidos por gallinas alimentadas con aceite de pescado, semillas de chía y semillas de lino).

Suplementos

Aunque lo mejor es intentar obtener los omega-3 de los alimentos integrales, si tienes dificultades para alcanzar los niveles diarios recomendados, también puedes probar con suplementos. Existen muchos suplementos de aceite de pescado, aceite de hígado de bacalao, aceite de krill y aceite de algas. Lee siempre las etiquetas con atención para saber con exactitud lo que estás incorporando al organismo y busca suplementos que hayan sido certificados por una organización de pruebas independiente.

Cuidado con los ácidos grasos omega-6

A medida que aumentes los niveles de omega-3 en tu dieta, presta atención a los tipos de omega-6 que consumes, ya que no todas las fuentes alimentarias de omega-6 son opciones saludables. Es probable que ya estés consumiendo muchos omega-6 en tu dieta, y la clave aquí es mantener un equilibrio con la ingesta de omega-3. Aunque los humanos evolucionaron hacia una proporción de 1:1, en la actualidad tiene sentido que intentemos la proporción más alcanzable de 4:1. Por cada cuatro gramos de omega-6, debes intentar consumir un gramo de omega-3.

- Cambia los aceites de cocina. Esta es una forma de reducir los niveles de omega-6 si crees que tu dieta tiene demasiado, pero ten en cuenta que estos aceites pueden ser una fuente saludable de omega-6. Los aceites de girasol, maíz, soja, semillas de uva y semillas de algodón contienen los niveles más altos de omega-6, mientras que el aceite de coco, el de aguacate y el de oliva son relativamente bajos en comparación.
- Reduce la cantidad de alimentos procesados (como galletas y crackers) y de comida rápida y frita que consumes. Estos alimentos suelen ser los responsables del desequilibrio entre omega-6 y omega-3.

CONEXIÓN INTESTINO-CEREBRO

Solíamos pensar que el único propósito del intestino era el de los procesos digestivos. Sin embargo, recientes investigaciones científicas demuestran que desempeña un papel mucho más complejo en el funcionamiento de nuestro organismo. Se ha demostrado que los billones de bacterias que viven en él —nuestro microbioma intestinal— afectan a nuestra salud física, psicológica y cognitiva. El intestino y el cerebro están conectados a través del sistema nervioso central y el sistema nervioso entérico, una compleja red de unos 100 millones de neuronas que se encuentra en el revestimiento del intestino y que a veces se denomina «el segundo cerebro». La interacción entre el microbioma, el intestino y el cerebro ha surgido como un factor clave para comprender los efectos de la nutrición en nuestro bienestar cognitivo y psicológico.

Múltiples estudios indican la existencia de un vínculo entre los microbios de nuestro tracto intestinal y nuestra mente, incluidos nuestro estado de ánimo, nuestra cognición y nuestra memoria. Un estudio llevado a cabo en más de 2500 personas reveló que una microbiota intestinal específica estaba asociada a los síntomas depresivos. Un estudio de 2017 publicado en el *Journal of the International Neuropsychological Society* halló un vínculo directo entre la composición del microbioma intestinal y el rendimiento cognitivo en adultos mayores, basado en pruebas que evaluaban la atención, el aprendizaje y la memoria. Ha quedado claro que los cambios en el microbioma intestinal pueden alterar la química cerebral e influir en el comportamiento.

Los científicos han descubierto que nuestra microbiota intestinal contiene entre 300 y 500 especies de bacterias, aunque el número puede variar mucho de una persona a otra, y que cuanto mayor sea la diversidad de nuestros microbiomas, mejor será nuestra salud en general. Desde que comprendí la relación entre un intestino sano y un cerebro sano, he procurado seguir una alimentación que favorezca el desarrollo de mi microbioma. He condensado los siguientes elementos esenciales de lo que he aprendido.

Probióticos

Cuando se ingieren, estos microbios vivos pueden impedir que las bacterias nocivas colonicen el intestino, al tiempo que fomentan el crecimiento de bacterias beneficiosas para la salud. Pueden encontrarse en alimentos fermentados como los siguientes:

- Productos lácteos fermentados, como el kéfir y el yogur; busca productos con cultivos vivos o activos y elige opciones con la menor cantidad de azúcar posible.
- Chucrut.
- Kimchi.

- Pepinillos.
- Productos de soja fermentada, como el miso, el tempeh y el natto.
- Kombucha, una bebida de té fermentado. Intenta limitar los azúcares añadidos y ten en cuenta que el proceso de fermentación natural produce trazas de alcohol.
- Algunos quesos, como el cheddar, la mozzarella, el gouda y el requesón.

Prebióticos

Los microorganismos del intestino necesitan prebióticos para sobrevivir. Cuando los ingerimos, en forma de alimentos ricos en fibra, pasan —en su mayor parte sin digerir— al intestino grueso, donde se metabolizan y descomponen en otros compuestos que mantienen la salud intestinal. Podemos crear una gran cantidad de bacterias intestinales amistosas comiendo la fibra que se encuentra en una amplia gama de alimentos, incluidos los siguientes:

- Ajos, cebollas, puerros, espárragos, achicoria, jícama, col, hojas de diente de león, alcachofas de Jerusalén y chalotas.
- Garbanzos, lentejas, alubias rojas y soja.
- Cereales integrales, como avena, cebada, centeno, trigo y maíz.
- Frutas como plátanos, manzanas, bayas, pomelos y sandía.
- Almendras, pistachos, anacardos, lino y otros frutos secos y semillas.

Aunque tengas la tentación de recurrir a los suplementos probióticos o prebióticos, puede no ser la mejor opción. Algunas investigaciones han demostrado que la suplementación puede alterar las bacterias del intestino y provocar una menor diversidad microbiana. Las marcas de suplementos probióticos varían en calidad y potencia, así que si estás pensando en tomar suplementos, asegúrate de hablar con un experto. La mejor forma de cuidar tu intestino es comiendo una amplia variedad de alimentos fermentados y ricos en fibra.

ALIMENTOS PARA AUMENTAR LA CONCENTRACIÓN Y ATENCIÓN

Ahora que hemos visto formas de mejorar nuestra salud cerebral a través de los alimentos que comemos, me gustaría sugerir algunas opciones que se ha demostrado que ayudan de forma directa a la concentración y la atención.

Té verde

El té verde contiene cafeína y L-teanina, que pueden aumentar la concentración general. Aunque parezca contradictorio, la L-teanina se asocia a la sensación de relajación y alerta al mismo tiempo y puede contrarrestar el efecto de nerviosismo que algunos de nosotros experimentamos con la cafeína, en concreto cuando bebemos mucha cantidad para intentar despertarnos. Un reciente metaanálisis —es decir, un estudio que analiza los datos de otros múltiples estudios sobre un tema determinado— analizó los beneficios del té verde sobre la cognición y descubrió que la cafeína y la L-teanina juntas tenían un mayor impacto que una u otra por separado. Hay muchos tipos diferentes de té verde, cada uno con su propio sabor, así que no dudes en experimentar un poco para encontrar el que más te guste. Mucha gente disfruta con el té matcha, un polvo de té verde que se puede mezclar en agua caliente con un batidor. Asegúrate de que el matcha que bebes ha sido analizado en busca de metales pesados y otras sustancias tóxicas. Para obtener los mejores resultados en cuanto a concentración, prueba tomando de tres a cinco tazas de té verde al día, aunque ten en cuenta que cada taza contiene entre treinta y cincuenta miligramos de cafeína y que deberás controlar el consumo diario (ten en cuenta las recomendaciones que vienen a continuación).

Café

Mucha gente arranca el día con una taza de café. Según una encuesta realizada en 2024 sobre los hábitos de consumo de café en Estados Unidos por la Asociación Nacional del Café, el 75 por ciento de los estadounidenses toma café cada semana y el 67 por ciento lo toma a diario. La buena noticia es que las investigaciones demuestran que tomar café por la mañana ayuda al estado de alerta y a la concentración, y que la cafeína en general tiene un efecto positivo sobre la memoria a largo plazo y la retención de información. Aun así, es mejor no excederse. El exceso de cafeína en cualquiera de sus formas puede provocar ansiedad, nerviosismo y disminución de la concentración debido a la sobreestimulación y a las alteraciones de otras sustancias químicas cerebrales. Además, el consumo regular de cafeína hace que nuestras células cerebrales sean menos sensibles a la adenosina, una sustancia química que favorece el sueño, creando una tolerancia, lo que significa que necesitamos más cafeína para conseguir el mismo efecto.

Intenta mantener tu ingesta diaria de cafeína por debajo de los 400 miligramos (unas cuatro o cinco tazas de café), según las directrices de la Administración de Alimentos y Medicamentos de Estados Unidos, y ten en cuenta que, en determinados casos —como el embarazo—, las recomendaciones son menores. Yo bebo menos, limito mi cafeína diaria a un ritual que me encanta: un café expreso doble con leche de almendras espumada.

Conoce tu cuerpo. Experimenta para llegar a conocer tu tolerancia y sensibilidad, y si sientes ansiedad o nerviosismo, o si tienes problemas para dormir o incluso notas palpitaciones, reduce o suspende su consumo. Los efectos de la cafeína sobre la concentración dependen de factores individuales como la genética, el nivel de tolerancia y los patrones de sueño.

Si bien es cierto que un café en el momento adecuado puede agudizar la mente durante un rato, recuerda también que la cafeína permanece en nuestro organismo durante muchas horas después de beberlo; la mitad de ella permanece en nuestro torrente sanguíneo cinco horas más tarde. Los expertos en sueño recomiendan suspender el consumo de café al menos seis horas antes de acostarnos para no interrumpir nuestro sueño. Se sugiere que entre las 9:30 y las 11:30 de la mañana es un buen momento para tomar un café, ya que los niveles de cortisol (hormona del estrés) descienden de forma natural durante esas horas, permitiendo que la cafeína tenga un efecto más notable, sin interferir en el sueño más tarde.

El café puede ser un ritual delicioso, un enlace social o tan solo una fuente de combustible, pero lo mejor es utilizarlo como una de las muchas herramientas de un kit de concentración y no volverse excesivamente dependiente de él.

Chocolate negro

Diversos estudios han demostrado los beneficios para la salud de comer chocolate negro, entre ellos la mejora de la capacidad de pensamiento y la disminución del agotamiento mental. El chocolate contiene unos compuestos llamados flavonoides y metilxantinas que parecen actuar directamente sobre el cerebro y pueden favorecer la generación de nuevas células cerebrales. Un estudio demostró que comer veinticuatro gramos (algo menos de una onza) de chocolate negro (70 por ciento de cacao) todos los días después de comer durante treinta días mejoró de manera significativa los niveles de atención y la capacidad de evitar distracciones, mientras que el consumo de chocolate blanco sin cacao no lo hizo.

Antes de tomar uno o dos trozos de chocolate, recuerda que no todas las tabletas de chocolate son iguales, y que los beneficios para la salud están directamente relacionados con la cantidad de cacao que contenga el chocolate. Intenta consumir chocolate con al menos un 70 por ciento de cacao. El chocolate con leche, aunque delicioso, siempre tiene un porcentaje de cacao inferior, ya que también se elabora con azúcar y leche en polvo; en Estados Unidos esto puede significar que tan solo el 10 por ciento del chocolate está compuesto por verdadero cacao. El chocolate debe consumirse con moderación, ya que hallazgos recientes demuestran que algunos chocolates negros tienen altos niveles de plomo y cadmio. Los investigadores que participaron en otro estudio sobre los metales pesados en el chocolate concluyeron que consumir una onza de chocolate negro al día no supone ningún riesgo para los adultos. Sin embargo, si te preocupa la ingesta general de metales pesados, tal vez prefieras no añadir a tu dieta ni siquiera una pequeña cantidad de chocolate.

ESPECIAS

Prueba a añadir las siguientes especias a las comidas; los estudios demuestran que mejoran la atención, la función de la memoria y la salud cognitiva en general.

Cúrcuma

Conocida por sus propiedades antiinflamatorias, este superalimento es un complemento delicioso y saludable para batidos, sopas, arroces, curry, verduras, infusiones o incluso para el café con leche matutino, al tiempo que lo tiñe todo de un tono dorado. Consume hasta cuatro cucharaditas al día. Comer un poco de pimienta negra con cúrcuma puede ayudar al cuerpo a absorber más de la especia que estimula el cerebro, y se ha demostrado que la propia pimienta negra protege las células cerebrales de la degeneración.

Canela

La canela, conocida por reducir la inflamación, combatir las bacterias y afectar a la función cerebral, procede de la corteza interna de los árboles del género *Cinnamomum*. Múltiples estudios han descubierto que añadirla a nuestra dieta puede mejorar la memoria y el aprendizaje, y un estudio demostró que solo oler canela aumentaba el estado de alerta (a la vez que reducía la ira y la fatiga) entre los conductores en viajes de larga distancia en coche. Añade un poco a los copos de avena o al café matutino, o respira su dulce aroma.

Romero

Un estudio realizado por investigadores de la Universidad de Northumbria, en el noreste de Inglaterra, descubrió que los escolares que estudiaban en una habitación impregnada del aroma del romero obtenían entre un 5 y un 7 por ciento mejores resultados en las pruebas de memoria que los niños que estudiaban en una habitación sin ese aroma. Se obtuvieron resultados similares al examinar a adultos: los expuestos al aroma de romero obtuvieron mejores resultados que un grupo de control, mientras que los que respiraron un aroma de lavanda obtuvieron resultados mucho peores.

Puedes probarlo tú mismo teniendo un difusor con aceite de romero en casa, o si te sientes distraído o necesitas un estímulo mental, puedes oler un poco de romero fresco.

Menta

En un estudio, los investigadores pidieron a unos voluntarios que bebieran una infusión de menta o de manzanilla antes de someterse a pruebas sobre su funcionamiento cognitivo y su estado de ánimo, mientras que un grupo de control bebió agua caliente. En comparación con los bebedores de agua caliente, los voluntarios que consumieron infusión de menta obtuvieron resultados mucho mejores en las pruebas, mostrando mejoras en la memoria de trabajo, la memoria a largo plazo y el nivel de atención. Por el contrario, los participantes que bebieron manzanilla mostraron una memoria y una velocidad de atención más lentas. Si sientes que tu concentración se desvanece, prepárate una taza de infusión de menta y guarda la manzanilla para la hora de acostarse.

CONSEJOS ADICIONALES

Intenta incorporar estas sugerencias a tu día y descubrirás que pueden marcar una gran diferencia en tu nivel de concentración.

Bebe agua

Mejorar la concentración puede ser tan sencillo como tener a mano una botella de agua. Solo una disminución del 2 por ciento del peso corporal debido al calor o al ejercicio puede provocar deficiencias en la memoria a corto plazo y en la atención.

El desayuno frente al ayuno intermitente

Aunque saltarse el desayuno pueda parecer cómodo, los estudios demuestran que puede agotar la energía cerebral esencial, lo que puede afectar al estado de ánimo, la memoria e incluso al rendimiento académico. Optar por un desayuno equilibrado rico en fibra, proteínas y grasas saludables proporciona energía sostenida y nutrientes esenciales para una función cerebral óptima.

Las investigaciones muestran una tendencia creciente en el uso del ayuno intermitente (AI) por sus posibles beneficios a largo plazo para la salud cerebral, incluyendo la reducción de la inflamación y la reparación celular; sin embargo, algunos estudios han encontrado una correlación entre el AI y el deterioro cognitivo a corto plazo en la atención y la memoria.

En última instancia, quien sale ganando en este proceso de aprender a alimentar la concentración eres tú. Experimenta con diferentes enfoques, prioriza la calidad sobre la cantidad en tus elecciones de desayuno, y presta atención a cómo responde tu cuerpo.

Prepárate para picar algo por la tarde

Supera el bajón de energía de la tarde con un tentempié planeado de antemano para potenciar tus niveles de atención. Los frutos secos, las semillas o las frutas deshidratadas son buenas opciones. Un puñado de nueces al día puede mejorar la función cognitiva.

Una nota sobre el consumo de alcohol

El alcohol desencadena la liberación de dopamina, creando una sensación temporal de placer. Sin embargo, este efecto a corto plazo se produce a costa de secuestrar tu sistema de atención. Las distracciones se vuelven más seductoras, apartando tu foco mental de la tarea que tienes entre manos. La capacidad del cerebro para filtrar la información irrelevante se debilita bajo los efectos del alcohol. Esta sobrecarga sensorial te distrae aún más y hace más difícil mantener la atención en los estímulos relevantes.

El alcohol altera los niveles de neurotransmisores clave responsables del procesamiento de la información y la comunicación sináptica, como el glutamato y el ácido gamma-aminobutírico (GABA). Esto interrumpe la delicada danza de señales dentro del cerebro, particularmente en el córtex prefrontal, el conductor de la concentración y la atención. Retener la información en el almacén temporal de tu mente también se convierte en una lucha bajo los efectos del alcohol. Este componente crítico de la concentración se resiente, lo que provoca olvidos, errores e incapacidad para seguir el hilo de tareas complejas. Los factores genéticos, la tasa metabólica y el estado general de salud influyen en el modo en que el alcohol afecta a la concentración de una persona. Mientras que pequeñas dosis pueden causar alteraciones sutiles, niveles más elevados pueden conducir a una disminución significativa del rendimiento cognitivo.

Claves para enfocar tu mente

En este capítulo hemos revisado el vínculo entre la nutrición y la concentración, analizando cómo podemos nutrir nuestro cerebro. Estos son los puntos clave:

- **Alimentos básicos para el cerebro.** Al igual que un coche funciona mejor con combustible de primera calidad, lo mismo le ocurre a tu cerebro. Olvídate de los tentempiés azucarados y elige alimentos que estimulen el cerebro para un funcionamiento óptimo.
- **Ventaja antioxidante.** Los antioxidantes de los alimentos combaten los radicales libres que dañan las células cerebrales y merman la concentración. Consume frutas y verduras de colores ricas en antioxidantes para mantener tu mente aguda.
- **Esenciales omega-3.** Protege las neuronas de la inflamación y reduce el riesgo de deterioro cognitivo asegurándote de que tu dieta contiene suficientes ácidos grasos omega-3. Come pescado graso, elige carne de vacuno alimentado con pasto en lugar de alimentado con cereales o considera la posibilidad de tomar suplementos
- **Salud intestinal.** Las bacterias intestinales influyen en la salud mental. Promueve la salud intestinal con probióticos (alimentos fermentados) y prebióticos (alimentos ricos en fibra).

- **Alimentos que aumentan la concentración.**
  - Té verde: contiene L-teanina para el estado de alerta y la concentración, además de cafeína. Toma de tres a cinco tazas al día.
  - Café: aumenta el estado de alerta y la concentración, pero procura limitar la ingesta a menos de 400 miligramos diarios y evítalo antes de dormir.
  - Chocolate negro (al menos un 70 por ciento de cacao): mejora la atención y la función de la memoria.
  - Especias: la cúrcuma, la canela, el romero y la menta se han relacionado con beneficios cognitivos.
- **Trucos de hidratación.** Incluso una deshidratación leve puede afectar a la concentración. Bebe mucha agua a lo largo del día.
- **Desayuno energético.** Saltarse el desayuno puede nublar tu pensamiento. Esta comida esencial proporciona energía sostenida para maximizar el día y nutrientes esenciales para el funcionamiento óptimo del cerebro. Elige una opción equilibrada rica en fibra, proteínas y grasas saludables.
- **Tentempié para la tarde.** Planifica un tentempié saludable como frutos secos, semillas o frutas deshidratadas para combatir el bajón de la tarde.
- **Concienciación sobre el alcohol.** El alcohol altera la concentración al afectar a los neurotransmisores y al procesamiento de la información en el cerebro.

CAPÍTULO TRES

Dormir

Recientemente, me resultaba difícil conciliar el sueño por la noche. Mi mente no dejaba de dar vueltas a los acontecimientos del día, las interminables tareas del día siguiente y las preocupaciones por un futuro incierto. Siempre parecía que no había tiempo suficiente para hacerlo todo, y me sentía como si me estuviera quedando atrás una y otra vez. Algunas personas cuentan ovejas para conciliar el sueño, pero yo me encontraba contando puntos de una lista interminable de tareas pendientes, un sinfín de responsabilidades. Cuando el sueño seguía siendo inalcanzable, daba vueltas en la cama, intentando calmar mis pensamientos acelerados. Al final me quedaba dormida, pero la mañana siguiente siempre llegaba demasiado pronto con los ladridos de nuestro nuevo cachorro o el abrazo mañanero de uno de mis hijos. Después de mi ritual matutino de agua tibia con limón, a menudo mi pensamiento era: «¿Cómo voy a sobrellevar el día?», y a lo largo del día descubría que mi atención se dispersaba y me costaba mantener el foco a medida que aparecía la fatiga. Y por la noche, a pesar de mis mejores esfuerzos, me iba a la cama demasiado tarde y el ciclo de rumiación y sueño esquivo comenzaba de nuevo.

Resulta que no estoy sola en mis luchas contra el sueño. Tanto la Academia Americana de Medicina del Sueño como la Sociedad de Investigación del Sueño recomiendan que, para una salud óptima, los adultos de entre dieciocho y sesenta años duerman siete o más horas por noche, y se sugieren una o dos horas más para los mayores de sesenta y uno. Y, sin embargo, según una encuesta conductual sobre el sueño realizada en 2020, más de un tercio de los adultos estadounidenses afirman que suelen dormir menos de lo recomendado. En una encuesta Gallup realizada en 2022 a 3000 personas, un tercio de los encuestados describió su sueño de la noche anterior como «regular» o «pobre», con una correlación directa entre el número de horas dormidas y la calidad del sueño nocturno: los que informaron de un sueño «excelente» o «muy bueno» tenían más probabilidades de haber dormido entre siete y nueve horas, de media, mientras que los que experimentaron un sueño «regular» o «pobre» solo consiguieron dormir entre cuatro y seis horas. Múltiples estudios científicos citan el papel crucial del sueño para mantenernos sanos —repara nuestros tejidos, mantiene la salud del corazón, reduce el estrés y la inflamación, aumenta la energía, mejora la capacidad cerebral— y todos hemos experimentado de primera mano las formas negativas en que la falta de sueño puede afectarnos a todos los niveles. Nos resistimos a bostezar, cometemos errores en el trabajo, nos sentimos agotados físicamente y nos enfadamos con familiares y compañeros. Puede pasar una factura muy elevada a nuestra capacidad de concentración, haciéndonos desatentos mientras nuestro cerebro se siente nublado y lento, como si los engranajes chirriaran al girar.

Nos han enseñado a ver el sueño como algo improductivo, como tiempo perdido.

En este capítulo, me gustaría analizar el sueño, cómo influye en nuestra capacidad de concentración y cómo podemos optimizar nuestra mente mejorando la calidad y la duración de nuestro sueño. La mayoría de nosotros sabemos lo importante que es que nuestro cuerpo se recargue al final del día, pero hasta que no aprendamos a considerar el sueño como algo esencial para llevar una vida plena, permitiremos que el trabajo, el entretenimiento o nuestros compromisos sociales tengan prioridad.

Nos han enseñado a ver el sueño como algo improductivo, como tiempo perdido. Hay innumerables anécdotas de genios de los negocios, atletas y líderes mundiales que sobreviven con solo cuatro horas de sueño por noche, y eso nos hace preguntarnos por qué nos quedamos tan cortos. Y, sin embargo, la ciencia es clara al afirmar que el sueño ininterrumpido y de buena calidad es esencial para nuestro cerebro, para nuestra concentración y para nuestro bienestar general, y que sobrevivir con menos es perjudicial para nuestra salud, no algo que celebrar. Necesitamos ver el sueño a través de una lente diferente, una que destaque cómo nos permite funcionar a nuestro máximo potencial, y nos muestre que nuestro yo bien descansado puede estar tranquilo, atento y concentrado en todas las áreas que nos gustaría estar. Es hora de dar prioridad al sueño.

Necesitamos ver el sueño a través de una lente diferente, una que destaque cómo nos permite funcionar a nuestro máximo potencial, y nos muestre que nuestro yo bien descansado puede estar tranquilo, atento y concentrado en todas las áreas que nos gustaría estar. Es hora de dar prioridad al sueño.

Con una gran actividad investigadora en los últimos años, hemos llegado a comprender mejor lo que ocurre cuando dormimos y por qué es tan importante. Mientras dormimos, nuestro cerebro pasa por cuatro etapas diferentes en ciclos que duran unos noventa minutos antes de volver a empezar, con entre cuatro y seis ciclos que se repiten durante una noche típica de sueño. Las dos primeras fases son el sueño ligero, cuando pasamos de estar despiertos a estar dormidos, nuestra respiración y ritmo cardíaco se ralentizan y nuestra temperatura corporal desciende a medida que nos relajamos. La tercera etapa es el sueño profundo, o sueño de ondas lentas, cuando la actividad eléctrica del cerebro cambia y las ondas cerebrales se ralentizan. Las investigaciones indican que este es el momento en que nuestros recuerdos se procesan y consolidan, y la información, especialmente hechos y acontecimientos concretos, se convierte en recuerdos a largo plazo, lo que la hace más resistente al deterioro y más fácil de recordar. Hallazgos recientes también sugieren que nuestros cerebros eliminan toxinas durante el sueño profundo utilizando el sistema glinfático, una red de diminutos canales llenos de líquido, formados por células alrededor de los vasos sanguíneos del cerebro. Aunque la investigación científica sigue en curso en este ámbito, puede resultar fundamental para nuestra comprensión de cómo se produce el deterioro cognitivo y conducir a hallazgos significativos para la prevención de la demencia y el Alzheimer.

La última fase del ciclo del sueño es el sueño de movimientos oculares rápidos (REM), cuando nuestro cerebro está activo, nuestro ritmo cardíaco y nuestra respiración se aceleran y nuestros ojos, como su nombre indica, se mueven rápidamente. Aunque podemos soñar en cualquier momento que estemos dormidos, es más probable que soñemos durante el sueño REM, y nuestros sueños durante este periodo serán los más vívidos y memorables. Este sueño puede ayudarnos a aprender mejor, ya que va un paso más allá de la conservación de los recuerdos al sintetizar la información recién adquirida con los conocimientos almacenados previamente y crear nuevas asociaciones. En un estudio en el que se despertó a personas en diferentes etapas del sueño, las que despertaron del sueño REM resolvieron un 32 por ciento más de anagramas que aquellas a las que se les interrumpió el sueño durante cualquier otra fase.

Cuando nuestro cerebro es capaz de pasar por las distintas fases del sueño durante un periodo de siete horas o más, nos despertamos bien descansados y restaurados. Sé que para mí supone una gran diferencia. Cuando he dormido profundamente, siento que tengo el control sobre mis acciones y mis pensamientos, y no que solo estoy funcionando en modo piloto automático con la mente nublada.

Me ha interesado especialmente la literatura científica que relaciona una buena noche de sueño con nuestra capacidad para aprovechar nuestra fuerza cognitiva y concentrarnos. Es revelador. Un pequeño estudio que analizó el impacto de la privación extrema de sueño demostró que la falta de sueño inducía efectos similares a estar borracho. Cuarenta personas participaron en dos experimentos. En uno, se les mantuvo despiertos durante veintiocho horas, desde las 8:00 de la mañana hasta el mediodía del día siguiente, y en el otro, bebieron de diez a quince miligramos de alcohol a intervalos de treinta minutos, a partir de las 8:00 de la mañana, hasta que su concentración de alcohol en sangre (alcoholemia) alcanzó el 0,10 por ciento. En cada caso, los investigadores midieron el rendimiento psicomotor cognitivo de los participantes (coordinación mano-ojo) cada media hora. Se trata de habilidades que se utilizan a diario cuando tecleamos, conducimos, paseamos al perro o manejamos maquinaria, o cuando las enfermeras colocan una vía intravenosa o los cirujanos empuñan un bisturí. Es, en esencia, el tipo de coordinación que necesitamos cada vez que requerimos que nuestros cerebros trabajen en tándem con nuestros cuerpos. Cuando los participantes llevaban diecisiete horas despiertos sin parar, su coordinación mano-ojo había disminuido a un nivel equivalente al deterioro del rendimiento observado con un nivel de alcohol en sangre del 0,05 por ciento, y a las veinticuatro horas de vigilia, había descendido al equivalente de lo que ocurre con una tasa de alcoholemia del 0,10 por ciento. En Estados Unidos, el límite legal para conducir un coche es de 0,08 por ciento de alcoholemia, por lo que esto se consideraría demasiado alterado para conducir.

Los estudios científicos han demostrado desde hace tiempo que una buena noche de sueño es esencial para una mejor salud cerebral, y que la privación de sueño puede conducir a un peor rendimiento cognitivo. Aunque muchos estudios, como el que acabamos de mencionar, se centran en privar a las personas del sueño durante largos periodos de tiempo, otros han investigado la restricción parcial del sueño durante varios días, ya que este escenario refleja más fielmente las experiencias del mundo real a las que muchos de nosotros nos enfrentamos: varios días en los que no dormimos el número recomendado de horas, o noches de sueño interrumpido y alterado por el insomnio, la ansiedad, los mensajes de texto y otras notificaciones intrusivas.

En un estudio de restricción crónica del sueño, a cuarenta y ocho personas, de entre veintiuno y treinta y ocho años, se les asignaron al azar dosis de sueño de cuatro, seis u ocho horas por noche durante catorce días consecutivos. Los participantes a los que se privó de sueño mostraron déficits cognitivos significativos y progresivos cuando se les pidió que realizaran diversas tareas (tareas de emparejamiento, así como ejercicios de suma y resta). Los resultados fueron claros: la falta de sueño se correspondía con un peor rendimiento, en particular en el área de la atención sostenida y la memoria de trabajo. En resumen, los participantes privados de sueño tenían dificultades para concentrarse. El estudio demostró que restringir el sueño a seis horas o menos por noche durante un periodo prolongado (catorce días, en este caso) producía déficits de rendimiento cognitivo equivalentes a hasta dos noches de privación total de sueño. La conclusión es que perder un par de horas de sueño por noche puede afectar significativamente a la capacidad cerebral con el paso del tiempo.

Otros hallazgos interesantes mostraron que las personas no se adaptaban a una falta crónica de sueño como se había pensado anteriormente, ni rendían mejor o peor en momentos concretos del día. Quizá lo más importante de todo es que los participantes en el estudio no se calificaron a sí mismos como especialmente somnolientos cuando se les evaluó con la escala de somnolencia de Stanford. Pensaban que se sentían bien y que funcionaban bien incluso cuando las pruebas mostraban que estaban funcionando muy por debajo de su nivel óptimo. Esta capacidad de seguir adelante a pesar de la falta de sueño podría explicar por qué estamos dispuestos a dormir día tras día menos de lo que necesitamos. Nuestro rendimiento cognitivo se resiente incluso cuando no somos conscientes de ello.

Otros estudios han mostrado una correlación entre la privación de sueño y una especie de rigidez mental, casi como si el cerebro estuviera atascado o demasiado centrado en una forma de ver el mundo. Para mí, esto tiene sentido, ya que he visto este pensamiento en blanco y negro en muchos de mis clientes —y quizás en la polarización y división evidentes en Estados Unidos y en todo el mundo—. El sueño nos ayuda a ser más flexibles en el pensamiento, más abiertos al cambio y más capaces de adaptarnos y pivotar a medida que evolucionan la información y las situaciones. En la complejidad de la vida moderna, necesitamos perfeccionar las habilidades de prestar atención y estar preparados y dispuestos a redirigir nuestra atención cuando sea necesario.

El sueño nos ayuda a ser más flexibles en el pensamiento, más abiertos al cambio y más capaces de adaptarnos y pivotar a medida que evolucionan la información y las situaciones.

Durante mi periodo de capacitación, una paciente pasó muchas de sus sesiones de terapia hablando de su frustración con su trabajo como enfermera de urgencias: la naturaleza impredecible del trabajo, la presión constante y los largos turnos nocturnos. Era lo único en lo que podía concentrarse mientras se sentía más infeliz, más quemada y más agotada cada semana. No tenía capacidad para ver más allá de los aspectos negativos de su trabajo, y este enfoque de mente única la consumía. Durante su tercera sesión, se tumbó en mi despacho y se durmió. Fue entonces cuando empecé a preguntarme sobre el papel que la falta de sueño podría estar desempeñando en su vida, y antes de terminar la sesión, le pregunté al respecto. Resultó que solo dormía cuatro o cinco horas al día para «tenerlo todo hecho». Le parecía que era una pérdida de tiempo dormir durante el día, incluso después de un largo turno de noche.

Cuando empezó a dar prioridad a su sueño durante las semanas siguientes, su trabajo no se hizo más llevadero por arte de magia, pero empezó a tener una actitud más abierta hacia él. Pudo evaluar si había algo que pudiera hacer respecto a las cosas que le disgustaban y empezó a considerar si, en última instancia, necesitaba encontrar un trabajo diferente. Fue capaz de dirigir su atención de una forma más matizada y útil.

Aunque sabemos que dormir más mejorará nuestra salud y nuestra vida, para muchos de nosotros, parece imposible cambiar. Nuestras vidas están más ocupadas que nunca con las exigencias del trabajo y la vida familiar a todas horas, y creemos que no tenemos tiempo suficiente para dormir, nada más. Para muchos de nosotros, nuestro único tiempo de inactividad se produce a última hora de la tarde, así que ¿quién puede culparnos por alargarlo más allá de la hora ideal de acostarse? E incluso si nos proponemos acostarnos temprano, la atracción de un mundo adictivo de entretenimiento y conexión a través de televisores y teléfonos inteligentes está siempre a mano, y a menudo es demasiado tentadora para nuestra voluntad ya agotada. Más del 70 por ciento de los adultos estadounidenses duermen con sus teléfonos junto a la cama. Aunque tener un teléfono a mano no tiene por qué traducirse en mal descanso, puede hacer que sea demasiado fácil comprobar las notificaciones a altas horas de la noche o desplazarse por las redes sociales, lo que puede hacer mella en tus ocho horas de descanso, y tal vez provocar una ansiedad que podría interrumpir tu sueño.

La clave para una noche reparadora es adoptar buenos hábitos de sueño, lo que se denomina «higiene del sueño», y creo que te sorprenderás gratamente de los resultados que puedes conseguir haciendo solo unos pocos ajustes. No tienes que cambiarlo todo de golpe. Ya estás mejorando tu sueño al leer este capítulo, al pasar de ser consciente de los beneficios a hacer activamente algo al respecto, y al elegir dar prioridad a tu sueño. Recuerda que no buscamos la perfección en nuestros hábitos de sueño. Habrá noches en las que solo queramos quedarnos despiertos hasta tarde para leer un capítulo más de un buen libro, o cuando el perro nos despierte para salir a las 2 de la madrugada y sepamos que estaremos atontados al día siguiente. Pero pequeños cambios aquí y allá, aplicados a lo largo del tiempo, pueden desembocar en un beneficio global. Veamos algunas formas de hacer sitio para el sueño en su ajetreada vida.

Recuerda que no buscamos la perfección en nuestros hábitos de sueño.

PON EL SUEÑO EN TU LISTA DE TAREAS PENDIENTES

Te invito a que pienses en el sueño como una actividad con una hora de inicio y de finalización como cualquier otra. Piensa en tus tareas matutinas, cuándo tienes que salir de casa, empezar a trabajar o llevar a los niños al colegio, y determina una hora óptima para despertarte y satisfacer tus necesidades. A continuación, retrocede siete u ocho horas y marca esa hora en la agenda como la hora de acostarte. Aunque algunos de nosotros parecemos funcionar con menos de siete u ocho horas de sueño, es importante ser honesto sobre lo que sería beneficioso para ti; solo porque parezca que sobrevives con cinco horas de sueño no significa que debas hacerlo. Piensa en cuánto duermes habitualmente y si te sientes bien descansado o luchas a menudo contra la fatiga. La mayoría de los teléfonos inteligentes tienen ajustes que permiten personalizar una hora para irse a la cama, así que recurre a la ayuda de tu teléfono para esta tarea si la ves útil. Solo con tener esta actividad en tu agenda, tu cerebro empezará a comprometerse con ella y a planificar en torno a ella. Quizá programes una cena con amigos treinta minutos antes de lo que lo harías normalmente, o planifiques para ver los programas nocturnos al día siguiente en lugar de quedarte despierto más allá de tu hora de acostarse. Ya estarás dando prioridad al sueño.

PASA AL MODO DE REPOSO

Durante la tarde, empieza a maximizar tus posibilidades de dormir bien preparando el camino para una noche satisfactoria. Necesitas ser consciente de que tus actividades antes de ir a dormir pueden repercutir en tu sueño; empieza a relajarte a lo largo de varias horas para que tu cuerpo y tu cerebro sepan que estás orientando la atención hacia el descanso.

Deja tu trabajo

Dale tiempo al cerebro para que se recupere y dedícate a algo que reduzca el estrés.

Encuentra algo relajante que hacer

Puede ser sentarte en el porche, dar un paseo por el barrio, leer un libro, charlar con tu pareja o ver tu programa favorito de televisión. El uso pasivo de la tecnología es mejor a esta hora del día, así que intenta limitar el uso activo, como enviar mensajes de texto, jugar a videojuegos o interactuar con las redes sociales.

Cena más pronto

Intenta cenar unas horas antes de acostarte para que la digestión no te impida conciliar el sueño.

Reduce la cafeína

Como mencioné en el capítulo anterior, limita la cafeína a las primeras horas del día, ya que es más probable que interfiera con el sueño si se consume demasiado cerca de la hora de acostarse. La mayoría de los expertos recomiendan disfrutar de la última taza de café (u otra bebida con cafeína) entre seis y ocho horas antes de apagar las luces, aunque algunos sugieren que es más fácil seguir la regla de «nada de cafeína después de comer». Si te preocupa no poder aguantar toda la tarde sin un estímulo de cafeína, prueba un enfoque alternativo para recuperar la concentración durante un momento de bajón, como salir a dar un paseo, disfrutar de un tentempié proteínico o dormir una siesta reparadora de quince a veinte minutos (pero no empieces más tarde de las dos de la tarde).

Evita el alcohol antes de dormir

Aunque una bebida alcohólica o dos pueden ayudarle a dormir con mayor rapidez, el sueño se verá afectado, en especial en la última parte de la noche, aumentando el sueño REM y disminuyendo el tiempo dedicado al sueño profundo. Si bebes alcohol por la noche, es mejor dejarlo unas cuatro horas antes de acostarte para permitir que se metabolice.

Limita la luz azul

La luz azul desempeña un papel en la regulación de nuestro ciclo del sueño y en nuestra capacidad para dormir, ya que la exposición a la luz azul del sol establece nuestro ciclo circadiano, alertándonos sobre cuándo es el momento de estar despiertos y activos y cuándo es el momento de dormir. Ahora estamos expuestos a más luz azul que nunca porque muchos de los dispositivos y tecnologías que utilizamos —pantallas de ordenador, teléfonos móviles, tabletas, televisores de pantalla plana— emiten grandes cantidades de ella. No apartamos la mirada de las pantallas hasta mucho después de que se haya puesto el sol, lo que puede interferir con nuestros relojes internos, haciendo que nuestro cerebro piense que todavía es de día. Podemos evitar este problema de varias maneras. Una opción es reducir nuestro tiempo de pantalla por la noche, sobre todo en las tres horas previas a acostarnos, pero para muchas personas no es una opción factible. Existen otras posibilidades:

- **Cambia el color de las pantallas para disminuir la luz azul.** Reduce la cantidad de luz azul que emiten las pantallas cambiando la combinación de colores del azul al naranja. Los ordenadores y portátiles suelen tener filtros de luz azul incorporados a los que puede acceder fácilmente a través de los ajustes del sistema. Tanto el sistema operativo Chrome de Google como Microsoft Windows disponen de una función de limitación de la luz azul llamada Luz nocturna, y los Mac de Apple tienen Night Shift. Estas funciones son fáciles de usar y de personalizar según las necesidades.
- **Utiliza el filtro similar en tus teléfonos.** Tanto Night Shift en iPhones como Night Light en Androids pueden configurarse en un horario diario que se adapte a su estilo de vida.
- **Cambia al modo oscuro.** Esta es otra opción de los teléfonos inteligentes para limitar la exposición a la luz azul. Cuando se activa, este modo cambia el fondo del teléfono a colores más oscuros que emiten menos luz.
- **Utiliza gafas bloqueadoras de la luz azul en las horas previas a irte a dormir.** Cuando tengas que mirar pantallas por la noche, estas gafas pueden reducir el impacto de la luz azul. Existen muchas opciones sencillas y económicas que puedes solicitar a tu oftalmólogo o en tiendas y en internet.

CREA UN RITUAL PARA IRTE A LA CAMA

A nuestros cuerpos les encantan los patrones y los hábitos, y un ritual en torno a la hora de acostarse nos indicará que es hora de pasar al modo sueño, creando la posibilidad de un buen descanso nocturno. El ritual de cada persona será diferente en función de sus preferencias individuales, horarios y limitaciones de tiempo, y puede ser tan simple o tan complejo como se necesite. Solo querrás que sea lo bastante coherente como para enviar el mensaje de que es hora de descansar. Veamos algunas posibilidades que puedes probar:

- Ducharse o bañarse con agua tibia.
- Escuchar música relajante, audiolibros o pódcast.
- Estirarse o realizar respiraciones profundas.
- Disfrutar de una bebida sin cafeína como la manzanilla.
- Escribir en un diario de gratitud.
- Leer un libro, pero no en una pantalla (y mantenerse alejado de temas que puedan quitarte el sueño).

CONVIERTE TU DORMITORIO EN UNA ZONA DE DESCANSO

Lo ideal es convertir tu dormitorio en un santuario: un espacio cómodo y acogedor. Los asuntos de trabajo, las alertas de las notificaciones y el resplandor de las pantallas no deberían entrometerse en tus horas de sueño. Veamos algunas sugerencias para convertirlo en un entorno tranquilo y relajante que favorezca un sueño saludable.

Configura tu teléfono

Nuestros teléfonos son uno de los principales culpables a la hora de alterar nuestro horario de sueño, ya sea manteniéndonos despiertos hasta tarde o mediante interrupciones durante la noche. Para minimizarlo, deja el teléfono en otra habitación o, como mínimo, desactiva las notificaciones para que no te interrumpan, utilizando la función «No molestar». Puedes personalizar los ajustes para permitir que determinadas personas se pongan en contacto contigo si te preocupa que alguien necesite ponerse en contacto en caso de emergencia, o puedes permitir recibir llamadas repetidas del mismo número.

Una de mis amigas siempre dejaba el teléfono encendido por la noche por si su hijo —estudiante de primer año en una universidad lejana— necesitaba ponerse en contacto con ella. A menudo se despertaba por mensajes que no eran de emergencia y que su hijo enviaba sin tener en cuenta lo tarde que era. Después de luchar durante muchos días agotada, mi amiga ahora apaga su teléfono por la noche. Le ha dicho a su hijo que llame al teléfono fijo si alguna vez de verdad necesita hablar. Hasta ahora, no ha sentido la necesidad y mi amiga duerme mejor.

Apaga el televisor

Si tienes un televisor en su dormitorio, asegúrate de apagarlo antes de irte a dormir o afectará a la calidad de tu sueño a lo largo de la noche. Si conciliar el sueño sin el ruido del televisor te parece demasiado difícil, asegúrate de activar el modo sueño, que garantizará que el sistema se apague tras un tiempo preestablecido, minimizando las interrupciones del sueño. Las aplicaciones de audiolibros también disponen de temporizadores de sueño.

Regula la temperatura

Intenta mantener una temperatura fresca en el dormitorio por la noche (entre 16 y 20 grados Celsius). Puede que tengas que bajar la calefacción o subir el aire acondicionado.

Destierra la luz

Intenta mantener el dormitorio lo más oscuro posible, apagando las luces y colocando cortinas o persianas opacas. Esto permite que los fotorreceptores de tus ojos envíen el mensaje al cerebro de que es hora de dormir. También puede que te ayude un antifaz para dormir.

Bloquea el ruido

Ya sean vecinos ruidosos o alarmas de coche a todo volumen, los sonidos no deseados pueden afectar a la calidad de tu descanso, aunque no te despierten del todo. Si notas que te despiertan una y otra vez por la noche, puedes usar tapones para los oídos o intentar ahogar el ruido. Un pequeño estudio realizado en personas que vivían en la ciudad de Nueva York mostró que el uso de una máquina de ruido blanco para combatir los sonidos ambientales conllevaba una mejora considerable de la calidad del sueño y un menor número de despertares nocturnos. Existen otras opciones para enmascarar los sonidos no deseados, como los relajantes sonidos naturales del susurro del viento entre los árboles, la subida y bajada del oleaje, la lluvia o incluso el canto de las ballenas. Si te interesa escuchar sonidos de la naturaleza para conciliar el sueño y bloquear los sonidos durante la noche, hay muchas opciones disponibles, incluidas grabaciones en YouTube y CalmSound y a través de varias aplicaciones de meditación, como HeadSpace y Calm. También hay una serie de dispositivos de cabecera y despertadores que pueden reproducir sonidos de la naturaleza (y más), por lo que es probable que puedas encontrar algo que te funcione. Solo asegúrate de mantener tu banda sonora nocturna a un volumen seguro, a 60 decibelios o menos. Puedes comprar un medidor de decibelios en internet o descargar una aplicación en el teléfono para medir los niveles de ruido.

HAZ DE LA CONSTANCIA UNA VIRTUD

Intenta establecer un horario de sueño en el que te despiertes y te acuestes a la misma hora todos los días, los siete días de la semana. Puede resultar difícil al principio, sobre todo los días en los que no tienes que madrugar, pero esto ayuda a tu cuerpo y a tu cerebro a saber cuándo deben descansar y cuándo deben estar activos. Ten en cuenta, no obstante, que a veces, querer hacerlo perfecto impide hacerlo bien. No siempre podemos ceñirnos a un horario. A veces solo queremos estar fuera hasta altas horas de la madrugada o tumbarnos en la cama hasta el mediodía, pero tener un horario de sueño nos permite retomar el rumbo con mayor facilidad para el resto de la semana. Date un respiro: cumplir con el horario unas pocas veces a la semana es mejor que no hacerlo nunca.

PROGRAMA TUS PREOCUPACIONES

Si te da cuenta de que la ansiedad no te deja dormir por la noche, intenta dedicar unos minutos al día a preocuparte. Durante este tiempo, puedes escribir tus preocupaciones concretas o dejar que pasen por tu cabeza. No se trata de encontrarles solución, sino de darles voz. Si te concedes este tiempo cada día, es menos probable que la ansiedad asome en plena noche o antes del amanecer. Y si lo haces, puedes decirte que abordarás tus preocupaciones al día siguiente, darte la vuelta y volver a dormir.

AL DESPERTAR

Cuando nos despertamos por la mañana, nuestras ondas cerebrales cambian de las ondas delta del sueño profundo a ondas theta de ensueño y luego a ondas alfa relajadas. Esta suave transición del sueño pesado a la vigilia nos prepara para empezar el día con intención. Más adelante, te explicaré más sobre cómo esto nos ayuda a priorizar, pero aquí me gustaría recomendarte que aproveches este momento y te mantengas alejado del teléfono cuando te despiertes. Permanece en este marco mental relajado y abierto el mayor tiempo posible. Los mensajes de texto, los correos electrónicos y las noticias pueden esperar.

Haz un repaso antes de levantarte: tómate un momento para preguntarte cómo has dormido y para escuchar lo que te dice tu cuerpo. ¿Te sientes bien descansado y listo para abrazar el día, o todavía estás cansado y atontado? ¿Tuviste demasiado calor o demasiado frío? ¿Te ha despertado algún ruido? ¿Te duele algo? ¿Puedes recordar alguno de tus sueños? Estos pocos minutos de reflexión pueden ayudarte a averiguar qué está funcionando y qué podrías necesitar ajustar.

Claves para enfocar tu mente

Este capítulo hemos explorado las oscuras profundidades de la privación del sueño, un enemigo oculto de la concentración. Hemos desvelado el poder de priorizar el sueño, un manantial de claridad cognitiva que va más allá de echar una cabezadita.

Pocas horas de sueño

- Nuestras ajetreadas vidas nos llevan a menudo a la privación del sueño.
- La falta de sueño reduce la función cognitiva, y esto afecta a la concentración, la memoria y el tiempo de reacción.

El ritual de recarga

- Da prioridad al sueño para rendir al máximo.

- Crea un horario de sueño coherente (acuéstate y despiértate a la misma hora todos los días).
- Desarrolla una rutina relajante a la hora de acostarte (baño caliente, lectura, música relajante).
- Optimiza tu entorno de sueño (oscuridad, tranquilidad, temperatura fresca).

Más allá de la rutina

- Dormir no es solo cuestión de productividad; es recargar el cerebro para aumentar la concentración.
- Durante el sueño, nuestro cerebro consolida los recuerdos y procesa la información.
- La falta de sueño rompe este proceso, dificultando la concentración y el aprendizaje.

Atenúa los dispositivos digitales

- La luz azul de los aparatos electrónicos altera los patrones de sueño y reduce la concentración.
- Evita las pantallas antes de acostarte, ya que la luz azul suprime la producción de melatonina (la hormona del sueño).

Prepara la noche

- Crea un santuario del sueño para un sueño reparador y una mente más clara.
- Utiliza cortinas opacas o un antifaz para bloquear la luz.
- Minimiza el ruido con tapones para los oídos o máquinas de ruido blanco.
- Procura que la temperatura del dormitorio esté entre 16 y 20 grados Celsius.

Domar las preocupaciones nocturnas

- Programa un tiempo de preocupación durante el día para evitar que la ansiedad te robe la concentración y el sueño.
- Escribe o piensa en tus ansiedades antes de acostarte para despejar la mente y favorecer un sueño reparador.

CAPÍTULO CUATRO

Actividad física

Muchos de mis clientes me han dicho que el ejercicio marca una diferencia a la hora de centrarse. Estoy completamente de acuerdo. Siempre que estoy activa y muevo mi cuerpo, ya sea dando un paseo en bicicleta, practicando algunos estiramientos de yoga o simplemente jugando a las escondidas con mis hijos, a menudo descubro que después me siento más despejada y alerta. Me concentro mejor. En nuestra cultura, a menudo separamos la mente y el cuerpo, desconectando el pensar y el hacer, por lo que tendemos a asociar el ejercicio con el aumento de nuestro bienestar físico, la disminución de la presión arterial, el fortalecimiento de los músculos y el funcionamiento del corazón y los pulmones. Y sí, hace todas esas cosas. Pero, cada vez más investigaciones demuestran que la actividad física beneficia nuestro cerebro de diversas maneras, incluida nuestra capacidad para prestar atención, resistir las distracciones y ser más flexibles en nuestro pensamiento. También reduce los niveles de estrés, mejora el sueño y aumenta la motivación. Todo esto puede ayudarnos a mantenernos enfocados. En este capítulo, compartiré contigo la clara conexión entre la actividad física y la concentración, cómo influye el cuerpo en el funcionamiento mental, y te ofreceré ideas sobre cómo puedes aprovechar esta herramienta para mejorar tu atención.

LA CIENCIA DEL EJERCICIO Y LA CONCENTRACIÓN

El Dr. John J. Ratey, experto en neuropsiquiatría, comparte en su libro *Spark: The Revolutionary Science of Exercise and the Brain* una historia fascinante. Relata cómo un enfoque poco convencional de la clase de gimnasia y un programa de ejercicios a primera hora de la mañana mejoraron tanto la forma física de los alumnos como su rendimiento académico en una escuela de las afueras de Chicago. A los alumnos de primer año matriculados en una clase de alfabetización para mejorar su comprensión lectora en el instituto Naperville Central se les dio a elegir entre asistir a la «Hora Cero» de educación física cada día antes de la primera clase o hacer la educación física normal. El objetivo era ver si la actividad física diaria, en concreto la aeróbica, que aumenta la respiración y el ritmo cardiaco, mejoraría su capacidad en lectura y otras materias académicas.

A las 7:15 de la mañana, los alumnos de Hora Cero ya estaban corriendo en la pista de la escuela o ejercitándose en cintas de correr o bicicletas estáticas en el sótano. Equipados con monitores cardíacos, debían practicar ejercicio a un ritmo que les mantuviera en una zona objetivo de entre el 80 al 90 por ciento de su frecuencia cardíaca máxima. Lo importante era trabajar duro para sus propios cuerpos, más que competir con sus compañeros. Al final del semestre, los alumnos de Hora Cero mejoraron un 17 por ciento en lectura y comprensión. En cambio, sus compañeros de la clase de alfabetización que habían optado por participar en la clase normal de educación física mostraron una mejora de solo el 10,7 por ciento. Aunque un 17 por ciento puede no parecer una gran diferencia, es un efecto considerable en el ámbito de la investigación educativa, lo que significa que la intervención tuvo un impacto sustancial en el aprendizaje de los alumnos. Incluso los pequeños avances pueden ser significativos cuando se trabaja con estudiantes que necesitan apoyo.

Con el éxito del programa, Hora Cero se integró en el plan de estudios regular de la escuela durante el primer periodo y se rebautizó como Educación Física para la Preparación del Aprendizaje. En una interesante continuación del experimento original, la clase de alfabetización se dividió en dos, con una clase programada directamente después de Educación Física para la Preparación del Aprendizaje y otra clase programada varias horas más tarde. Esta vez, cuando llegó el final del semestre, los alumnos del grupo de alfabetización de la primera clase eran los que más habían mejorado: su rendimiento académico se vio beneficiado por los efectos inmediatos del ejercicio.

Estos programas surgieron del énfasis que el distrito escolar de Naperville puso en la forma física, más que en la práctica deportiva, animando a los estudiantes a mover sus cuerpos con máquinas de entrenamiento de última generación, muros de escalada y circuitos de cuerdas altas o natación, kayak y danza. El objetivo era enseñar a todos los alumnos —no solo a los que tenían dotes atléticas—, la importancia del movimiento corporal y la forma en que puede transformar sus cuerpos y sus mentes, con efectos reales tanto en el aula como fuera de ella. Al leer su historia, sentí curiosidad por la dinámica que había detrás del aumento de la capacidad cerebral de los estudiantes y quise descubrir cómo sacar mejor partido a los beneficios del ejercicio en mi propia vida y en la de mis clientes.

Diversas investigaciones han analizado casos similares al de Naperville y han demostrado que el ejercicio aumenta el rendimiento de nuestro cerebro, mejora nuestra salud mental y aleja el deterioro cognitivo que puede venir con el envejecimiento. Un estudio reciente que analizó los datos genéticos de más de 350.000 personas, combinados con datos sobre su actividad física recopilados durante un periodo de siete días, concluyó que el ejercicio moderado (como caminar a paso ligero o hacer carrera ligera) mejora la capacidad de pensar. Múltiples estudios realizados en niños, adolescentes y adultos han demostrado que el ejercicio físico puede mejorar nuestro nivel de función ejecutiva, el conjunto de procesos cognitivos y habilidades mentales que nos ayudan a planificar, atender y llevar a cabo nuestros objetivos. Es probable que esa mejora contribuyera a mejorar los resultados académicos de los alumnos de Hora Cero.

Existen cuatro áreas principales de la función ejecutiva:

- **Control atencional.** La capacidad de focalizar nuestra atención y concentrarnos en algo concreto. Pueden ser las instrucciones de un profesor, un correo electrónico o una conversación en un restaurante ruidoso. La atención sostenida y dirigida (concentración) es una habilidad que todos necesitamos.
- **Inhibición.** La capacidad tanto de desconectar de la información irrelevante como de detener los impulsos y deseos que nos tientan a atender algo fuera de la tarea. Puede tratarse de resistir el impulso de comprobar nuestras notificaciones

o de filtrar los susurros distractores de un compañero. Combinada con la atención dirigida, es una superherramienta de concentración.

- **Flexibilidad mental.** La habilidad de pasar de una tarea mental a otra o de incorporar nueva información a los conocimientos preexistentes y actuar en consecuencia. A veces la gente se refiere a la flexibilidad mental o cognitiva como multitarea, pero, como ya hemos comentado, la multitarea no nos resulta útil. Sin embargo, en una época en la que nuestros cerebros son alimentados con una avalancha de información nueva y siempre cambiante, la capacidad de asimilar, procesar y adaptarse es importante.
- **Memoria de trabajo.** El sistema de almacenamiento temporal del cerebro que nos permite retener varios pensamientos o fragmentos de información en la mente mientras realizamos tareas. Nos permite recordar un número de teléfono mientras tecleamos los dígitos en nuestro teléfono, o mantener en mente la dirección de nuestra amiga mientras conducimos para visitarla.

Utilizamos estos elementos clave de la función ejecutiva en casi todos los aspectos, grandes y pequeños, de nuestras vidas. Si empiezo el día con un batido para desayunar, llegar a ese primer sorbo delicioso ha implicado un conjunto impresionante de planificación orquestada, concentración y ejecución de tareas. He elegido una receta entre múltiples opciones y fuentes, he dedicado tiempo y atención a comprar los ingredientes y he reservado unos minutos en el ajetreo de las actividades matutinas para preparar mi bebida. Incluso mientras saboreo su dulzura, hago una nota mental para aprovisionarme de plátanos y fresas para el día siguiente.

Mientras llevamos a cabo nuestras muchas tareas, nuestros procesos de pensamiento son vulnerables a ser socavados y desviados por las constantes interrupciones inherentes a nuestras ajetreadas vidas. Si estamos mirando una receta de batido en nuestro teléfono, un mensaje de texto o un correo electrónico pueden desviar nuestra atención, o podemos decidir que los treinta segundos que tarda en funcionar la batidora son el momento perfecto para consultar nuestras redes sociales. Antes de que nos demos cuenta, nos hemos sumergido en una espiral de distracciones. No importa lo que hagamos, es fácil que el resto del día siga el mismo patrón; nuestro intento de centrarnos en una tarea determinada es una lucha constante contra las interferencias. Es necesario que perfeccionemos nuestras habilidades funcionales para ayudarnos a librar esta guerra, y el ejercicio puede ser un gran aliado para lograrlo.

Todavía se está investigando por qué la actividad física es tan buena para el cerebro, y en particular para la concentración, pero es probable que haya múltiples factores en juego. Cuando hacemos ejercicio, nuestra respiración se acelera y se bombea más oxígeno a nuestro torrente sanguíneo, que nuestros palpitantes corazones llevan después al cerebro. Este flujo de sangre rica en oxígeno puede estimular el crecimiento de nuevas células cerebrales, un proceso conocido como neurogénesis, en particular en el hipocampo, clave para la memoria y el aprendizaje. Esta remodelación física del cerebro nos prepara para el aprendizaje. Además, estudios tanto en animales como en humanos han demostrado que la actividad física aumenta los niveles de una proteína llamada factor neurotrófico derivado del cerebro (BDNF) en el organismo. Denominado «Miracle-Gro para el cerebro» por el Dr. John Ratey, el BDNF es esencial para el crecimiento y la supervivencia de las neuronas y se cree que desempeña un papel clave en la mejora cognitiva relacionada con el ejercicio.

Hacer ejercicio aumenta los neurotransmisores en el cerebro, en concreto la serotonina, la norepinefrina y la dopamina, que también pueden contribuir a mejorar la salud mental. Los neurotransmisores transportan señales o mensajes químicos de una neurona a la siguiente célula nerviosa, muscular o glandular y son vitales para el funcionamiento del organismo. La serotonina, a menudo conocida como la sustancia química de «sentirse bien», regula el estado de ánimo y puede ayudarnos a sentirnos más concentrados, más felices y menos estresados, mientras que la norepinefrina, parte de la respuesta de lucha o huida del organismo, puede aumentar nuestra concentración y tiempo de reacción. La dopamina es el neurotransmisor de recompensa del cerebro, que nos motiva a hacer cosas que nos proporcionen placer. En capítulos posteriores, hablaré más sobre la dopamina en relación con nuestra adicción a los medios digitales y nuestra búsqueda constante de gratificación. Pero, en general, en los niveles adecuados, la dopamina nos mantiene felices, motivados y alerta.

Un paseo por el parque o un partido de pádel pueden provocar esta combinación de sensaciones. A largo plazo, el ejercicio regular puede aumentar el número de neurotransmisores en el cerebro, manteniéndolos activos. Cuando nuestro cerebro está optimizado para un estado de ánimo positivo, lo que aumenta el estado de alerta y motivación, nos resulta mucho más fácil concentrarnos.

Cuando nuestro cerebro está optimizado para un estado de ánimo positivo, lo que aumenta el estado de alerta y motivación, nos resulta mucho más fácil concentrarnos.

Además, las investigaciones han relacionado el ejercicio regular con una disminución de la depresión, la ansiedad y el trastorno por estrés postraumático (TEPT). En un estudio, los investigadores observaron una reducción del 26 por ciento en el riesgo de depresión por cada aumento en la actividad física medida por un rastreador de actividad. La buena noticia: esto incluía cualquier tipo de movimiento físico, no solo el ejercicio formal. Sustituir una hora de estar sentado por una hora de caminar a paso ligero o doblar la ropa serviría para mantener a raya la depresión, al igual que sustituir quince minutos de estar sentado por quince minutos de correr. Mantenerse activo tiene muchas repercusiones positivas para nuestra salud mental.

Además de aumentar nuestra capacidad cognitiva y mejorar nuestro bienestar mental, el ejercicio puede potenciar nuestra capacidad de concentración de otras maneras:

- **Conexión mente-cuerpo.** La actividad física fomenta la atención plena, dirigiendo la conciencia hacia las sensaciones y el movimiento de nuestro cuerpo. Este giro hacia uno mismo puede extenderse a otros aspectos de nuestra vida, ayudándonos a estar presentes en el momento durante cualquier actividad.
- **Compromiso sensorial.** El ejercicio nos expone a diversas experiencias sensoriales: el viento en la cara, el ritmo de nuestros pasos, los sonidos de la naturaleza. Este compromiso puede alejarnos de pensamientos intrusivos y distractores y mantener nuestra atención centrada en el momento presente.
- **Desconexión de la pantalla.** Alejarse de los dispositivos y de los entornos estáticos, interrumpe el ciclo de distracciones digitales, nos proporciona una nueva perspectiva y permite que nuestra atención disfrute de un tiempo de inactividad reparador. Esto también puede ser muy beneficioso para mantener la atención durante las actividades no físicas. Actividades como caminar y hablar requieren poco esfuerzo mental en comparación con multitareas complejas como cocinar y mantener una conversación telefónica. Esta menor carga cognitiva permite al cerebro permanecer concentrado en ambas tareas sin sacrificar el rendimiento o contribuir al agotamiento cognitivo.
- **La actividad como autocuidado.** Un elemento que a menudo se pasa por alto cuando hablamos de ejercicio y actividad física es que se trata de una forma de autocuidado. Cuando sacamos tiempo de nuestras apretadas agendas para cuidar de nuestro cuerpo, creamos un bucle de retroalimentación positiva que envía al cerebro el mensaje de que somos importantes. Merecemos el tiempo, el cuidado y la atención que requiere el ejercicio. A su vez, este mensaje refuerza nuestra confianza y mejora nuestro bienestar mental.

ACTIVARSE

La ciencia tiene claro que el ejercicio aeróbico de nivel moderado puede aclarar nuestro pensamiento. Entonces, ¿cómo podemos incorporarlo a nuestras vidas? Puede que no te apetezca levantarte al amanecer para ir al gimnasio o recorrer las calles del barrio, o puede que pienses que no tienes tiempo u oportunidades, entre el trabajo y otros compromisos, para dedicarte a hacer ejercicio. Sea cual sea tu situación, lo ideal es empezar poco a poco y luego construir sobre esa base para prepararte para el éxito. Entonces te sentirás motivado para continuar, y es de esperar que el subidón de dopamina que te proporciona poner tu cuerpo en movimiento te ayude con ello. Aquí tienes algunos consejos para activarse, con el objetivo de poner en marcha tu concentración.

Priorízalo

Al igual que con los dos primeros pasos de nuestro programa de enfoque, la alimentación y el sueño, el objetivo inicial en este caso es trasladar la idea del ejercicio al primer plano de tu mente como algo que merece un lugar destacado en tu rutina. Solo con pensar en ello y visualizarlo en la agenda lo harás más real.

Piensa en actividad física, no en ejercicio

Los centros para el control y la prevención de enfermedades recomiendan 150 minutos semanales de actividad de intensidad moderada para los adultos (y en breve hablaré de lo que significa intensidad moderada). Eso se traduce en algo más de veinte minutos al día —o treinta minutos de ejercicio, cinco días a la semana—. Eso ya puede parecer más factible. Pero la clave para encontrar tiempo para añadir ejercicio a tu vida bien puede estar en las palabras «actividad física». Solo necesitas poner en movimiento tus músculos y elevar el ritmo cardíaco lo suficiente como para que tu cerebro recoja los beneficios. Mientras que puede que disfrutes dando patadas a un balón con los amigos un par de noches a la semana, otros días tu actividad podría consistir en tareas de jardinería o un rápido paseo hasta el tren. Tu actividad semanal podría incluir deportes tradicionales, clases de ejercicio, ir al gimnasio o muchas otras actividades físicas como caminar a paso ligero, montar en bici, senderismo fácil, natación, baile o jugar al bádminton o al tenis de dobles. El taichí

—una fusión de artes marciales y meditación que implica trabajo de respiración y equilibrio— es otra opción, en particular para las personas mayores o con menos movilidad. Los estudios lo han relacionado con una mejora de la concentración y la cognición.

Pero no pienses solo en términos de ejercicio formal o actividades deportivas. Puedes dar algunos pasos más cuando vas o vuelves del trabajo o mientras haces recados, o puedes aparcar más lejos de tu destino, o bajarte del autobús una o dos paradas antes y caminar el resto del trayecto. Otras actividades pueden ser: pasear al perro, jugar con los niños, trabajar en el jardín, cortar el césped, realizar tareas domésticas intensas o cargar con las bolsas de la compra. Las oportunidades para ejercitar nuestro cerebro están a nuestro alrededor.

Las oportunidades para ejercitar nuestro cerebro están a nuestro alrededor.

¿Qué es la intensidad moderada?

Con ejercicios de intensidad moderada, deberías notar que el ritmo cardíaco y el respiratorio se aceleran y es posible que sudes un poco después de unos diez minutos. Podrás hablar con frases cortas, pero si ves que puedes cantar sin esfuerzo mientras te mueves, tendrás que acelerar el ritmo. Por otro lado, si solo eres capaz de jadear unas pocas palabras cada vez, escucha a tu cuerpo y reduce el ritmo. Puede resultarte útil utilizar un monitor cardiaco y ejercitarte a entre el 64 y el 76 por ciento de tu frecuencia cardiaca máxima. Si caminas, intenta alcanzar un ritmo de unos 100 pasos por minuto, pero esto variará en función del terreno. Y, por supuesto, antes de iniciar cualquier tipo de actividad física, consulta al médico para asegurarte de que no hay complicaciones.

Añade intervalos cortos de intensidad

Aunque la mayor parte de la literatura científica relaciona la actividad de intensidad moderada con la salud cognitiva, un estudio reciente demostró que los intervalos de velocidad pueden aumentar significativamente los niveles de BDNF en sangre. En este caso, los participantes en el estudio practicaron ciclismo ligero durante noventa minutos y luego, tras un breve descanso, cambiaron a alta intensidad durante cuarenta segundos seguidos de un descanso de veinte segundos. Repitieron esta combinación durante un total de seis minutos. Con este programa, sus niveles de BDNF aumentaron hasta multiplicarse por cuatro o cinco los producidos por los niveles de ciclismo ligero. Aunque los datos no abordaban cuánto tiempo permanecía el BDNF en la sangre, se podría concluir que intercalar una actividad de intensidad moderada con intervalos cortos de alta intensidad podría ser beneficioso para el crecimiento de nuevas neuronas. De nuevo, consulta a tu médico para saber si se trata de una actividad recomendada y segura para ti.

No te excedas

Aunque las explosiones cortas de ejercicio de alta intensidad pueden ser beneficiosas para tus niveles de concentración, ten en cuenta el momento oportuno. Un estudio que evaluó a estudiantes universitarios en tareas cognitivas justo después de que realizaran ejercicio intenso encontró un deterioro significativo en su memoria de trabajo en comparación con las pruebas realizadas antes de hacer ejercicio. Así que, aunque una actividad de nivel moderado es beneficiosa antes de un examen o una tarea que requiera concentración sostenida, puede que sea mejor no ejercitarse hasta el agotamiento justo antes y, en su lugar, darse tiempo para recuperarse. En el estudio, los cerebros de los estudiantes volvieron a funcionar treinta minutos después de su sesión intensa de ejercicio. Si prestas atención a tus propios niveles de concentración después de un ejercicio extremo, empezarás a saber qué es lo que te funciona mejor.

La actividad frecuente es mejor

Intenta ser lo más activo posible a lo largo del día en lugar de centrarte en una sesión extensa de entrenamiento, ya que los beneficios posteriores al ejercicio para nuestro cerebro disminuyen con el tiempo. Recuerda cómo los alumnos de la clase de alfabetización que se impartía justo después de la clase de educación física de preparación para el aprendizaje en el instituto Naperville Central obtuvieron mejores resultados que los de la clase programada varias horas más tarde. Del mismo modo, es probable que los efectos de esa carrera matutina disminuyan a media mañana. Para combatir el declive, podrías intentar introducir la actividad física a lo largo del día, quizá subiendo por las escaleras en lugar de utilizar el ascensor o programando una llamada telefónica mientras das un paseo.

Socializa

He descubierto que reunirme con amigos para hacer ejercicio ha aumentado en gran medida mi nivel de actividad. Durante el punto álgido de la pandemia, empecé a dar paseos al aire libre con amigos —manteniendo la distancia— ya que no podíamos socializar en cafeterías o restaurantes, y desde entonces he seguido con esta práctica. Me encantan estos «paseos y charlas», como yo los llamo, e intento programar varios cada semana. Aunque caminamos a paso rápido y mi ritmo cardiaco y mi respiración son elevados, no lo siento como ejercicio. Además del factor diversión, caminar con un amigo, o un grupo de amigos, me obliga a ser responsable y eso significa que es menos probable que me retire... al igual que ellos. Algunos de mis clientes hacen senderismo o pasean en bicicleta con amigos, y varios pasean a sus perros en grupo. Me han contado lo mucho que les apetece la actividad física combinada con ver a otras personas. Puede ser una buena forma de combatir la sensación de que no tenemos tiempo para socializar y hacer ejercicio.

Claves para enfocar tu mente

A menudo pensamos en la concentración como un esfuerzo solo mental, desconectado de nuestro cuerpo; sin embargo, la concentración se ve muy afectada tanto por el cuerpo como por la mente. En este capítulo hemos explicado cómo el ejercicio puede ser la clave para alcanzar la concentración intensa. Estos son los puntos clave:

- **Fitness para la concentración.** La actividad física no es solo bienestar físico; mejora la función cognitiva, incluidas la concentración y la atención.
- **El impulso cerebral.** El ejercicio aumenta el factor neurotrófico derivado del cerebro (BDNF), una proteína crucial para el crecimiento neuronal y la mejora de la función cognitiva.
- **Mejora de la función ejecutiva.** Hacer ejercicio refuerza nuestra capacidad para planificar, establecer prioridades, filtrar las distracciones y cambiar de una tarea a otra; todo ello esencial para una concentración nítida.
- **La ventaja de los neurotransmisores.** El ejercicio eleva la serotonina, la dopamina y la norepinefrina, neurotransmisores que mejoran el estado de ánimo, la motivación y la concentración.
- **Romper el ciclo.** El ejercicio proporciona un descanso de la constante estimulación digital, permitiendo a nuestro cerebro recargarse y volver a centrarse.
- **Mueve tu cuerpo, estimula tu mente.** Incluso pequeñas ráfagas de actividad pueden influir de manera notable en la concentración. Proponte 150 minutos de ejercicio de intensidad moderada a la semana, o encuentra actividades que te gusten, como caminar a paso ligero, bailar o montar en bicicleta.
- **Conexión cuerpo y mente.** El ejercicio promueve la atención plena, atrayendo nuestra atención al momento presente y reduciendo el dominio de los pensamientos intrusivos.
- **Socializa.** ¡Busca amigos para hacer ejercicio! La interacción social durante la actividad física aumenta la motivación y la responsabilidad, y te ayuda a mantener el rumbo hacia una mente más atenta.

CAPÍTULO CINCO

Naturaleza

La mayoría de los veranos, paso tiempo con mi familia en el lago Muskoka, unos ciento treinta kilómetros al norte de Toronto, en Canadá. Allí, nuestros días se vuelven más tranquilos mientras deambulamos por bosques de pinos y jugamos en las aguas turquesas del lago. Desconectamos del mundo y volvemos a conectar entre nosotros y con la naturaleza, ralentizando nuestros ritmos para sintonizar con nuestro lugar en el ciclo natural de las cosas. Mi marido y yo nos desconectamos de la tecnología en la medida de lo posible, y pronto puedo sentir cómo mi cuerpo y mi cerebro se relajan y se revitalizan. Descubro que puedo prestar atención a lo que me rodea y sumergirme en el presente. Mis sentidos se activan para captar el aroma de los abetos, saborear los dulces arándanos silvestres y escuchar las llamadas de los gansos en el agua. El aroma de la tierra húmeda llena mis pulmones mientras observo a mis hijos jugar. Chillan con emoción cuando descubren una piña gigante o cuando diminutos pececillos nadan alrededor de sus pies en el agua fresca del lago. Me invade una sensación de equilibrio y tranquilidad. Está claro que ellos también lo sienten, como si todos intuyéramos que pertenecemos a este espacio. Todo se detiene, una pausa que se agradece en la sinfonía de la vida cotidiana. En esta quietud, podemos vivir sin reservas cada momento, saboreando su sencillez.

En los últimos años, los científicos han encontrado multitud de pruebas que respaldan estas impresiones, proporcionando evidencias sólidas de que el tiempo que pasamos inmersos en la naturaleza o viviendo en barrios más verdes es beneficioso para nuestra salud física y mental. En un amplio estudio británico realizado en la Universidad de Exeter, los investigadores encuestaron a casi 20.000 personas, a las que les preguntaron cuánto tiempo habían pasado en entornos naturales (sin incluir los jardines personales) durante la semana anterior. Descubrieron que las personas que habían pasado al menos dos horas o más a la semana en la naturaleza tenían niveles de salud y bienestar sistemáticamente más altos que las que no lo habían hecho, y no parecía importar cómo pasaban esas dos horas, ya que varios paseos cortos por un parque local eran tan eficaces como una salida semanal más larga y profunda.

Este dato es una excelente noticia en una época en la que pasamos la mayor parte del tiempo en interiores (un estudio patrocinado por la Agencia de Protección Ambiental descubrió que, de media, los estadounidenses pasan el 93 por ciento de su tiempo en espacios cerrados). Más de 4000 millones de personas en todo el mundo vivimos en entornos urbanos, y se prevé que esta cifra aumente de forma exponencial en los próximos años. Las oportunidades para estar en la naturaleza parecen haber disminuido mucho en los últimos años, y desde 2020, cuando comenzó la pandemia de COVID-19, algunos de nosotros acabamos pasando más y más tiempo en casa. Intuitivamente, sabemos que el estrés de la vida moderna está haciendo mella en nuestra salud física y mental, y que la naturaleza puede ofrecernos un respiro al dar un descanso a nuestras mentes y cuerpos. Y, sin embargo, salir al aire libre puede parecer algo imposible para la mayoría de nosotros. Saber que solo dos horas a la semana en la naturaleza es todo lo que necesitamos, cambia las reglas del juego, haciéndolo parecer más factible. En este capítulo, exploraremos cómo la naturaleza puede contribuir a nuestro bienestar psicológico, reducir nuestros niveles de estrés y permitirnos recuperar la concentración. También veremos qué podemos hacer para incorporar la naturaleza a nuestra vida cotidiana.

Dos horas a la semana en la naturaleza es todo lo que necesitamos.

Además de mi inmersión estival en la naturaleza, intento pasar tiempo caminando por la playa o haciendo rutas de senderismo tan a menudo como me es posible durante el resto del año. Después, siempre me siento mejor, como si mi cerebro se hubiese despejado y reiniciado. Los científicos no saben a ciencia cierta por qué nos sentimos así, pero algunos creen que evolucionamos para sentirnos más relajados en entornos naturales. Tiene sentido si pensamos en nuestro desarrollo como humanos: nuestro bienestar y supervivencia han estado ligados y sincronizados con la naturaleza durante la mayor parte de nuestra existencia. Otras hipótesis incluyen la teoría de la restauración de la atención y la teoría de la reducción del estrés.

TEORÍA DE LA RESTAURACIÓN DE LA ATENCIÓN

La atención ascendente y descendente son dos formas diferentes en las que nuestro cerebro se centra en el mundo que nos rodea. La atención ascendente está impulsada por los propios estímulos. Piensa en ello como si tu atención fuera captada en función de las características inherentes del estímulo, como la intensidad, la novedad o el movimiento. Imagina oír un fuerte estruendo: ese sonido capta de inmediato tu atención sin ninguna expectativa previa. Eso es atención ascendente en funcionamiento. Por el contrario, para atender a nuestra lista diaria de tareas, utilizamos la atención descendente, una atención dirigida por nuestros objetivos, expectativas y conocimientos que permite un pensamiento organizado. Es una dirección consciente de nuestra atención que nos permite centrarnos en las tareas, resistir las distracciones y alcanzar nuestros objetivos. Por ejemplo, podemos utilizar la atención descendente cuando buscamos un libro concreto en una biblioteca, centrándonos con detenimiento en los títulos de los libros hasta encontrar el que queremos.

Mantener la concentración ante la cascada de información y las interrupciones de nuestro entorno tecnológico de alta intensidad es agotador y puede provocar fatiga mental, burnout y errores en nuestro trabajo. Todos hemos experimentado ese momento en el que nuestro cerebro siente que va a explotar si se nos pide que hagamos una sola cosa más. Por suerte, según la teoría de la restauración de la atención —o ART, por sus siglas en inglés, desarrollada por Stephen y Rachel Kaplan a principios de la década de 1980 y que sigue siendo objeto de continuas investigaciones—, podemos restaurar nuestros recursos cognitivos mermados mediante el descanso. Resulta que la naturaleza es muy beneficiosa para nuestra atención agotada.

La naturaleza es muy beneficiosa para nuestra atención agotada.

Cuando nos exponemos a la naturaleza, nuestra atención ascendente, que está dirigida por factores externos, pasa a primer plano al sentirnos automática e inconscientemente atraídos por los elementos que nos rodean: ramas que se mecen en el bosque al soplar una brisa repentina, el sol que se eleva a través de la niebla sobre un río, una caracola de colores brillantes en una playa. Según la investigación, cuando nuestra atención es captada a través de este tipo de «fascinación suave», sin que necesitemos dirigirla o realizar un esfuerzo para concentrarnos, nuestra atención descendente es capaz de descansar y restablecerse. Por el contrario, en los entornos urbanos estamos siempre alerta, centrando nuestra atención en las señales, el tráfico y otras personas mientras interactuamos a sabiendas con nuestro entorno.

Para que nuestros sistemas se repongan por completo, es importante que podamos tener la sensación de estar alejados de los factores estresantes de nuestras vidas; así, planificar una llamada telefónica de alto riesgo mientras paseamos por el parque es poco probable que sea tan reconstituyente como un paseo sin una agenda, sobre todo una estresante. También necesitamos sentir una sensación de familiaridad o seguridad en el entorno natural que elijamos; merodear por la zona de los osos o probar el *rafting* en aguas bravas, seguro que no será la elección más relajante. La idea es adentrarnos en la naturaleza y dejar que haga su magia... y luego volver a nuestras vidas con nuestra atención a tope.

En un estudio diseñado para probar la hipótesis de que la capacidad cognitiva aumenta con el tiempo que se pasa en la naturaleza alejado de la tecnología, cincuenta y seis adultos pasaron de cuatro a seis días de excursión con mochila en la naturaleza sin acceso a dispositivos electrónicos. Todos los participantes en el estudio completaron pruebas cognitivas diseñadas para evaluar la capacidad de resolución de problemas; a la mitad se les asignó la prueba la mañana anterior a la excursión y a los demás se les sometió a la prueba durante su viaje por la naturaleza. Los resultados mostraron un aumento del 50 por ciento en el rendimiento tras cuatro días de exposición a la naturaleza, una ventaja cognitiva otorgada por el tiempo inmerso en la «suave fascinación» de lo salvaje y el correspondiente tiempo alejado de la tecnología que demanda atención constante.

Aunque no todos tenemos la oportunidad de pasar varios días de excursión, desconectados del mundo, el mensaje es claro: el tiempo de descanso en la naturaleza es bueno para nuestro cerebro y puede restaurar nuestra capacidad de prestar atención y resistir las distracciones. Y, como demostró el estudio de la Universidad de Exeter, esto puede conseguirse con dos horas a la semana, es decir, menos de veinte minutos al día. Dar a nuestra atención descendente algo de tiempo libre en los espacios verdes es una forma sencilla pero poderosa de activar de nuevo nuestra concentración.

TEORÍA DE LA REDUCCIÓN DEL ESTRÉS

La segunda teoría sobre por qué la naturaleza es tan beneficiosa para nosotros gira en torno a su capacidad para reducir el estrés, quizá, de forma más concreta, el estrés asociado a la tecnología. La palabra «tecnoestrés» fue acuñada por Craig Brod en su libro de 1984 sobre el tema, y sigue siendo una buena descripción de cómo nos sentimos muchos de nosotros hoy en día. Escrito cuando apenas empezábamos a pasar más tiempo enganchados a la tecnología, el libro explora los posibles daños físicos, psicológicos y sociales que los ordenadores podrían provocar en nuestras vidas y lanza una advertencia sobre los altos niveles de estrés que pueden acompañar a las constantes exigencias de nuestro mundo moderno. La incesante preocupación del tecnoestrés martilleando en nuestros cerebros agota nuestros recursos cognitivos, causando problemas de concentración, memoria y nuestra capacidad de aprendizaje. Resulta curioso que, cuando la revolución tecnológica se abatió sobre Japón en la década de 1980, se introdujo la idea del *shinrin-yoku*, que se traduce como «baños de bosque», como una forma de visitar los bosques del país. La experiencia actuó como antídoto contra el rápido aumento de los niveles de estrés en la población japonesa. La idea era pasear sin rumbo entre los árboles, dejándose envolver por los sonidos, olores y sensaciones de la naturaleza, conectando con ella, y dejar atrás la presión de la vida cotidiana. Desde 1990 se han realizado múltiples estudios para investigar el impacto de los baños de bosque en los niveles de estrés; estudios en los que se miden las hormonas del estrés adrenalina (que indica estrés mental), noradrenalina (que indica estrés físico) y cortisol (que puede indicar ambos). Los resultados sugieren que esta práctica puede reducir de forma significativa las tres. Uno de estos estudios, realizado en veinticuatro bosques japoneses, descubrió que los niveles de cortisol descendían casi un 16 por ciento cuando las personas paseaban entre árboles en comparación con cuando lo hacían en un entorno urbano. En Japón, el *shinrin-yoku* se ha adoptado a gran escala, y han surgido centros especializados que ofrecen paseos organizados con un terapeuta o un guía que acompaña a las personas durante la sesión.

Estos paseos guiados son menos comunes aquí, pero aún podemos utilizar la sabiduría de los baños de bosque para sumergirnos en la naturaleza, en concreto en zonas con árboles, para relajarnos y bajar el nivel de estrés y recargar la mente. Puede ser todavía más reparador si involucramos nuestros sentidos:

- **Olfato.** Respirarás fitoncidas, aceites esenciales que desprenden los árboles y las plantas para protegerse de bacterias e insectos dañinos. Se ha demostrado que son beneficiosos para el ser humano en muchos aspectos, como la reducción del estrés, la mejora del estado de ánimo, la mejora del sueño y el refuerzo del sistema inmunitario.
- **Gusto.** Inhala por la boca el aire fresco que te rodea y llévalo a tu interior.
- **Oído.** A medida que te concentres, empezarás a notar diferentes sonidos, el susurro de la brisa entre las hojas o el canto de los grillos. Presta atención a los pájaros. Un estudio reciente descubrió que escuchar el canto de los pájaros puede reducir la sensación de ansiedad, depresión y paranoia.
- **Vista.** Deja que tus ojos contemplen los colores de los árboles, la forma en que la luz del sol se filtra entre sus ramas, los vivos colores de flores escondidas. Hay mucho que ver, mires donde mires.
- **Tacto.** Pasa los dedos por la corteza nudosa de un árbol o sobre montículos de musgo suave. Métete descalzo en un arroyo poco profundo o siéntate en el tocón de un árbol o en una roca.

Cuando te encuentres en un entorno natural, ya sea un parque urbano o un extenso bosque, intenta dejar atrás durante unos minutos las preocupaciones de la vida cotidiana, recordando que el objetivo es relajarse y restaurarse.

Una de mis pacientes, Pamela, era propensa a la rumiación, pensamientos repetitivos que recorrían su mente en espiral y minaban su autoestima. Su voz interior le decía a menudo lo mala que era en su trabajo, que estaba fallando a sus hijos y que era una amiga terrible. Aunque sabía que nada de eso era cierto, al escuchar este dañino diálogo interior, sus niveles de ansiedad se disparaban. Sabiendo lo mucho que me tranquiliza estar en la naturaleza, le pregunté si podría encontrar la manera de sentarse o pasear en un entorno natural durante su semana y dejar atrás su voz interior. Aceptó sacar tiempo para hacer su pausa de treinta minutos para comer en un pequeño parque a un par de manzanas de su oficina. «Es solo un trozo de hierba y unos arbustos», dijo encogiéndose de hombros.

Pero a la semana siguiente, llevó allí su almuerzo y se acomodó en un banco, desde donde podía mirar las ramas de los árboles. «Me sentí tan bien al alejarme, al salir de mi propia cabeza», me dijo. Cuando mencionó su nuevo lugar para almorzar a una compañera, surgieron planes para caminar por un sendero local después del trabajo la semana siguiente. Después, Pamela se sintió mentalmente renovada, su diálogo mental repetitivo era mucho más tranquilo. Ahora ella y su compañera caminan por el sendero varias veces a la semana, y ha notado un descenso general de sus niveles de estrés y la correspondiente lucidez mental. «Ahora lo espero con impaciencia —me dijo Pamela—. Es como si me cuidara a mí misma. Me siento más tranquila y reflexiva. Siento que lo estoy haciendo bien». La experiencia de Pamela está respaldada por estudios recientes. Estos estudios demuestran que pasar tiempo en la naturaleza conduce a una menor rumiación y diálogo interno negativo, y que refuerza el equilibrio mental.

Los estudios demuestran que pasar tiempo en la naturaleza conduce a una menor rumiación y diálogo interno negativo, y que refuerza el equilibrio mental.

LLEVA LA NATURALEZA A TU VIDA

Ahora que sabemos del poder de la naturaleza para restaurar nuestra capacidad de atención al permitir que nuestro cerebro descanse y reducir nuestros niveles de estrés, aprovechemos sus beneficios y busquemos la forma de experimentar al menos dos horas de inmersión en la naturaleza a la semana. Antes de salir, ya sea a un paraje del barrio o a algo más lejano, asegúrate de estar preparado para la realidad de la naturaleza. Vestirte para el tiempo que haga y llevar el calzado adecuado para el terreno te ayudará a disfrutar más de tu tiempo al aire libre. Lleva agua, protector solar y repelente de insectos si es necesario. A veces la naturaleza puede no ser tan idílica como imaginamos.

Piensa en local

Cuando pensamos en pasar tiempo en la naturaleza, puede que tengamos visiones de hacer senderismo por las Montañas Great Smoky, caminar con raquetas de nieve por los Alpes o alquilar una cabaña junto a un lago remoto y apartado. Sin duda, todas estas serían experiencias muy muy reparadoras, pero no tenemos por qué convertirlo en algo difícil o inalcanzable. Las visitas breves a un espacio verde local pueden contar para el total semanal con el mismo éxito que un par de horas de fin de semana en un parque nacional. Así que piensa en tus recursos locales —parques, jardines comunitarios, parques infantiles, incluso patios de iglesias— como lugares potenciales para pasar el tiempo y disfrutar del mundo natural. Mira los mapas para encontrar espacios verdes cerca de casa y del trabajo. Puede que te sorprenda lo que descubras.

Planifica tu tiempo en la naturaleza

Quizá pienses que estás demasiado ocupado para añadir una cosa más a tu vida, así que intenta sacar tiempo encontrando un hueco en la agenda. ¿Puedes sacar tiempo en tu hora de comer o después del trabajo y escaparte a un parque local, como hizo mi clienta Pamela? ¿Puedes cambiar el trayecto al trabajo para pasar por un espacio verde? Cuando hagas planes sociales, ¿qué tal un pícnic en lugar de una cita en un restaurante? ¿Una cita para jugar en la naturaleza con tus hijos en lugar de en algún lugar cerrado? ¿O una pequeña excursión al campo en lugar del centro comercial? ¿Puedes trasladar tu rutina de ejercicios de yoga al parque? Cuando hagas recados, intenta incluir espacios verdes como parte de la ruta: solo diez minutos pueden mejorar tu día. Cuando organices visitas familiares o vacaciones, piensa en cómo puedes incorporar esos momentos en la naturaleza. Empieza con unos minutos en la naturaleza aquí y allá y luego intenta aumentar su tiempo.

Disfruta del paisaje

Deja el teléfono cuando te encuentres en un entorno natural para aprovechar al máximo el tiempo que pases allí; deja vagar tu atención, atraído por la «suave fascinación» del entorno. Tómate un tiempo para estar en silencio con la naturaleza, limitando la conversación, sobre todo si puede provocarte estrés. Intenta evitar estar demasiado dentro de tu cabeza; aprende a reconocer cuándo tu atención se desplaza hacia el interior.

Lleva la naturaleza al interior

Se sabe desde hace tiempo que las plantas de interior reducen el estrés y aumentan los niveles de bienestar, en especial cuando interactuamos con ellas (trasplantándolas, regándolas y proporcionándoles cuidados). Las investigaciones han demostrado que también mejoran nuestros niveles de atención. Un pequeño estudio realizado en Corea del Sur descubrió que los niveles de atención de los niños aumentaban cuando miraban plantas vivas en comparación con plantas de plástico, fotografías o una maceta sin plantas. Así que deshazte de esa planta de plástico de tu casa u oficina y sustitúyela por alguna planta de fácil cuidado.

Observa la naturaleza, incluso cuando no puedas estar en ella

Los estudios demuestran que incluso mirar la naturaleza a través de una ventana puede aliviar el estrés y mejorar la concentración. Así que cuando estés encerrado en casa y tengas acceso a una vista de la naturaleza, tómate el tiempo para disfrutarla cuando puedas. Quizás entre reunión y reunión puedas dedicar un minuto a mirar por la ventana, o prueba a programar una alarma que le recuerde disfrutar de la vista de vez en cuando. Tal vez tengas un balcón que hace de puente entre el interior y el exterior. Sentarte ahí y disfrutar de las vistas de la naturaleza —ya sean palomas posadas en la barandilla o árboles en un horizonte lejano—, puede mejorar tu estado de ánimo.

Claves para enfocar tu mente

¿Te sientes abrumado por la sobrecarga de información y te cuesta concentrarte? En este capítulo hemos examinado el sorprendente poder de la naturaleza como antídoto para nuestra atención dispersa. Estos son los puntos clave:

- **La «suave fascinación» de la naturaleza.** Nuestra atención lucha constantemente contra las distracciones del mundo digital. La naturaleza proporciona una alternativa apacible, atrayendo nuestros sentidos con imágenes, sonidos y olores que restauran nuestra capacidad de concentración.
- **Recarga de la atención.** La atención constante descendente y dirigida a objetivos es agotadora. La naturaleza permite que nuestra atención ascendente tome el relevo, dejando que nuestra mente se relaje y recupere energía.
- **El antídoto del estrés.** El tiempo que pasas en la naturaleza combate el cortisol, la hormona del estrés, uno de los principales enemigos de la concentración.
- **Silencia al crítico interior.** La naturaleza acalla el diálogo interno negativo y la rumiación, fomentando el bienestar mental y un mayor foco mental.
- **Una dosis de verde en cualquier lugar.** No necesitas una aventura en plena naturaleza. Incluso pequeños espacios de naturaleza, como parques o incluso plantas de interior, pueden aportar beneficios cognitivos.
- **Dos horas para concentrarse.** Los estudios demuestran que solo dos horas semanales de inmersión en la naturaleza pueden mejorar significativamente la concentración y la atención.

- **Desconecta y relájate.** Desconecta de la tecnología para abrazar plenamente el poder restaurador de la naturaleza. Deja que tu mente divague y solo se trata de estar presente.
- **Paisaje sensorial de la naturaleza.** Involucra todos tus sentidos en la naturaleza. Escucha el canto de los pájaros, siente la corteza de un árbol, huele el aire fresco. Este festín sensorial acalla el ruido mental y fomenta la atención plena.

SEGUNDA PARTE

Herramientas clave para la concentración

Al entrar en la segunda parte de nuestro viaje hacia la optimización de tu mente y la recuperación de tu enfoque, dediquemos primero un momento a darnos cuenta de lo que ya hemos avanzado. Ya hemos construido una base sólida a partir de una nueva comprensión sobre cómo la alimentación, el sueño, el ejercicio y la naturaleza pueden contribuir a beneficiar la salud de tu cerebro.

En esta segunda etapa, complementaremos tus conocimientos, pasando del trabajo básico a herramientas y estrategias específicas para hacer frente a la distracción y perfeccionar tus habilidades de concentración. En los próximos cinco capítulos, nos sumergiremos en los siguientes temas:

- Redefinir prioridades
- Concentración
- Evaluar la urgencia
- Renovarse
- Memorización

Exploraremos métodos para profundizar en tus poderes de concentración y memorización. Sentirás el efecto revitalizante del descanso y descubrirás cómo abandonar viejos hábitos y abrirte a nuevas prioridades en una cultura que se basa en la productividad. Te apoyaré mientras te adentras en terreno desconocido, compartiendo mis propias historias personales y profesionales para que sepas que no estás solo en este viaje. Tu esfuerzo mental continuo y tu constancia darán sus frutos: recuperar la concentración y redescubrir la vida sin agotamiento compensa con creces el esfuerzo.

CAPÍTULO SEIS

Redefinir prioridades

Como hemos aprendido, la multitarea nos deja agotados y abrumados, allanando el camino hacia el burnout. ¿Cómo puedes perfeccionar tu atención para alcanzar tus objetivos diarios y aspiraciones a largo plazo sin sacrificar tu salud mental ni agotar tus recursos cognitivos? En este capítulo, te ayudaré a definir objetivos de acuerdo con tus prioridades. Aprenderás a evaluar lo que es importante para ti, lo que merece tu atención. Te proporcionaré las herramientas que necesitas para llegar al final del día sintiéndote realizado y con la mente despejada. Con estas estrategias, serás capaz de fijar objetivos realistas, evitar distracciones y organizar el día a tu manera en lugar de limitarte a reaccionar ante cualquier circunstancia que se presente.

Nuestro cerebro crea una visión del mundo basada en aquello a lo que prestamos atención. Puedes ir de excursión con un amigo o una amiga pero, aunque ambos transiten por el mismo terreno, cada uno se llevará experiencias diferentes. Mientras que a ti te puede deslumbrar el amanecer, tu acompañante, que le apasionan las aves, puede centrar la atención en una familia de tangaras escarlata. Hace poco, mi familia trajo un cachorro a nuestras vidas y, de repente, mire donde mire hay perros. Perros que pasean en grupo, o con la cabeza a medio sacar por la ventanilla del coche, o corriendo por la hierba del parque. Estoy segura de que la población canina de mi barrio no ha cambiado de la noche a la mañana; es solo que ahora llaman mi atención, y por eso mi visión del mundo ha cambiado... Y, sin duda, para bien. Puede que tú mismo hayas notado esto: cómo tu percepción de la realidad fluctúa según tus intereses y prioridades. Puede que algunos días ni siquiera notes el mundo fuera de tu propia mente porque estás tan atrapado en la avalancha de tareas que tienes que realizar que no puedes pensar en otra cosa. Las personas con TDAH pueden estar particularmente familiarizadas con este estado de hiperfijación. Si aprendes a dirigir tu atención, podrás transformar tu realidad cotidiana.

Nuestro cerebro crea una visión del mundo basada en aquello a lo que prestamos atención.

Con esto presente, el objetivo es organizar los días en función de tus prioridades, asegurándote de que tu atención está donde quieres que esté. Utilizaremos la técnica del bloqueo de tiempos como herramienta de priorización, así como una teoría conocida por diversos nombres: el tarro de la vida, las grandes rocas o el tarro de pepinillos. Pero antes de que lleguemos a los detalles prácticos de estas herramientas, me gustaría que pensaras en la mejor manera de que sean útiles para ti. Mi esperanza no es que te vuelvas una máquina de productividad laboral dejando de lado el resto de tu vida, sino que seas capaz de utilizar estos métodos para recuperar el enfoque y mejorar el bienestar en todas las áreas de tu vida.

Ya hemos hablado de visiones y compromisos; y puede ser útil volver a ese principio rector y recordar lo que es importante para ti. A veces tenemos visiones globales para nuestras vidas, como profundizar en nuestras conexiones con la gente o encontrar la alegría en nuestro trabajo, pero no sabemos cómo incorporarlas al ajetreo y la confusión de nuestro día a día, y por eso nunca avanzamos hacia ellas. El momento de trabajar nuestras visiones en el día a día es cuando estamos creando nuestra agenda diaria. Cuando estés mirando la lista de tareas y considerando tus prioridades, empieza por pensar en tu visión y en lo que más te importa. Es muy posible que tu horario incluya terminar una presentación de marketing o formar a un nuevo asociado de ventas, tal vez también incluya una cena con tu pareja, un paseo por el bosque o el voluntariado en un comedor social con un amigo. Cuanto más centremos nuestra atención en dar prioridad a los vínculos cotidianos y al autocuidado, mejor nos sentiremos en cuerpo, mente y espíritu.

El momento de trabajar nuestras visiones en el día a día es cuando estamos creando nuestra agenda diaria.

Otro elemento a tener en cuenta son los ritmos naturales de tu cuerpo. La mayoría de nosotros estamos familiarizados con nuestros ritmos circadianos, o relojes internos, los ciclos de veinticuatro horas que regulan nuestras transiciones entre la vigilia y el sueño, así como nuestros ciclos de temperatura corporal, digestión y hambre. Pero puede que sepamos menos sobre los ciclos *ultradianos* de nuestro cuerpo: patrones biológicos que duran unos noventa minutos cada uno y que suben y bajan a lo largo del día a medida que pasamos de estados de mayor a menor energía y niveles de alerta. Hormonas y sustancias químicas como el cortisol y la melatonina actúan como reguladores, elevando o reduciendo nuestros niveles de alerta y relajación a lo largo del ciclo. Nuestras ondas cerebrales también cambian durante el ciclo, alternando entre ondas alfa (asociadas a la calma) y ondas beta (vinculadas a la concentración). Nuestros cuerpos y cerebros sienten estos cambios internos y, si sintonizamos con ellos, podemos descubrir nuestro ritmo personal y actuar de acuerdo con lo que nos está diciendo. Si notas que tu concentración disminuye o experimentas una repentina necesidad de echarte una siesta, es probable que tu cuerpo te esté diciendo que estás llegando al final de un ciclo ultradiano. Puedes utilizar estos ciclos en tu beneficio reconociendo cuándo estás en mejor disposición para la atención y cuándo aprovechar al máximo tu capacidad de concentración en los momentos óptimos. Igual de importante es que te asegures de descansar y recuperar durante los momentos de inactividad y no esforzarte para ir a contracorriente. Si aprendes a prestar atención a tus niveles de concentración a lo largo del día, observando cuándo suben y bajan, podrás utilizar ese conocimiento para organizar tu horario de un modo más acorde con cuerpo y mente. Consulta el «Día siete» del Apéndice B para obtener una guía para identificar y seguir estos ciclos.

Ten en cuenta que probar formas nuevas de trabajar y reevaluar hábitos arraigados puede resultar incómodo y llevar tiempo. Tendrás que ser paciente contigo mismo. Es probable que tengas que superar comportamientos que has adquirido durante mucho tiempo y que se han convertido en automáticos. Puede ser mirar el teléfono nada más despertarte o buscar descansos rápidos junto al dispensador de agua que desvían tu atención. Pero según vayas incorporando nuevas herramientas, reentrenarás tu cerebro y, con el tiempo, estas estrategias acabarán siendo tu nueva forma automática de actuar.

PLANIFICA TU JORNADA

A menudo pensamos en nuestros horarios en términos de gestión del tiempo, pero es igual de importante abordarlos desde la perspectiva de la atención haciéndonos una pregunta importante: ¿a qué quiero dedicar mi atención hoy? Sin este punto de referencia, es probable que cualquier distracción nos acabe apartando de nuestro camino.

Para ello, he encontrado un par de herramientas bastante útiles a la hora de organizar mis días: una estrategia de planificación conocida como el tarro de pepinillos, el tarro de la vida o grandes rocas, según quien la utilice, y la práctica del bloqueo de tiempos. Voy a explicar ambas.

El tarro de pepinillos, el tarro de la vida o grandes rocas

Se desconoce el origen de este concepto, aunque Stephen Covey incluyó las «grandes rocas» en su libro *Los 7 hábitos de la gente altamente efectiva*. Cada teoría considera el tiempo con un recipiente limitado —como un tarro de pepinillos— que deja espacio para nuestras necesidades y actividades si somos capaces de establecer nuestras prioridades y permitimos que los objetos cotidianos más pequeños rellenen los huecos. Nuestras prioridades están representadas por grandes rocas y los elementos de menor importancia: guijarros, arena y agua. Cuando llenamos el tarro con los elementos de nuestra lista de tareas, tenemos que empezar por las rocas grandes y luego añadir los guijarros, la arena y, por último, el agua. Si llenamos primero el tarro con los elementos más pequeños, no queda espacio para las rocas. En cambio, si empezamos por las rocas, los guijarros, la arena y el agua encontrarán su sitio en los huecos. La conclusión es que, a la hora de organizar nuestro día, debemos empezar siempre por nuestras grandes rocas —nuestras prioridades— y trabajar todo lo demás en torno a ellas.

A veces la gente interpreta esta metáfora en el sentido de que siempre hay sitio para meter algo más en nuestras vidas, que se puede hacer sitio para unas cuantas piedrecitas más con solo reajustar el conjunto. En realidad, eso es lo contrario de lo que intentamos conseguir. Sabiendo que disponemos de tiempo y energía limitados, queremos evaluar lo que es importante para nosotros y asegurarnos de que podemos atender esos objetivos prioritarios en medio de todo el ruido. A veces, la verdad es que ni siquiera hay espacio para todas las grandes rocas en un momento dado. Aunque eso pueda hacernos sentir incompetentes o ineficaces de alguna manera, afrontar esas limitaciones nos ayuda a actuar con mayor consciencia y deliberación sobre lo que va a parar a nuestros tarros —o a nuestras agendas—. No podemos hacer que las piedras ocupen menos ni conseguir tarros más grandes: sigue habiendo veinticuatro horas en un día y el buen trabajo llevará su tiempo. Nuestra libertad reside en nuestra capacidad de elegir.

Bloqueo de tiempos

Muchos de nosotros ya planificamos nuestro tiempo hasta cierto punto, pero la idea aquí es recuperar el control de tu tiempo planificándolo de forma consciente. Puede ser un ejercicio interesante prestar atención al flujo de tu día cuando no prestas atención real a cómo se llena tu día. Tal vez vayas al gimnasio después de reuniones salpicadas de correos electrónicos, unas compras online, una o dos videollamadas de Zoom, una parada rápida en el supermercado, comida para llevar y algo de televisión por la noche. Al final del día, puedes sentir que has estado muy ocupado, pero sin haber sido realmente productivo. Todo puede parecer borroso y desordenado, como si todas tus actividades se hubieran mezclado unas con otras.

En cambio, con el bloqueo de tiempos, la programación es deliberada y meditada, con franjas de tiempo específicas asignadas a tareas o áreas concretas de tu vida. En esencia, durante la franja de tiempo designada, te concentras solo en la actividad programada. En el próximo capítulo, profundizaremos en las formas de aumentar nuestra capacidad de concentración para aprovechar bien el tiempo bloqueado. El bloqueo de tiempos implica el compromiso de crear el horario con antelación y la fuerza de voluntad para realizar una sola tarea, pero, si lo pruebas, descubrirás que las recompensas pueden ser enormes. Por ejemplo, he descubierto que fijar un tiempo en mi agenda para las redes sociales ha supuesto una gran diferencia en mi día. En el pasado, solía consultar Instagram siempre que tenía algo de tiempo libre, disfrutando de ponerme al día con amigos y colegas, y encontrando nuevas ideas y prácticas para mi trabajo. Pero cinco minutos aquí y allá sumaban. Me quitaba tiempo y me quedaba descentrada. Ahora tengo una franja horaria designada para las redes sociales antes de cenar, y la espero con impaciencia, sabiendo que mi tiempo en las distintas plataformas tiene un principio y un final.

Evalúa tus verdaderas prioridades

Antes de empezar a bloquear el tiempo, hazte estas preguntas: ¿qué quiero haber conseguido al final del día?, ¿cuáles son mis verdaderas prioridades, mis grandes rocas?, ¿cuáles son mis objetivos a corto y largo plazo? No intentes etiquetarlo todo como prioritario, porque eso te desbordará, y esa es una de las cosas que estás intentando minimizar o expulsar de tu vida. Curiosamente, la palabra «prioridad» apareció en el idioma inglés en el siglo xiv como un sustantivo singular que significa «como aquello que tiene precedencia en importancia o jerarquía».

No fue hasta el siglo xx cuando la gente empezó a utilizar el plural, creyendo que podían tener prioridad sobre más de una cosa a la vez. Parece que en nuestras vidas modernas hemos llevado esta teoría al extremo. En el capítulo 8, estudiaremos formas específicas de averiguar cuáles son realmente nuestras prioridades, pero, por ahora, veamos cómo elegir unas pocas tareas clave cuando todo parece crítico:

- **Impacto frente a urgencia.** Pregúntate: «¿Qué tareas tendrán un mayor impacto positivo en mis objetivos?». Céntrate en las tareas de gran impacto, aunque no tengan plazos inmediatos. Los plazos pueden ser importantes, pero no siempre reflejan el verdadero valor de una tarea. Una tarea que parece urgente puede no contribuir mucho a tus objetivos, mientras que una tarea menos urgente, pero de gran impacto, merece ser priorizada.
- **Identifica las actividades de alto valor.** Elige las dos o tres tareas que, de completarse, te acercarían mucho más a tus objetivos. Estas se convierten en tus bloques de «trabajo profundo».
- **Aplica el principio de Pareto.** ¿Recuerdas la regla 80/20? Es probable que el 20 por ciento de tus tareas aporten el 80 por ciento del valor. Identifica y prioriza ese 20 por ciento crítico.
- **Considera la sensibilidad al tiempo.** Los plazos son una realidad y a veces nos obligan a tomar decisiones difíciles. Lo ideal es centrarse en las tareas de gran impacto, pero habrá situaciones en las que haya que prestar atención al plazo de una tarea de menor impacto. Procura valorar bien la situación: ¿puede ampliarse el plazo? ¿Puede encargarse otra persona de la tarea? Si no es así, ten en cuenta la urgencia a la hora de programarla, pero intenta minimizar el tiempo dedicado a ella y vuelve a tus prioridades de alto impacto.
- **Haz coincidir las tareas con tu energía.** ¿Cuándo estás más concentrado? Programa las tareas exigentes en los momentos de máxima energía. Las tareas más ligeras pueden llenar los periodos de menor energía.

- **Consejo extra.** Crea una lista de «Algún día» o «Tal vez» para despejar la mente y volver a revisar las tareas menos urgentes más adelante.

Crea tu propia planificación

Ahora que conoces la filosofía que hay detrás del bloqueo de tiempos y tienes una idea general de tus prioridades, vamos a repasar el «cómo» básico del bloqueo de tiempos. A continuación, lo pondremos todo en funcionamiento con la ayuda de algunas teorías de programación adicionales.

- **Prepara tus herramientas**
    - **Calendario.** Ten a mano tu calendario digital o de papel.
    - **Lista de tareas.** Haz una lista de todas tus tareas, proyectos y citas del día. A medida que vayas adquiriendo práctica en el bloqueo de tiempos, es probable que puedas programar una semana completa. Pero al principio es una buena idea empezar poco a poco, dejando espacio para poder adaptarse y aprender cada día.
    - **Tiempo estimado.** ¡Sé realista! Para cada tarea, calcula cuánto tiempo te llevará de verdad.
- **Bloquea las grandes rocas**
    - **Empieza por lo no negociable.** Programa reuniones, citas, tiempo con la familia, cuidado personal, recados, etc. Prográmalas primero y trátalas como muros inamovibles en tu castillo del tiempo.
    - **Bloques de tiempo.** Reserva bloques de tiempo para tareas de «trabajo profundo» que requieran una concentración intensa (escribir, codificar, etc.). Intenta hacer bloques de dos a tres horas, pero ajusta los intervalos de tiempo en función de tu capacidad de atención.
    - **Tareas recurrentes.** Programa tareas recurrentes como correos electrónicos, llamadas o comprobaciones de redes sociales en bloques específicos para evitar el cambio constante de contexto.

   - **Programa descansos.** Añade tu pausa para comer, tiempo para dar una vuelta a la manzana o incluso una siesta rápida si sabes que la vas a necesitar. Hablaremos más de los descansos —en el capítulo 9—, pero por ahora tienes que saber que el descanso es fundamental para poder centrarse, y rara vez nos permitimos los descansos que necesitamos. Para ofrecer lo mejor de nosotros mismos, el descanso es innegociable.
- **Llena los huecos**
   - **Tareas más pequeñas.** Encaja tareas más pequeñas, como llamadas telefónicas o recados rápidos, en espacios de tiempo más reducidos entre bloques más grandes.
   - **Tiempo de amortiguación.** Deja tiempo de reserva para interrupciones y transiciones inesperadas, porque la vida es imprevisible.
   - **Organiza.** Usa colores o categorías para visualizar mejor tus bloques de tiempo.
- **Ejecuta y adapta**
   - **Trata tus bloques de tiempo como compromisos.** Minimiza las distracciones y céntrate en la tarea que tienes entre manos durante cada bloque. Tu capacidad de concentración durante estos bloques de tiempo aumentará a medida que te acostumbres al nuevo sistema, pero al principio es probable que sientas la tentación de colar otras tareas durante el bloque de tiempo. Si se te ocurre una tarea —incluso una que te llevaría «¡solo dos minutos!»— anótala y vuelve a centrar tu atención en el trabajo que tienes entre manos. Sé amable contigo mismo si «pierdes un momento el foco». Estás reentrenando tu cerebro y tus hábitos, y esto lleva tiempo.
   - **Sé flexible.** Si una tarea te lleva más tiempo del previsto, ajusta tu horario o trasládala a otro bloque. Recuerda que es tu plan, no una prisión rígida.

    - **Revisa y perfecciona.** Al final del día (o de la semana), reflexiona sobre lo que ha funcionado y lo que no. Ajusta tu estrategia para la próxima vez.
- **Consejos adicionales**
    - **Empieza poco a poco.** Comienza bloqueando solo unas horas al día para sentirte cómodo con el nuevo concepto.
    - **Haz seguimiento del progreso.** Controla cómo afecta el bloqueo de tiempos a tu productividad y ajústalo en consecuencia.

LLÉVALO AL SIGUIENTE NIVEL

Ahora que hemos repasado los fundamentos del bloqueo de tiempos, exploraremos algunos enfoques que te ayudarán a sacar el máximo partido a esta técnica.

Programa tiempo para distraerte

Cuando empieces a usar tu tiempo de forma más consciente, te darás cuenta de que tu atención se pierde de forma automática —o lo intenta— hacia las redes sociales, los sitios web de noticias o las aplicaciones de juegos, o hacia lo que sea que te atraiga cuando necesitas distracción. Reserva un bloque en tu agenda diaria para dedicarte a ese hábito —como hice yo—, para saber que tendrás ese espacio... solo que más adelante. Podrías considerar poner este «tiempo de distracción» en tu horario en un momento en el que sepas que sueles sentirte con poca energía.

Al principio, puedes incluir varias sesiones al día de tiempo de distracción, y luego reducirlo a medida que te acostumbres al nuevo estilo de interactuar con tus distracciones preferidas. Intenta llevar la cuenta un día de cuánto tiempo pierdes con las redes sociales. En 2022, la media de uso de las redes sociales por parte de los usuarios de internet en Estados Unidos era de dos horas y tres minutos al día, y la media mundial era aún mayor, de dos horas y treinta y un minutos. ¡Eso es mucho tiempo! Las redes sociales tienen su lugar, pero la clave es que tengas el control sobre el tiempo que les dedicas.

Programar franjas horarias para los correos electrónicos

Prueba a agrupar la gestión del correo en unas pocas sesiones diarias. Como bien sabes, los correos electrónicos agotan nuestra concentración y energía mental, ya que tendemos a desviar nuestra atención de otras tareas para ocuparnos de ellos en cuanto aparecen en nuestra bandeja de entrada. Se trata de un proceso ineficaz y estresante. En cambio, cuando los acorralamos en bloques de tiempo y nos centramos por completo en ellos, los sacamos adelante más deprisa sin que interfieran en el resto del trabajo. Puede que tengas un tipo de trabajo que te obligue a revisar los correos electrónicos con frecuencia, pero incluso esperar a atenderlos cada hora en lugar de cada cinco minutos marcará una gran diferencia en tu día.

Por supuesto, muchos correos electrónicos generan un trabajo propio. A mí me resulta más eficaz ocuparme de los que puedo responder de inmediato durante mis sesiones dedicadas al correo electrónico, mientras mantengo una lista de tareas para los demás. Recuerda que todo esto debe estar marcado por tus prioridades. Para ti, puede ser importante responder cuanto antes, sin excepción, o puedes decidir que algunos correos electrónicos deben posponerse para reflexionar sobre ellos. Dar nombre a esa prioridad guiará cómo y cuándo respondes. Las reglas se basan tan solo en tus necesidades y en lo que es mejor para ti.

Asegúrate de darte cierto margen de maniobra

Aunque te quede tiempo para hacer más cosas, déjate siempre algo de tiempo libre. De este modo, no te sentirás abrumado si surge algo urgente y dispondrás de un respiro muy necesario. Intentar dejar huecos en nuestra agenda es una herramienta poderosa, y a menudo se pasa por alto. Analizaré la importancia de las pausas en el capítulo 9.

Optimiza tu concentración. Ciclos ultradianos

A medida que estés más en sintonía con tus ciclos ultradianos, querrás programar tu trabajo más difícil para cuando te sientas más alerta. Reserva dos o tres sesiones de noventa minutos al día para dedicar toda tu capacidad intelectual a un proyecto: es una pena desperdiciar este tiempo óptimo en tareas irrelevantes o compras sin sentido. La mayoría de la gente solo tiene dos o tres de estos picos de energía al día, y al principio puede que tu capacidad de atención no dure el ciclo completo. Pero a medida que sigas dominando tu concentración, eso irá cambiando; en el capítulo 7 encontrarás estrategias para aumentar la concentración.

Crea hábitos matutinos

A muchos de nosotros nos despiertan las alarmas de nuestros teléfonos y, una vez que las hemos silenciado y abrimos los ojos, dirigimos nuestra atención a lo que sea que haya en nuestras pantallas. En muchos casos, esto se ha convertido en un hábito. Nada más despertarnos, nos bombardean las noticias, muchas veces inquietantes, de todo el mundo y las exigencias de los correos electrónicos y los mensajes de texto. Nos sacan de nuestro relajante modo postsueño para colocarnos en un estado de estrés y sobrealerta. Antes de que podamos opinar, nuestro día y nuestro estado de ánimo han sido determinados por nuestras pantallas.

Los hábitos matutinos nos proporcionan algo que hacer cuando nos despertamos, algo con sentido que nos conecta con nosotros mismos y para las personas con las que compartimos nuestro hogar, y alejados de nuestros teléfonos y de lo que nos acecha en ellos. Para algunos, es el momento perfecto para meditar, hacer ejercicio o fijar intenciones para el día. Ahora me levanto temprano y me preparo agua tibia con limón, saboreando el primer sorbo antes de salir a pasear con nuestro perro, Charlie. No miro el teléfono, sino que paso el tiempo centrada en mi mascota mientras disfruta de las nuevas vistas, sonidos y olores de su mundo. Este tiempo a solas con él hace que me resulte más fácil adentrarme poco a poco en el día y en el ajetreo matutino de llevar a los niños al colegio que me espera al volver a casa.

Pon tu vida en orden

En los últimos años, varias universidades australianas han instituido las semanas «Pon tu vida en orden», que recortan los horarios de los estudiantes para permitirles practicar una «especie de agrupación de tareas» y ponerse al día en otros quehaceres de la vida como ir al dentista, poner sus finanzas en orden o incluso limpiar la casa, el tipo de cosas que los estudiantes podrían posponer en favor de las clases y la vida social. La idea que subyace a esta práctica es que los estudiantes se quiten de en medio estas fastidiosas tareas y despejen sus mentes para no tener que dedicar su valiosa capacidad cerebral a pensar en ellas.

En una línea similar, podemos agrupar nuestros recados o citas en una sola mañana o día para poder quitárnoslos de encima mentalmente y dedicar nuestra atención a otra cosa. Prueba a designar un día a la semana o al mes para abordar esas tareas «no urgentes pero que hay que hacer».

Esta combinación de bloqueo de tiempos y evaluación cuidadosa de tus prioridades —las grandes rocas—,puede marcar una gran diferencia en tu día, permitiéndote avanzar en la dirección que deseas. Estas ideas me han resultado muy inspiradoras y, en la práctica, han liberado mi agenda al ayudarme a ver mis prioridades. Me ayudan a mantener el rumbo y evitar perder el tiempo cambiando y reorientando mi atención o desviándome por interrupciones. Sin estas prácticas, me doy cuenta de que me limito a reaccionar a las demandas ajenas desde el momento en que compruebo mis mensajes en el teléfono.

Claves para enfocar tu mente

Este capítulo te ha preparado para recuperar el control de tu atención y alcanzar tus objetivos diarios sin sacrificar la salud mental. Estos son los puntos clave:

Olvídate de la lista de tareas pendientes. ¡Prioriza sin piedad! Programa tu día en torno a tus grandes rocas: las tareas más importantes que marcan la diferencia, no todo lo que figura en tu lista.

Elabora tu visión. ¿Te sientes perdido? Define tu objetivo principal: tu visión. Esto te guiará hacia lo que de verdad importa y te mantendrá motivado.

Domina tu tiempo

- **Bloqueo de tiempos.** Programa sesiones de trabajo enfocado (trabajo en profundidad) y evita la multitarea. Trata estos bloques como compromisos sagrados.
- **Organiza por bloques.** Agrupa por bloques los correos electrónicos, los recados y las redes sociales para minimizar las distracciones y liberar capacidad intelectual.
- **Programa pausas.** Establece pausas para descansar y refrescarte a lo largo del día.
- **Deja espacio para respirar.** ¡No planifiques demasiado! El tiempo de margen permite realizar tareas imprevistas y reduce el estrés.

Consejos adicionales

- **Rutinas matutinas.** Desarrolla rutinas sin teléfono, como la meditación o el ejercicio, para centrarte en el día.
- **Agrupa los recados.** Agrupa los recados y las citas para minimizar el desorden mental.

CAPÍTULO SIETE

Concentración

La concentración es un superpoder, uno de los pilares del enfoque, y también es una habilidad que podemos desarrollar y potenciar. Lo bueno es que puede entrenarse. Como ya he mencionado, la concentración, también conocida como atención sostenida, nos permite controlar nuestra atención y dirigirla hacia algo (una persona, una actividad, un pensamiento) durante un periodo prolongado.

La clave de la concentración es mantener el foco de nuestra atención en una tarea a lo largo del tiempo y resistirse a las distracciones que surgen de la nada y amenazan con descentrarnos. Esto no es fácil en un mundo que nos reclama e interrumpe a cada momento. Según un estudio de 2015 de Microsoft, nuestra capacidad de atención media es de solo ocho segundos. Eso supone un descenso con respecto a los doce segundos del año 2000 y, según publicó la revista *Time*, un segundo menos que la capacidad de atención de un pez dorado. Es especialmente difícil concentrarse cuando estamos rodeados de pantallas digitales.

La clave de la concentración es mantener el foco de nuestra atención en una tarea a lo largo del tiempo y resistirse a las distracciones que surgen de la nada y amenazan con descentrarnos.

La buena noticia es que la investigación ha demostrado que la concentración puede fortalecerse. También existen múltiples formas de limitar las distracciones de nuestro entorno que ponen a prueba nuestra concentración. Esta estrategia en dos frentes ayudará considerablemente a mejorar tu capacidad de concentración.

AUMENTAR TU CONCENTRACIÓN

Muchos de nosotros no estamos acostumbrados a concentrarnos durante mucho tiempo, y eso puede resultar incómodo y añadir una barrera extra. A los pocos momentos de empezar a concentrarnos, nos sentimos inquietos, ansiosos y con ganas de distraernos. Esto puede deberse en parte a los siguientes factores:

- **Sobrecarga de información.** Nos bombardean con información procedente de diversas fuentes, lo que sobrecarga nuestro sistema cognitivo y dificulta la priorización y el filtrado, provocando fatiga mental.
- **Condiciones subyacentes.** La ansiedad y la falta de sueño pueden afectar de manera significativa a la concentración y a la claridad mental, amplificando el malestar y la ansiedad asociados a la concentración sostenida. Las personas neurodivergentes también pueden tener más dificultades de concentración.
- **Emociones negativas.** La sensación de aburrimiento o la incomodidad asociada a la concentración en una tarea puede desencadenar el deseo de escapar. Esto crea un bucle de retroalimentación negativa que hace más difícil mantener la concentración.
- **Adicción digital.** Los teléfonos inteligentes, las redes sociales y las notificaciones constantes crean vías de escape de fácil acceso. El subidón constante de dopamina que desencadena cada nueva distracción puede ser más seductor que la recompensa más lenta de una concentración sostenida.
- **Miedo a perderse algo (FOMO).** Estar siempre pendiente de lo que ocurre en internet o de lo que chatean nuestros

compañeros de trabajo puede alimentar la ansiedad y hacer más difícil mantenerse concentrado en una sola tarea. Sentimos la necesidad de estar constantemente conectados y tenemos miedo de perdernos algo importante.

Podemos ver a qué nos enfrentamos cada vez que intentamos concentrarnos durante un periodo prolongado. Pero nuestros cerebros son adaptables y sin duda podemos volver a aprender esta habilidad. A continuación, exploraremos diversas formas de hacerlo.

Entrenamiento para fortalecer el músculo de la concentración

Puede ser útil empezar poco a poco e ir aumentando el tiempo que podemos mantener nuestra atención. Prueba las siguientes técnicas para iniciar el proceso:

- Pon una alarma que suene a los cinco minutos y comprométete a permanecer en la tarea durante ese tiempo, pase lo que pase (dentro de lo razonable, por supuesto). Una vez que hayas conseguido mantenerte concentrado durante cinco minutos sin problemas, puedes subir el listón a siete minutos y luego a diez, hasta que te sientas cómodo con periodos de tiempo más largos. Puede que te resulte difícil al principio, así que ten paciencia contigo. Estás reentrenando tu cerebro y te llevará tiempo.

  A algunas personas les gusta utilizar la Técnica Pomodoro: una herramienta de gestión del tiempo desarrollada en 1987 por un universitario italiano, Francesco Cirillo. Consiste en programar un temporizador para veinticinco minutos y trabajar en una tarea hasta que suene la alarma. Entonces te tomas un breve descanso de dos a cinco minutos antes de volver a empezar. *Pomodoro* significa «tomate» en italiano, y el método debe su nombre al temporizador de cocina con forma de tomate que utilizaba Cirillo. Recomienda utilizar un temporizador antiguo, ya que cree que darle cuerda manualmente, oír el tictac del aparato y anticiparse al fuerte timbre ayudan a completar los objetivos. Sin embargo, si esta técnica te resulta atractiva, puedes utilizar cualquier cosa que te funcione. Esta es una técnica de gestión del tiempo basada en bloques de tiempo.

- Lee material extenso, como artículos y libros. Cuando estamos acostumbrados a ver vídeos cortos o a asimilar fragmentos muy breves de texto, incluso contemplar la posibilidad de leer un artículo de varios miles de palabras puede resultar agotador. Pero ser capaz de hacerlo aumentará tu capacidad de concentración. Busca un tema que te interese antes de sumergirte en él, o elige algo de ficción ligera o narrativa de no ficción si hace tiempo que no pones a prueba tu cerebro en esta actividad.

  A algunas personas les resulta más fácil concentrarse plenamente cuando leen libros o revistas físicos en lugar de en pantalla, que pueden distraerlos. Una amiga mía se suscribió hace poco a varias revistas y ahora disfruta leyendo al menos parte de un artículo lejos de su escritorio y de su teléfono durante la hora del almuerzo. Si prefieres leer online, busca en internet sitios web dedicados a compartir relatos de no ficción de formato largo.

- Prueba la técnica Feynman, un método de aprendizaje desarrollado por el físico ganador del Premio Nobel Richard Feynman, que nos obliga a activar nuestro cerebro y a evaluar si en realidad sabemos algo. Después de aprender sobre un tema, desgrana tus conocimientos y vuelve a examinarlos hasta que puedas enseñártelos a ti mismo, o a otra persona, utilizando un lenguaje conciso y sencillo. Es posible que tengas que volver a la fuente de información o a las notas que hayas tomado, sobre todo después de enseñárselo a otra persona que pueda tener preguntas. Mientras lees o exploras un nuevo tema, el simple hecho de preguntarte «¿Cómo explicaría esto a otra persona?» puede ser una herramienta poderosa para profundizar en tu concentración. Este método nos exige que prestemos atención mientras aprendemos algo y que luego la mantengamos mientras perfeccionamos activamente nuestros conocimientos. Esta capacidad de concentración en cada etapa aumenta nuestra concentración en general.

Lleva tu cerebro al gimnasio

Probablemente hayas oído la expresión: «El cerebro es un músculo». Me gusta utilizarla para subrayar la importancia de ejercitar nuestro cerebro, al igual que nuestro cuerpo, para mantenerlo en forma óptima. Y, aunque el cerebro, estrictamente hablando, es un órgano, no un músculo, se beneficia mucho si se ejercita. Cuando utilizamos nuestro cerebro de forma estimulante, concentrada y sostenida, se establecen nuevas conexiones neuronales y se fortalece la cognición —incluidos nuestros niveles de concentración— de forma muy parecida a como lo hacen los músculos tras el ejercicio físico. Te ofrezco algunas opciones para entrenar el cerebro:

- Juegos de palabras, crucigramas, Scrabble.
- Juegos de contar y matemáticos, como el sudoku.
- Rompecabezas.
- Ajedrez, backgammon, juegos de cartas.
- Aplicaciones y programas de estimulación cognitiva como BrainHQ, diseñado por el neurocientífico Dr. Mike Merzenich, o Lumosity, Peak, Elevate, CogniFit, Happy Neuron y Braingle.

Que empiece la música

Si eres como yo, puede que escuches música mientras conduces, haces ejercicio o cocinas. Tal vez la utilices para motivarte, para levantar o calmar tu estado de ánimo, o porque te apetece bailar. Pero puede que no la utilices para ejercitar el cerebro. Sin embargo, cada vez que escuchamos música sometemos a nuestro cerebro a un entrenamiento intensivo, activando casi todas las numerosas regiones y redes del cerebro a medida que damos sentido a componentes musicales como la armonía, la melodía, el tono, el ritmo, el timbre y el tempo. La música trata de las relaciones entre una nota y la siguiente y descifrarlas requiere un gran esfuerzo mental.

Aunque escuchar música es bueno para el cerebro, tocar un instrumento es un potenciador de sus capacidades, ya que compromete cada parte del sistema nervioso central y somete al cerebro a un riguroso entrenamiento. Si piensas en alguien que está interpretando una intrincada pieza al piano, puedes imaginarte las dos manos del pianista trabajando juntas e independientemente, navegando por las ochenta y ocho teclas del instrumento, tocando hasta diez notas a la vez. Imagina lo que ocurre en el cerebro para facilitar esa destreza. Y aún hay más. El pianista se centra en lo que viene a continuación en la música, incluso mientras atiende al momento presente, alternando la atención entre la partitura y los dedos sobre las teclas. El nivel de concentración es intenso.

Estudios científicos han descubierto que iniciarse en un instrumento musical puede aumentar la concentración, así como la memoria y la capacidad para resolver problemas. En un estudio, un grupo de personas de entre sesenta y ochenta años que empezaron a aprender a tocar el piano, tomando una clase a la semana junto con la práctica diaria, mostraron una mejora significativa en estas áreas del funcionamiento cognitivo en solo cuatro meses en comparación con quienes no participaron.

Aprende el arte de la meditación

En muchos sentidos, la meditación y la atención sostenida son prácticas similares. Ambas son ejercicios mentales en los que atendemos a una cosa excluyendo todas las demás durante un largo periodo de tiempo. En la meditación, la atención puede ser nuestra respiración, una palabra o una frase, conocida como mantra. Cuando la atención se desvía u otros pensamientos inundan la mente, es el momento de redirigirla hacia el foco elegido. Al traer de vuelta nuestra atención cada vez que sentimos que se desvía, reforzamos los circuitos neuronales del cerebro para el enfoque y la concentración, y nos hacemos más conscientes de la tendencia de la mente a divagar. Muchos estudios demuestran que meditar mejora nuestra capacidad de concentración y aumenta nuestra capacidad de atención. Un estudio reciente reveló que la meditación diaria de tan solo trece minutos conducía, al cabo de ocho semanas, a una mejora de la atención y la memoria de trabajo, así como a una disminución de la ansiedad y del malestar emocional.

Muchos de nosotros creemos que la meditación no es para nosotros, ya que estamos convencidos de que no lo haremos bien o pensamos que no tenemos tiempo para ello. Pero la meditación es más accesible de lo que la gente cree. Te dejo algunas ideas para introducirla en tu vida:

- **Sé abierto de mente.** Intenta meditar unos minutos al día durante dos semanas, a ver cómo te va.
- **Encuentra el tiempo y el espacio.** Para empezar, solo necesitas cinco minutos y un espacio en el que puedas estar solo y sin interrupciones.
- **Respira.** Siéntate en una posición cómoda y concéntrate en tu respiración. Percibe la forma en que el aire entra y sale de tu cuerpo, y cómo se mueve mientras respiras. Si tu mente divaga, devuélvela con suavidad a tu respiración.
- **Sé amable contigo mismo.** Acepta que es probable que te distraigas y que tus pensamientos vayan a la deriva. Se trata de una parte inevitable de la meditación: intenta no desanimarte y sigue adelante. Cuanto más practiques, más fácil te resultará y más aumentarás tu concentración.
- **Construye tu práctica.** Cada día, amplía el tiempo de meditación. Recuerda que con solo trece minutos al día durante dos meses puedes obtener avances importantes.
- **Experimenta.** Es importante encontrar la forma de meditación adecuada para ti, de modo que te anime a hacerlo con regularidad. Las opciones de meditación pueden incluir la meditación mindfulness, la enfocada, la guiada, en movimiento, la de bondad amorosa y la trascendental. Para algunos de nosotros, encontrar una clase o un profesor puede proporcionarnos estructura y motivación. Las opciones de meditación online para todos los niveles, desde principiantes a meditadores experimentados, incluyen Insight Timer,

UCLA Mindful, Headspace, Calm y Chopra (para la meditación basada en la tradición ayurvédica).

Prueba una nueva afición o pasatiempo

A nuestros cerebros les encanta aprender cosas nuevas, ya sea dar los primeros pasos en un idioma nuevo o dominar el arte de asar a la parrilla. Nuestro cerebro se activa intensamente y se fortalecen las conexiones cerebrales a medida que se establecen más conexiones neuronales; todo esto conduce a una mejora de la cognición y a un aumento de nuestra capacidad de concentración. Cuando empezamos a dedicar tiempo a adquirir nuevos conocimientos, solemos concentrarnos intensamente y evitar las distracciones, porque no queremos cometer errores y no nos sentimos lo bastante cómodos con lo que estamos aprendiendo como para creernos capaces de hacer varias cosas a la vez mientras aprendemos.

A nuestros cerebros les encanta aprender cosas nuevas.

En un mundo en el que el entretenimiento está disponible 24 horas al día, 7 días a la semana, sin salir de casa, puede costarnos decidirnos a empezar una nueva afición, pero merece la pena. Disfrutarás más de tu vida y te sentirás mejor contigo mismo, a la vez que aumenta tu capacidad de concentración. El sistema de retos y recompensas también entra en juego: esforzarse por aprender algo nuevo mantiene tu cerebro ocupado, y completar con éxito una tarea refuerza el ciclo de retroalimentación positiva asociada al esfuerzo concentrado, lo que te motiva a para mejorar aún más. Las aficiones también ofrecen un merecido descanso de las presiones diarias al reducir el estrés y facilitar la concentración. Elegir actividades con las que disfrutes de verdad crea una motivación intrínseca, lo que hace que sea más fácil mantenerse concentrado y comprometido de forma natural.

Veamos algunas ideas de aficiones o pasatiempos:

- **Aprende un idioma.** Puedes utilizar una aplicación de aprendizaje de idiomas (como Duolingo, Babbel, Rosetta

Stone y Pimsleur) y avanzar con las lecciones en tan solo unos minutos al día. Te sorprenderá lo mucho que puedes conseguir y cómo te abre nuevas perspectivas culturales, gastronómicas y posibles destinos turísticos. Si crees que te iría mejor con clases presenciales, prueba en centros comunitarios, bibliotecas o universidades locales.

- **Haz algo con las manos.** Experimenta con la costura, la carpintería, la pintura, la panadería o la jardinería; algo que te haga pensar y aprender nuevas habilidades. A medida que vayas adquiriendo más destreza, es posible que descubras que puedes disfrutar de tus aficiones sin una concentración intensa. El tiempo alejado de las distracciones, con tu mente dirigida hacia una tarea específica, te ayudará a fortalecer tu capacidad de concentración.

Estar en la zona

A medida que vayas dominando ese nuevo pasatiempo, es probable que experimentes un estado concentración total conocido como «flujo», término acuñado por el célebre profesor de psicología e investigador Mihaly Csikszentmihalyi. Esta sensación de «estar en la zona» o «en estado de flujo» es una forma de concentración en la que estás completamente absorto en tu experiencia o actividad, cuando el tiempo ya no importa y rindes al máximo. Puede ocurrir durante actividades creativas, deportivas o incluso en el trabajo. Una vez que lo has experimentado, es algo que deseas volver a hacer. Cuanto más asocies la concentración profunda con el placer, más podrás dedicarte a ella.

MINIMIZAR LAS DISTRACCIONES

Si refuerzas de forma intencionada tu capacidad de prestar atención durante periodos de tiempo más prolongados, notarás que te resulta más fácil resistirte a las distracciones que te rodean y mantener el foco de atención allí donde tú decidas. Pero, para hacer las cosas un poco más fáciles, considera estas formas de minimizar las distracciones que están a tu alrededor.

Utiliza las herramientas de enfoque

En el capítulo 6, vimos la técnica de reservar bloques de tiempo y programar las tareas en grupos para poder concentrarte en ellas, lo que, dada nuestra cultura de interrupciones y distracciones, a menudo es más fácil de decir que de hacer. Por suerte, una serie de técnicas y herramientas de eficacia probada pueden ayudarte a mantener la atención centrada en la tarea que tienes entre manos. En primer lugar, piensa qué tipo de ayuda necesitas. ¿Te distraen las comunicaciones de otras personas? ¿O se trata más bien de autocontrol a la hora de no acceder a determinados sitios web y aplicaciones? ¿Qué tiende a hacer que tu mente divague? Sea lo que sea con lo que necesites ayuda, seguro que encuentras una solución adaptada a ti.

La mayoría de los dispositivos de uso frecuente, como los ordenadores portátiles y de otro tipo, te permiten minimizar las distracciones con los ajustes incorporados del Modo Focus para aplicar filtros según tus necesidades, quizá bloqueando todas las notificaciones y llamadas durante un determinado periodo de tiempo o permitiendo que solo lleguen las alertas filtradas. Puedes establecer temporizadores y crear una respuesta automática, avisando de que tienes las notificaciones silenciadas, ¡para que sepan que no los estás ignorando! Puedes experimentar con las opciones y ver con qué opción te sientes mejor.

Aunque estos métodos pueden minimizar las distracciones externas, no detendrán tus propios impulsos de comprobar los mensajes o echar un vistazo rápido por las redes sociales. A algunas personas les gusta utilizar aplicaciones que bloquean una lista de sitios web o aplicaciones (según tu configuración) durante un tiempo determinado para ayudarte a no sucumbir a los cantos de sirena de la distracción y abandonar las tareas. En general, las mejores aplicaciones de este tipo son algo incómodas de desactivar, lo cual es positivo, porque significa que te disuadirán de hacerlo. Entre ellas se encuentran Freedom, Cold Turkey Blocker, Forest (que te motiva a dejar el teléfono y «plantar» un árbol), Focus y SelfControl, pero seguro que encuentras otras que te resulten útiles.

Música y filtros de ruido

El ruido, ya sea gente hablando o perros ladrando, puede dificultar la concentración, y algunas personas utilizan la música —u otros sonidos— para mantenerse concentradas. Puede parecer contraintuitivo, ya que la música podría entenderse como una distracción en sí misma, pero todo depende del tipo de música y de la persona que la escuche. Tengo una amiga escritora que escucha «música cerebral» cuando trabaja, ya que bloquea el ruido de fondo y los pensamientos que la distraen al tiempo que le permite mantener la concentración en sus textos. También cree que, con el tiempo, ha entrenado a su cerebro para que reconozca que es el momento de ponerse en marcha y escribir cada vez que pone esta música en particular. Puedes experimentar con distintos tipos de música para ver si mejora o dificulta tu concentración.

Algunas personas escuchan sonidos de la naturaleza, ritmos binaurales, ruido blanco o marrón para bloquear el ruido de fondo. Incluso si los sonidos no te resultan útiles, un par de auriculares con cancelación de ruido pueden ser útiles, aunque solo sea para indicar a los demás que estás ocupado y que las interrupciones no serán bienvenidas.

Claves para enfocar tu mente

Este capítulo ha profundizado en el arte de la concentración, un superpoder en nuestra era de distracción constante. Hemos aprendido que la concentración no consiste solo en exprimir más el día, sino que se trata de cultivar la concentración intensa para lograr lo que de verdad importa. Estos son los puntos clave:

- **El campo de batalla de la atención.** Nuestra capacidad de concentración está asediada por la sobrecarga de información y las distracciones digitales.

- **Entrenar el músculo de la concentración.** Al igual que cualquier otra habilidad, la concentración puede fortalecerse con la práctica. Empieza poco a poco y aumenta gradualmente la duración del trabajo de concentración.
- **Más allá de la lista de tareas pendientes.** El enfoque no consiste en ir tachando tareas, sino en alinear las acciones con la visión y los valores a largo plazo.
- **El gimnasio cerebral.** Desafía a tu cerebro con actividades como los rompecabezas, aprender un nuevo idioma o tocar un instrumento musical. Estas actividades refuerzan la función cognitiva y mejoran la concentración.
- **Paz interior, concentración exterior.** La meditación refuerza los circuitos cerebrales de concentración. Incluso breves sesiones diarias pueden mejorar muchísimo tu capacidad de concentración.
- **La alegría del descubrimiento.** Aprender un nuevo pasatiempo mantiene el cerebro ocupado y mejora la concentración. Elige algo que te resulte intrínsecamente motivador.
- **Encuentra tu estado de flujo.** Participar en actividades que te gustan puede llevarte a un estado de concentración intensa conocido como «flujo» o estar «en la zona», caracterizado por un rendimiento máximo y una inmersión total en la tarea que tienes entre manos. Esto refuerza el bucle de retroalimentación positiva del esfuerzo concentrado y te motiva a concentrarte aún más.
- **Silencia los cantos de sirena.** Utiliza la tecnología para minimizar las distracciones. Los modos de concentración integrados y las aplicaciones que bloquean los sitios web que te distraen pueden ayudarte a mantener el rumbo.

CAPÍTULO OCHO

Evaluar la urgencia

¿Tienes la sensación de que todo en tu vida tuviera que hacerse ahora mismo? ¿O, mejor aún, ayer? Cuando ves la luz al final del túnel al vaciar la bandeja de entrada o eliminar un elemento de la lista de tareas pendientes, ¿siempre llega otra tarea? Tal vez sea un correo electrónico con el asunto URGENTE, o una llamada de alguien pidiéndote un favor antes de que acabe el día. Sea lo que sea, siempre parece que llega justo a tiempo, obligándote a reajustar los planes y llevándote al límite. ¿El problema? La mayoría de las cosas no son tan urgentes. En este capítulo exploraremos cómo este «impuesto a la urgencia» constante nos roba la concentración, reduce la calidad de nuestro trabajo y nuestras interacciones y, en última instancia, nos deja agobiados y con la sensación constante de no llegar a tiempo. En una sociedad en la que la productividad es la que manda, respondemos a los mensajes de texto y a los correos electrónicos casi de inmediato porque es lo que se espera de nosotros. Este es mi talón de Aquiles. En Estados Unidos, más de 300 millones de personas poseen y utilizan teléfonos inteligentes, y muchos de nosotros estamos conectados a nuestro trabajo y entre nosotros todo el tiempo. Estamos siempre disponibles, siempre localizables. Cuando el mundo entero nos exige cosas, nuestras capacidades cognitivas se ven desbordadas y no somos capaces de pensar con claridad ni de centrarnos en lo que realmente queremos y necesitamos. Perdemos la concentración, volvemos a hacer multitarea y normalizamos la cultura de la urgencia.

En un día normal, puede que ya hayamos programado tareas y concertado citas, bloqueado tiempo y asignado recursos, pero, incluso antes de habernos tomado el café de la mañana, nuestros teléfonos se iluminan con peticiones urgentes procedentes de diferentes esferas de nuestra vida. Una compañera de trabajo te hace un gesto con la mano, pidiéndote que cubras su turno. Un niño llama desde la parada del autobús, pidiendo que firmes un formulario para una excursión. Una amiga envía un mensaje de texto diciendo que ha recibido malas noticias sobre su salud y que quiere quedar para comer. Cuesta asimilar y ordenar tantas demandas. Nuestro día ha pasado de tranquilo a caótico en solo unos minutos, y nos sentimos ansiosos y agotados, con nuestra atención fragmentada mientras salta de un problema a otro. Esta percepción de urgencia hace que estemos constantemente estresados. En este capítulo, te ayudaré a priorizar las tareas en función de su verdadero valor e importancia. Aprenderás a establecer límites y a poner de tu parte para cambiar la cultura de la urgencia.

Las investigaciones demuestran que pasamos a otro vídeo si el que estamos viendo no se carga en dos segundos, o hacemos clic en otra página web en cuatro. En nuestra sociedad orientada a la productividad, creemos que debemos estar haciendo algo constantemente. Esperar a que se cargue un vídeo nos parece una pérdida de tiempo, es improductivo y nos impacienta porque altera nuestra expectativa de gratificación instantánea y nos desconcentra. En el mundo actual, estamos condicionados a esperar que todo sea rápido y accesible, por lo que un icono de búfer girando se convierte en un símbolo de frustración. Esta breve espera también interrumpe nuestro impulso mental, haciendo más difícil volver a centrarnos, y alimenta el mito de la productividad que a menudo creemos: que nuestra autoestima está ligada a lo que conseguimos. Incluso una breve espera puede sentirse como una oportunidad perdida de tachar algo de nuestra lista, lo que nos lleva a cambiar de tarea en un intento inútil de volver a sentirnos productivos.

Para muchos de nosotros, nuestros trabajos se han fusionado con nuestra vida personal. Para los que trabajamos fuera de casa, la jornada laboral ya no termina cuando salimos de la oficina, sino que nos sigue en nuestros dispositivos en forma de correos electrónicos, mensajes de texto e invitaciones a reuniones virtuales. Y los que trabajan desde casa han perdido incluso la pretensión de separación. Con la omnipresente difusión de la tecnología en nuestras vidas, estamos siempre localizables, y nuestros jefes y colegas lo saben, igual que nosotros lo sabemos de ellos.

Nuestra cultura glorifica el ajetreo y la disponibilidad constante. Esta presión por estar «siempre conectado» no se limita a las paredes de la oficina; se extiende a quienes trabajan a distancia, gestionan hogares o se dedican a tareas creativas. El constante pitido de las notificaciones o la expectativa de una respuesta inmediata crean un sentimiento omnipresente de urgencia que se extiende a todos los aspectos de la vida, incluidas las interacciones con nuestros hijos y otros seres queridos.

Contestamos a los correos electrónicos durante las conversaciones de la cena (murmurando disculpas por las «respuestas urgentes»), comprobamos los mensajes del trabajo mientras jugamos con nuestros hijos o hacemos una llamada rápida durante una reunión virtual con amigos. Estar haciendo malabares todo el tiempo alimenta la ilusión de que todo necesita nuestra atención inmediata, fomentando una sensación de ansiedad e impuntualidad crónica.

Para los niños, esta constante atención dividida de un progenitor puede ser especialmente perjudicial. Múltiples estudios demuestran que el uso del teléfono por parte de los padres delante de los niños es dañino para ellos, ya que provoca problemas de atención, control de los impulsos, regulación emocional y sentimientos de pertenencia. Enviamos el mensaje de que nuestra vida personal es secundaria, que siempre podemos ser interrumpidos y que nuestra atención siempre puede desviarse hacia las prioridades de otras personas.

Todos sentimos el estrés de estar constantemente activos, de no poder relajarnos y recuperarnos nunca. Entonces, ¿qué podemos hacer para cambiar la forma en que la cultura de la urgencia afecta a nuestras vidas? Como con todo: ser conscientes de que existe y nos atrapa en su red es el primer paso. Después debemos reflexionar sobre lo que valoramos en nuestras vidas, lo que consideramos importante para nosotros tanto en el momento presente como a largo plazo, y aprender a priorizar en consecuencia. Y debemos ser capaces de comprender lo que es verdaderamente urgente —y lo que no lo es— para no vivir en un estado de reacción constante ante las necesidades de los demás.

Los estudios demuestran que los seres humanos tienden a perseguir la urgencia por encima de la importancia incluso cuando «las tareas se caracterizan solo por una urgencia aparente», ya que nuestra atención se centra en el elemento temporal más que en el resultado. En estos estudios, las personas siempre eligieron una tarea peor remunerada que debía completarse en cinco minutos, frente a la misma tarea con una remuneración mayor y un plazo de ejecución de cincuenta minutos. Además, este efecto de urgencia era más evidente entre los participantes que se consideraban ocupados. Cuanto más ocupados nos percibimos, más nos centramos en el plazo de las tareas o actividades en lugar de en la importancia del resultado, y así acabamos en un ciclo de ocupación y urgencia que nos hace girar sin control.

Cuando comprendemos el modo en que nuestra atención se ve atraída por la urgencia, vemos cómo podemos renunciar a aspectos importantes de nuestras vidas, como nuestras familias y nuestro bienestar mental y físico, o a nuestros proyectos de futuro en favor de tareas con plazos y fechas de caducidad, por muy artificiales que sean. Pero también podemos utilizar esta información para tomar mejores decisiones y, sobre todo, para elegir centrar nuestra atención en lo que es importante para nosotros.

Existen múltiples herramientas que nos ayudan a utilizar nuestro tiempo de forma eficiente. Ya vimos algunas de ellas en el capítulo 6. Aquí me gustaría presentar una herramienta conocida como la Matriz de Decisiones de Eisenhower, llamada así en honor al trigésimo cuarto presidente de Estados Unidos, Dwight D. Eisenhower, que empleó un sistema similar para priorizar tareas durante su presidencia. Pero el método fue popularizado por Stephen R. Covey en su libro *Los 7 hábitos de la gente altamente efectiva*. Al centrar nuestra atención en este método, me gustaría utilizarlo para replantearnos qué entendemos por urgencia.

La matriz de decisión de Eisenhower comienza organizando las tareas o actividades según sean importantes, urgentes, ambas cosas o ninguna.

Antes de entrar en los detalles de la matriz, me gustaría reflexionar sobre lo que estas palabras significan para nosotros. A medida que los elementos y acontecimientos de nuestras agendas se convierten en el contenido de nuestras vidas, es esencial hacerse algunas preguntas de fondo. ¿Qué es importante en tu vida? ¿A qué quieres dar prioridad? ¿Por qué cosa lo dejarías todo? ¿Qué es lo que te aporta felicidad? ¿Satisfacción? ¿Calma?

Tómate un tiempo para definir y nombrar tus propios valores de modo que puedas comprender cómo deseas asignar tus recursos de tiempo y atención. Quizá sea pasar tiempo con la familia, ser voluntario en tu comunidad, volcarte en tu trabajo o una combinación de varias cosas. Los valores de cada persona son diferentes y se forman a partir de las experiencias vitales. Son nuestras creencias más arraigadas sobre lo que es importante para nosotros mismos, para los demás y en la vida en general, cualidades por las que nos esforzamos. Incluyen cosas como la autenticidad, la compasión, el trabajo duro, la fe, el éxito y la alegría; puedes encontrar muchas listas de valores en internet. Puede que en las últimas semanas no hayas pensado mucho en tus valores. Puede ser difícil estar seguro de ellos cuando estamos tan ocupados y cuando las necesidades de los demás son ruidosas e insistentes. Tómate ahora un momento para reflexionar sobre tus valores. Utiliza estas preguntas como ayuda para orientar tu pensamiento:

- ¿Qué cualidades admiras en los demás?
- ¿Qué te inspira?
- ¿Qué experiencias de tu vida te han aportado significado?
- ¿Qué es importante para ti en tu trabajo o en tu vida familiar?
- ¿Cuándo te has sentido la mejor versión de ti mismo y por qué?

Reflexionar sobre estas cuestiones debería ayudarte a responder a lo que es importante o urgente en tu vida y a ver la matriz de decisiones

Eisenhower desde este punto de vista. También puede ser útil considerar tus valores en las distintas esferas y etapas de tu vida. En el trabajo puede que valores la creatividad y la ambición, pero si estás cuidando de un padre anciano, puede que tus principios rectores sean la compasión y la paciencia.

Los valores de cada persona son diferentes y se forman a partir de las experiencias vitales.

Al tener un sentido claro de tus valores estarás equipado para discernir lo que pertenece a cada cuadrante de tu matriz de decisión. Estos cuadrantes son los siguientes:

- **Importantes.** Estas tareas tienen una gran recompensa o resultado y aportan valor a tu vida. Podría tratarse de la investigación para un futuro libro, la planificación de una cena para el cumpleaños de tu pareja o la renovación del pasaporte.
- **Urgentes.** Las tareas o actividades urgentes tienen un plazo de realización corto y las consecuencias de no completarlas se sentirán ahora o pronto. Podría tratarse de una venta online que expira a medianoche o de terminar el trabajo para una presentación mañana por la mañana.
- **Importantes y urgentes.** Esta categoría incluye asuntos de gran envergadura que deben completarse en un plazo breve. Incluiría revisar el contrato de un nuevo cliente si te has comprometido a hacerlo para hoy, o reservar el restaurante para la fiesta de cumpleaños de tu pareja si el restaurante te ha pedido que respondas en un plazo determinado.
- **Ni importantes ni urgentes.** Son las cosas que no aportan valor a tu vida o que en realidad se interponen en tu camino para acercarte a tus objetivos. Podrían ser las horas que pasas con un dispositivo buscando rebajas de ropa, el tiempo que dedicas a ver un ciclo interminable de las llamadas noticias

de última hora o las horas de comida día tras día escuchando a un compañero de trabajo quejarse de su jefe, su cónyuge o sus hijos.

Me gusta recordar estas cuatro categorías con el acrónimo IUAN (Importante, Urgente, Ambas, Ninguna) y utilizarlas cuando examino mi agenda. A medida que vayas considerando tus tareas, empieza a clasificarlas en estas categorías, teniendo en cuenta que estás construyendo el entramado de tus días. Una vez que hayas dividido las tareas en estas categorías, actúa primero sobre las tareas que son importantes y urgentes. Planifica con antelación y reserva tiempo para las tareas importantes, intenta delegar las urgentes y, cuando sea posible, elimina todo lo que no sea importante ni urgente. Este enfoque puede ayudarnos a planificar nuestros días y definir una forma coherente de responder a las nuevas tareas y situaciones que nos llegan sin parar. Mantenernos alineados con nuestros valores nos guiará para saber qué es importante para nosotros y evaluar si algo es urgente de verdad.

Mis prioridades son alcanzar mis objetivos con eficacia y maximizar el tiempo de calidad con mis seres queridos. Pueden parecer fuerzas opuestas, pero al centrarme en la matriz importante/urgente, he encontrado la forma de tomar decisiones que optimizan ambas. Cuando un cliente me llama y me pide hablar cuando estoy pasando tiempo con mis hijos, puedo evaluar si se trata de una situación urgente o si podemos programar la conversación para más tarde. A uno de mis clientes le gusta llamar cuando se encuentra en las salas de espera de los aeropuertos esperando un vuelo. Para él, es un buen momento para hacer llamadas, pero eso no siempre significa que sea un buen momento para que yo las reciba. En estas situaciones, me planteo algunas preguntas clave que pueden servir de marco para abordar cualquier nueva tarea:

- **¿Se ajusta esta tarea a mis prioridades?** ¿Puede abordarse de forma rápida y eficaz, acercándome a un objetivo a largo plazo? ¿Completarla libera tiempo para momentos posteriores que se alinean con mi objetivo principal? ¿Contribuye la tarea directamente a mis valores fundamentales?

- **¿Cuál es la urgencia de esta tarea?** ¿Se trata de una cuestión crítica, sensible al tiempo, que requiere atención inmediata, o puede programarse para un momento más conveniente? Aplicar aquí la matriz importante/urgente ayuda a priorizar las tareas que exigen una atención inmediata de verdad.
- **¿Cuáles son las consecuencias de no realizar esta tarea?** ¿El hecho de descuidarla provocaría un simple inconveniente o un problema de mayor envergadura? ¿Cuáles son las consecuencias —si las hubiera— de no hacer esta tarea para los demás (familiares, compañeros de trabajo, amigos)? Evalúa el impacto potencial de dejar la tarea sin hacer.
- **¿Puede encargarse otra persona o puede hacerse en otro momento?** ¿Podría un familiar hacer un recado por ti, o se puede reprogramar una llamada de trabajo para una hora que sea mejor para ambas partes? Delegar y reprogramar son maneras eficaces de liberar tiempo para lo que más importa.

Haciéndome estas preguntas, puedo tomar una decisión con criterio. En este caso, la respuesta suele ser que la llamada puede esperar. Del mismo modo, cuando oigo hablar de una conferencia o de un retiro que podría ser valioso para mi trabajo, considero cuánto de mi tiempo familiar consumirá y si aporta suficiente valor como para compensar ese coste. Se aplican los mismos principios: ¿Se alinea esta conferencia con mis objetivos de eficacia y maximización del tiempo de calidad? ¿Cuáles son las consecuencias de perdérmela? ¿Puede asistir otra persona en mi lugar o puedo acceder a los aprendizajes clave sin sacrificar el tiempo familiar? Si un compromiso laboral choca con el cumpleaños de un miembro de la familia, o con un hito como el primer día de colegio, siempre pido que se reprograme. Me recuerdo a mí misma lo que es más importante para mí.

La realidad es que, aunque muchas cosas pueden importarnos, dadas las limitaciones de nuestro tiempo y energía, no todas lo hacen por igual. Establecer qué es lo más importante para ti en una situación determinada es un primer paso clave para comprender cómo avanzar. Si incorporas este marco a tu proceso de toma de decisiones, podrás tomar decisiones informadas que optimicen tanto tus objetivos como el valioso tiempo que compartes con tus seres queridos.

La realidad es que, aunque muchas cosas pueden importarnos, dadas las limitaciones de nuestro tiempo y energía, no todas lo hacen por igual.

REDUCIR LA URGENCIA

Es hora de que tengamos una actitud diferente sobre lo que constituye la urgencia en nuestras vidas. El hecho de que un compañero de trabajo —o un niño— esté rondando junto a tu mesa esperando una respuesta no convierte su petición en urgente. Al menos, no de forma automática. Por supuesto, las urgencias surgen cuando tiene sentido dejar todo lo que estamos haciendo y dedicar nuestra atención a un asunto concreto, pero en muchos casos lo que parece urgente puede esperar, al menos hasta que hayamos terminado lo que estamos atendiendo en ese instante. Observa si puedes empezar a evaluar si alguien está imprimiendo urgencia que no es real en sus peticiones. No hay una forma infalible y única, pero este marco te ayudará a decidir:

- **Pide aclaraciones.** Cuando alguien te haga una petición urgente, pregúntale cuáles son las expectativas respecto de la finalización de la tarea; a veces percibimos las peticiones como urgentes cuando no lo son. Por otra parte, si alguien te pide un plazo de entrega poco razonable, escucharlo en voz alta puede darte a menudo la oportunidad de decir que no es posible. Una pregunta educada puede llegar muy lejos. Solo dile algo como: «Eso parece importante. ¿Hay algún plazo urgente o alguna razón específica por la que esto necesite mi atención de inmediato?».
- **Considera el impacto.** Piensa en las posibles consecuencias de un retraso. ¿Crearía problemas de seguridad, pérdidas financieras o una interrupción importante de tareas o plazos

críticos? Las solicitudes urgentes de verdad no atendidas de inmediato suelen tener consecuencias negativas importantes, mientras que las tareas que no son urgentes no las tienen.

- **Tiempo frente a importancia.** Separa la urgencia (plazo) de la importancia (significado a largo plazo). ¿Hay flexibilidad con el plazo o se trata de un marco temporal fijo? Las necesidades urgentes tienen plazos estrictos o son sensibles al tiempo y un retraso crea problemas.
- **Disponibilidad de alternativas.** ¿Existen otras soluciones o soluciones provisionales que puedan aplicarse mientras se encuentra un arreglo más permanente? Si existen soluciones alternativas, la urgencia podría disminuir.
- **Estado emocional.** Considera el estado emocional de la persona que realiza la solicitud. ¿Se trata de una posible urgencia médica, una crisis personal o un nivel alto de estrés? La empatía a veces puede ayudar a calibrar la urgencia de una situación. Comprender qué consecuencias prevé la persona que hace la petición te permitirá responder con empatía al tiempo que realizas una evaluación honesta de la situación.

ESTABLECER LÍMITES

Una vez que hayas definido tus prioridades, es probable que tengas que establecer algunos límites si quieres alcanzarlas. Estos serán diferentes para cada persona, pero, en su forma más simple, los límites son una manera de trazar una línea entre nuestras propias necesidades y las de otras personas. A veces nuestras necesidades pueden solaparse, pero muchos de nosotros permitimos que las peticiones de otras personas tengan prioridad. Hay límites que podemos establecer en el trabajo para dar prioridad a tareas y proyectos propios y no estar a la entera disposición de los demás, por muy urgentes que aseguren que son sus necesidades. Podemos establecer límites en nuestra vida personal, protegiendo nuestro tiempo con los seres queridos, por ejemplo, de las exigencias insidiosas y manifiestas del trabajo u otros compromisos, o asegurándonos de que disponemos de ratos de inactividad en los que podemos volver a centrarnos y equilibrarnos. Nuestros límites pueden mantenernos fieles a nuestros valores y ayudarnos a permanecer centrados en aquello a lo que decidimos prestar atención. Estas directrices pueden permitirte establecer límites que funcionen para ti:

- **Conviértete en un disco rayado.** Repite con calma y claridad tu límite como un mantra. No te disculpes, justifiques ni entres en debate.
- **Las consecuencias cuentan.** Esboza consecuencias claras y coherentes por traspasar tu límite y respétalas. Los límites suelen implicar afirmaciones del tipo «si... entonces...»: «No respondo a las llamadas de trabajo después de las 8 de la tarde, así que si me llama mi jefe, optaré por no contestar al teléfono». En última instancia, no podemos controlar a los demás, solo nuestras propias respuestas.
- **Cumple lo que dices.** Si alguien no respeta tu límite, actúa según las consecuencias que hayas establecido. Distánciate, pon fin a la conversación o aléjate.
- **Date prioridad.** Tu bienestar es lo primero. No dejes que nadie te obligue a sacrificar tus necesidades.
- **Elige tus batallas.** Ten claro cuándo dejar pasar las transgresiones menores y centrarse en hacer cumplir los límites fundamentales.
- **Busca apoyo.** No lo hagas solo. Habla con amigos de confianza, familiares o un terapeuta para que te guíen y animen.

Nuestros límites pueden mantenernos fieles a nuestros valores y ayudarnos a permanecer centrados en aquello a lo que decidimos prestar atención.

Puede resultar difícil hacernos valer poniendo límites, sobre todo con personas, como nuestros jefes, que están acostumbradas a que demos prioridad a sus necesidades. Prueba estos pasos para sentar las bases del éxito. Esto puede llevarte algún tiempo:

- **Aclara tus necesidades.** Identifica tus límites personales y lo que constituye para ti un equilibrio saludable entre trabajo y vida privada. Reflexiona sobre los momentos en los que has tenido sentimientos positivos respecto a tu equilibrio entre vida y trabajo y aquellos otros en los que te has sentido demasiado presionado. Este ejercicio te ayudará a priorizar tus límites.
- **Conoce tus derechos.** Familiarízate con las políticas de tu empresa y con tus derechos legales en relación con las horas de trabajo, las horas extraordinarias y los descansos.
- **Reúne pruebas.** Lleva un registro de tu carga de trabajo, de las horas extraordinarias y de las peticiones que has hecho a tus superiores. Documenta las áreas en las que has destacado y aportado valor al equipo. Esto reforzará tus argumentos a la hora de establecer límites.
- **Programa una reunión privada.** Elige un entorno tranquilo y neutral para hablar de tus preocupaciones.
- **Sé asertivo, no agresivo.** Expón tus necesidades con claridad y confianza, haciendo hincapié en los beneficios a largo plazo tanto para ti como para la empresa (mejora de la concentración, reducción del agotamiento, etc.).
- **Ofrece soluciones.** Propón formas alternativas de gestionar tu carga de trabajo o sugiere recursos realistas.
- **Prepárate para negociar.** Dependiendo de la situación, puede haber margen para el compromiso. Aspira a un resultado en el que todas las partes salgan ganando.

Puede ser útil ir adoptando poco a poco nuevas formas de ser en lugar de hacer cambios drásticos de la noche a la mañana, y la comunicación es clave. Si la gente está acostumbrada a que siempre estés disponible, hazles saber con antelación cuándo no estarás localizable y, con el tiempo, aprenderán a adaptarse. Con la práctica, podrás definir límites que te funcionen bien en las distintas áreas de tu vida. Te preguntarás cómo has podido funcionar sin ellos.

En su libro *El poder de un no positivo*, el experto negociador William Ury enseña una técnica para decir no —a jefes, colegas, parejas o hijos— sin destruir las relaciones. Puede ser una herramienta muy útil para mantener tus límites y proteger tus prioridades. La idea consiste en utilizar un sistema de «¡Sí! ¡No! ¿Sí?» en el que el «¡Sí!» representa nuestras propias necesidades y valores. Cuando llegue una petición que nos obligue a comprometer o negar nuestros valores, entonces respondemos con un claro «¡No!» mientras ofreces una contrapropuesta, un «¿Sí?». Como explicó Ury: «Decir no positivamente significa ante todo decir sí a uno mismo y a sus necesidades y valores más profundos».

Una de mis clientes pudo utilizar esta herramienta cuando le pidieron que formara parte de un comité que se reunía cada semana para debatir sobre la vivienda asequible en su barrio. Era una experta en la materia, pero estaba sobrecargada de trabajo y se había comprometido a pasar el tiempo libre con su familia. Declinó la invitación a formar parte del comité, aunque se ofreció a participar en la primera reunión para aportar recursos que ayudaran a la iniciativa a seguir adelante. De este modo, pudo proteger sus valores y dar prioridad a su tiempo familiar al tiempo que apoyaba una causa en la que creía.

OTRAS FORMAS DE MANTENER A RAYA LA URGENCIA

A medida que te acostumbres a establecer tus prioridades en función de tus necesidades y valores, estas herramientas adicionales pueden mantenerte en el buen camino para alcanzar sus objetivos.

Dedica tiempo a la fase inicial

A veces las urgencias surgen de la nada, pero otras veces han estado cociéndose a fuego lento en un segundo plano, listas para convertirse en un incendio de cuatro alarmas. Saber cuándo atender algo importante antes de que se convierta en urgente es de gran utilidad, ya que puede evitarnos tener que manejar el estrés y el caos que conllevan las situaciones urgentes. Comunicar con antelación a un cliente un proyecto que está llevando más tiempo del previsto es mejor que retrasarlo hasta que se incumpla un plazo, del mismo modo que acudir al dentista para las revisiones periódicas tiene más sentido que esperar a que surja una urgencia dental. Evitar que las tareas se conviertan en urgentes sin necesidad implica planificación y previsión, pero es probable que lleve menos tiempo que ocuparse de una situación urgente más adelante.

Uno de mis clientes dejaba sus trabajos universitarios para el último momento y a menudo tenía que apresurarse a escribir correos electrónicos a sus profesores y concertar reuniones con ellos para explicarles el retraso y pedir una prórroga. Esto solía llevarle una cantidad considerable de tiempo y energía, mucho más de lo que le habría llevado escribir el trabajo antes. Con el tiempo, fue capaz de ver cómo se estaba autosaboteando y también de buscar ayuda para diseñar un calendario de estudio que le permitiera trabajar en sus tareas poco a poco con bastante antelación a la fecha de entrega.

Comunica tus necesidades

Las demás personas no conocerán tus necesidades a menos que se las comuniques. Gestiona las expectativas de la gente diciéndoles cuándo no estarás disponible. Utiliza herramientas de enfoque en tus dispositivos que permitan a los demás saber que tus notificaciones están silenciadas. Asegúrate de que la gente sepa que estás de vacaciones o fuera de la oficina configurando una respuesta automática por correo electrónico que detalle las fechas de ausencia, cuándo responderás y que incluya la información de contacto de alguien que pueda gestionar las solicitudes en su ausencia.

Regálate generosidad y aceptación

Si te has pasado toda la vida complaciendo a la gente o permitiendo que se descuiden tus propias necesidades y valores, es probable que te resulte complicado resistirte a la falsa urgencia de los demás. Algunos de nosotros tenemos personas exigentes en nuestras vidas —en casa y en el trabajo—, y aprender a hacer valer nuestras propias necesidades puede llevarnos tiempo. Si te encuentras renunciando a tus límites, contestando a un correo electrónico de tu jefe a las 10 de la noche o haciendo de canguro de los hijos de tu hermana una vez más, cuando te prometiste a ti misma que no lo harías, sé indulgente contigo. El cambio es un proceso y se produce con el tiempo.

Evalúa objetivos a largo plazo

Muy a menudo necesitamos sacar la cabeza de la bandeja de entrada y pensar en lo que queremos para nosotros en la vida. ¿Dónde queremos estar el año que viene? ¿Dentro de cinco años? Estas aspiraciones deberían estar en nuestra categoría «Importante», y puede ser una buena idea programar un tiempo cada mes para pensar en el futuro y en cómo avanzar hacia esos objetivos. Si crees que puedes querer cursar estudios de posgrado, echa un vistazo a algunos programas e infórmate de cómo es el proceso de admisión. Tal vez quieras viajar: ¿necesitas ahorrar para un viaje especial o hablar con tu jefe sobre el tiempo de vacaciones? No dejes que las exigencias de la cultura de la urgencia te impidan ver el panorama general.

VALORA CÓMO ESTÁS CONTRIBUYENDO A LA CULTURA DE LA URGENCIA

Todos estamos inmersos en esta cultura y, aunque podemos ocuparnos de algunos elementos por nosotros mismos, el cambio solo llegará si todos nos ocupamos de hacer ajustes que repercutan en todos. En varios países europeos, como Francia, Italia, España e Irlanda, se han aprobado leyes que otorgan a determinados trabajadores el derecho legal a desvincularse de las tareas y comunicaciones relacionadas con el trabajo fuera de su horario laboral. El objetivo de estas leyes es reconocer la importancia del tiempo personal, reducir el burnout y mejorar el bienestar mental y físico. Merece la pena tenerlo en cuenta. Y aunque el derecho a la desconexión aún no es ley en Estados Unidos, hay muchos elementos en torno a esta cuestión sobre los que podemos reflexionar en todos los ámbitos de nuestra vida:

- ¿Envías y recibes mensajes a tus compañeros fuera del horario laboral? Si es así, ¿has pensado en el impacto que tienen en la persona que los recibe, en particular si ocupa un cargo superior? Pregúntate si el mensaje puede esperar hasta el horario de trabajo y programa ese envío para entonces.

- ¿Tienes expectativas poco realistas sobre los tiempos de respuesta de los demás? ¿Crees que tus mensajes o peticiones merecen un tratamiento prioritario? Las cosas que consideras urgentes, ¿lo son?
- ¿Eliges «Responder a todos», llenando las bandejas de entrada de los demás, cuando contestar a una sola persona es más apropiado o suficiente?
- ¿Crees que trabajar hasta tarde o los fines de semana es sinónimo de éxito? ¿Consideras de forma negativa a las personas que no lo hacen?
- ¿Dejas las cosas para el último momento o las maneja de forma que se conviertan en urgentes y repercutan en la vida de los demás?

Intenta ser más consciente del modo en que tu comportamiento afecta a las personas que te rodean.

Con estas nuevas estrategias, espero que seas capaz de establecer nuevas prioridades y lograr una relación equilibrada entre el trabajo, la vida personal y tu bienestar.

Claves para enfocar tu mente

En este capítulo hemos hecho un balance de la constante sensación de estar abrumado por la urgencia. Hemos explorado cómo recuperar el control de nuestro tiempo y atención, cambiando el enfoque de una frenética actividad a una acción intencionada. Estos son los puntos clave:

- **La avalancha de la urgencia.** Nuestra cultura de estar siempre conectados nos bombardea con supuestas emergencias que secuestran nuestra concentración y dejan agotados.

- **Más allá del ruido.** La verdadera urgencia es rara. La mayoría de las peticiones, aunque parezcan urgentes, pueden esperar, lo que significa que podemos y debemos priorizar las tareas en función de su importancia y valor.
- **La matriz de Eisenhower.** Este marco clasifica las tareas en función de su urgencia e importancia (importante, urgente, importante y urgente y ni importante ni urgente) para establecer prioridades de forma eficaz.
- **Los valores como brújula.** Define lo que sí te importa. Utiliza estos valores fundamentales como guía para evaluar la urgencia y tomar decisiones alineadas con tus objetivos a largo plazo.
- **Los límites son tu escudo.** Aprende a decir no y a establecer límites claros para proteger tu tiempo y energía para lo que más importa.
- **Empatía para el cambio.** Cambiar hábitos arraigados lleva su tiempo. Ten paciencia contigo mismo mientras recuperas el control y das prioridad a tu bienestar.
- **Objetivo a largo plazo.** No te pierdas en el frenesí diario. Programa tiempo para reflexionar sobre tus aspiraciones y crea un plan para alcanzarlas.
- **Cambio colectivo.** Todos contribuimos a la cultura de la urgencia. Toma conciencia de cómo tus hábitos y expectativas afectan a los demás.

Utiliza estas preguntas clave como marco para abordar cualquier nueva tarea:

- ¿Se ajusta esta tarea a mis prioridades?
- ¿Cuál es la urgencia de esta tarea?
- ¿Cuáles son las consecuencias de no realizar esta tarea?
- ¿Puede encargarse otra persona de esto, o puede hacerse en otro momento?

CAPÍTULO NUEVE

Renovarse

A todos nos han enseñado que hacer más cosas y aprovechar cada momento al máximo es la clave del éxito; por eso, muchos de nosotros trabajamos durante la hora de la comida y en las vacaciones, y llenamos nuestras agendas sin tiempo para el descanso. Creemos de verdad que «si te duermes, pierdes», y desconfiamos de la idea del tiempo de inactividad, convencidos de que eso es cosa de fracasados. Según una encuesta realizada en 2022, más del 59 por ciento de los empleados experimentan burnout, un alarmante aumento de nueve puntos porcentuales con respecto al año anterior. Los datos demuestran que el burnout conduce a una menor productividad en el trabajo y a sentimientos de malestar y desesperanza; sin embargo, nuestra cultura —que habla de boquilla de la importancia del autocuidado— sigue haciendo hincapié en el trabajo constante. En este capítulo, me gustaría desmontar el mito que vincula nuestra productividad con un esfuerzo incesante, y demostrar que hacer pausas no solo nos hace más productivos (si ese es nuestro objetivo), sino que puede restaurar nuestra capacidad cerebral, mejorar nuestra salud mental y aumentar nuestra concentración, motivación y flexibilidad cognitiva.

Nuestra cultura —que habla de boquilla de la importancia del autocuidado— sigue haciendo hincapié en el trabajo constante.

Muchos de nosotros hemos pasado por temporadas en el trabajo y en casa en las que sentimos que no hay suficientes horas en el día para realizar todo lo que tenemos entre manos; son esos momentos en los que hacemos malabarismos con múltiples tareas y responsabilidades, y cuando los plazos se ciernen sobre nosotros. En estas situaciones, incluso cuando estamos mental y físicamente agotados, seguimos adelante, creyendo que nuestra mejor estrategia es avanzar hasta que todo esté terminado y entonces, en algún momento inalcanzable del futuro, podremos descansar. En cambio, las investigaciones demuestran que no nos hacemos ningún favor cuando intentamos atravesar el «muro» de la sobrecarga mental y cognitiva. Actuamos con más lentitud, cometemos más errores y nuestra creatividad flaquea. La fatiga de decisión puede instalarse, provocando elecciones precipitadas, evasión o parálisis ante múltiples decisiones.

Un estudio reveló que las enfermeras tomaban decisiones clínicas menos eficaces y más costosas cuanto más tiempo pasaban sin hacer una pausa en su trabajo. En otro estudio se analizaron las decisiones de libertad condicional tomadas por los jueces de los tribunales y se descubrió que hacer pausas marcaba grandes diferencias en la toma de decisiones. A lo largo de un día de trabajo, la probabilidad de que un juez pusiera en libertad condicional a un preso comenzaba en torno al 65 por ciento y luego disminuía a medida que continuaba la sesión del tribunal, hasta llegar casi a cero. Tras una pausa para comer, la probabilidad de excarcelación volvía a rondar el 65 por ciento y reanudaba su caída a medida que avanzaba el día.

Sabemos, tanto por intuición como por experiencia práctica, que dedicar un tiempo interminable a una tarea no hace que nuestro trabajo vaya mejor o más rápido. Nuestra concentración y capacidad de enfoque se agotan cuanto más sacamos del pozo de nuestros recursos cognitivos. A menudo, tras horas en un proyecto, nos encontramos en una espiral de agotamiento, cometemos errores, avanzamos despacio, repetimos o rehacemos el trabajo y gastamos más tiempo y ancho de banda mental en el proceso. Por suerte, la investigación ha establecido que hacer pausas nos ayuda a recargar las pilas de nuestro cerebro.

Cuando volvemos a nuestra tarea, nos beneficiamos de un aumento del rendimiento.

De hecho, a veces después de una pausa notarás que la solución a un problema se te ocurre de repente como si tu cerebro estuviera trabajando en ella en segundo plano mientras pensabas en otra cosa distinta. Los psicólogos llaman a este fenómeno *incubación*. Aunque aún se están explorando las razones por las que el subconsciente sigue trabajando, es posible que tomarse un descanso permita que diferentes redes cerebrales se conecten, lo que da lugar a una perspectiva fresca y a un estallido de perspicacia.

Y aunque necesitamos dar un descanso a nuestro cerebro para ser más eficaces, los descansos no son todos iguales. Resulta que también necesitamos tomarnos el tipo de descanso adecuado. Los estudios han descubierto que el burnout está causado por una dedicación excesiva y prolongada a la tarea *y* por una recuperación incompleta durante el tiempo de inactividad. Muchos de nosotros dejamos a un lado el trabajo durante el almuerzo o por la tarde, pero luego pasamos nuestros minutos libres desplazándonos por las redes sociales. Por desgracia, aunque pensamos que esto es tomarse una pausa, no es nada reparador y puede dejarnos emocionalmente agotados.

Entonces, ¿qué tipo de desconexión debemos buscar? El mejor tipo de descanso es el más reparador, el que nos permite distanciarnos emocionalmente. También debería permitirnos desconectar cognitivamente para reponer nuestra capacidad de atención, un recurso limitado. Del mismo modo que ver vídeos de TikTok no te permitirá restablecerte y reponerte, tampoco lo hará pasar tiempo en la naturaleza si estás escuchando a una amiga despotricar contra su jefe. Es importante subrayar que restaurador no es lo mismo que agradable. Una actividad puede ser placentera o divertida, como leer o escuchar un pódcast, pero no reparadora para el cerebro. Si tu cerebro aún tiene que procesar información y mantenerse ocupado, entonces una actividad no es renovadora. Es crucial hacer elecciones conscientes cuando pensamos en nuestros descansos y elegir, de forma intencional, aquello que funcione para tus propias necesidades únicas y que te permita recuperarte por completo.

El mejor tipo de descanso es el más reparador, el que nos permite distanciarnos emocionalmente.

Más adelante, te ofreceré sugerencias para realizar pausas que sean reparadoras, incluidas algunas que funcionan en entornos de oficina.

El primer paso es dar prioridad a las pausas. Al igual que se nos ha enseñado que la alta productividad es el camino hacia la autoestima, se nos ha dicho que dudemos del propio valor de tomarnos una pausa o un tiempo para nosotros mismos. Tememos que nos consideren perezosos o desmotivados, o que nos vean como faltos de disciplina. Cuando hemos aprendido que el camino hacia el éxito implica una actividad incesante, es difícil no estar siempre activos, y llenamos nuestras pausas, nuestro tiempo potencial de inactividad, con ajetreo. No es de extrañar que estemos agotados todo el tiempo. Hemos sido tan bien entrenados por nuestra sociedad para pensar en el tiempo para nosotros mismos como un lujo que puede que nos resulte difícil permitirnos este tipo de autocuidado. Eso no debería impedirnos intentarlo. Cuanto más normalicemos el descanso, mejor será para todos. La próxima vez que te encuentres teniendo que releer una frase unas cuantas veces para asimilar su significado, o que sientas que ves doble cuanto más te concentras en un proyecto, escucha la voz de tu cabeza que te dice que es hora de alejarse y reponer fuerzas. Operar con el depósito vacío no ayuda a nadie.

Cuando hemos aprendido que el camino hacia el éxito implica una actividad incesante, es difícil no estar siempre activos, y llenamos nuestras pausas, nuestro tiempo potencial de inactividad, con ajetreo.

OPTIMIZAR LAS PAUSAS

En capítulos anteriores, he hablado de los ciclos ultradianos, así como de priorizar lo importante y bloquear el tiempo como formas de asegurar que estás utilizando tu cerebro cuando estás en el mejor momento para tareas intensivas o significativas en casa y en el trabajo. Aunque tú eres el juez más perspicaz de tu capacidad de concentración durante periodos de tiempo, mi sugerencia es que te tomes un descanso al menos una vez cada noventa minutos, y con más frecuencia si sientes que tu atención flaquea. Las investigaciones realizadas por el sitio web The Muse demuestran que las personas más productivas se dedican a una tarea con determinación durante cincuenta y dos minutos seguidos antes de tomarse un descanso de diecisiete minutos, libres de cualquier pantalla.

A veces puede ser difícil diferenciar nuestra necesidad de un descanso cerebral de la incomodidad que sentimos cuando luchamos por mantenernos en la tarea, sobre todo cuando estamos aprendiendo a ampliar nuestra capacidad de concentración. En estos casos, presta atención a tu cuerpo y a tu mente. ¿Te sientes cansado, perezoso, te distraes con facilidad o estás físicamente tenso? Estas podrían ser señales de que tu cerebro necesita una recarga. ¿Te sientes frustrado, desafiado o mentalmente agotado? Esto podría ser malestar por forzar tu concentración. Observa si tu concentración mejora a medida que continúas en la tarea. Si sigues inseguro, tómate un breve descanso y comprueba si te sirve para recuperar el foco; si es así, tenías una señal clara de que tu cerebro necesitaba descansar. Con el tiempo, a medida que prestes atención, serás capaz de leer las señales de tu cuerpo.

En general, las pausas más reparadoras duran quince minutos o más, pero incluso alejarse de un proyecto o tarea durante unos minutos es mejor que nada. Puede que notes que, mientras que las pausas más cortas dan buenos resultados por la mañana, las pausas más largas pueden ser necesarias por la tarde a medida que aumenta tu nivel de fatiga y necesitas más tiempo para recargarte. A medida que practiques, encontrarás el tiempo de pausa adecuado para ti.

Al igual que con los bienes inmuebles, la ubicación es importante para las pausas. Piensa en cómo alejarte de la tarea para reponer fuerzas, aunque solo sea cambiar de habitación. Si trabajas en una oficina, levántate y da un paseo por el espacio si es posible. O, al menos, aléjate del ordenador durante unos minutos. El acto de cambiar la posición y la vista puede significar un cambio completo de mentalidad y poner tu cerebro en «modo descanso».

INCORPORAR PAUSAS

Añadir pausas a tu horario puede ser un acto de equilibrio complicado, pero procura que no se conviertan en un elemento más de tu apretada lista de tareas pendientes. A menudo nos dedicamos a otra tarea y consideramos que nos estamos tomando un descanso —por ejemplo, hacer la colada o recados después de revisar los correos electrónicos—, pero si no utilizamos los descansos como una fuente de recarga, es probable que solo estemos aumentando nuestra sensación de agobio. Piensa en las pausas como en unas minivacaciones para tu cerebro, no como en una fuente adicional de estrés emocional o de compromiso cognitivo.

Activarse

Desconectar un poco mentalmente y mover el cuerpo puede permitir que nuestra atención descanse y, como ya sabes por el capítulo 4, la actividad física puede ayudarte a concentrarte. Esto puede significar un poco de yoga suave, un paseo por el pasillo de la oficina o ir al gimnasio. Elijas lo que elijas, descubrirás que el movimiento físico redirige tu atención y estira tus extremidades, haciendo circular la sangre, reduciendo la ansiedad y aumentando los niveles de energía.

Duerme la siesta

En los últimos años, muchas empresas, entendiendo la conexión entre la salud de los empleados y el rendimiento global de la empresa, han habilitado salas dedicadas a la siesta o sillas reclinables para descansar unos minutos. Si tu lugar de trabajo ha incorporado esta idea, o si tienes otras opciones para echar una cabezadita a media tarde, intenta aprovecharlas. Las investigaciones han descubierto que las siestas cortas, de veinte a treinta minutos, son muy reparadoras y pueden incluso mejorar el funcionamiento cognitivo y el estado de alerta en las horas posteriores a la siesta. Un estudio descubrió que la siesta potenciaba el estado de alerta y la atención tanto como una dosis de 200 miligramos de cafeína, el equivalente a dos o tres tazas de café, al tiempo que funcionaba mejor que la cafeína para la consolidación de la memoria.

Dicho esto, es mejor programar las siestas a primera hora de la tarde —para evitar problemas para conciliar el sueño por la noche— y que sean cortas. Si nunca has probado una siesta por la tarde, quizá te apetezca intentarlo y ver cómo te sientes después, ajustando la hora y la duración para encontrar el resultado que mejor te funcione. Siempre me ha resultado difícil bajar el ritmo, ya que la productividad está arraigada en mi psique, pero con los años he ido trabajando en este aspecto del cuidado personal. Si me he levantado en mitad de la noche con los niños y me cuesta funcionar, me animo a tumbarme, aunque solo sea unos minutos; para mi sorpresa, siempre me resulta rejuvenecedor. He animado a clientes que están en casa con niños a que hagan la siesta, o al menos a que se tumben y cierren los ojos, siempre que sus pequeños estén descansando también. Todas las demás cosas pueden esperar. Al principio no es fácil, ya que quieren seguir con sus listas de tareas pendientes, pero una vez que lo intentan, la recompensa de sentirse descansados y restablecidos merece con creces la pena.

Algunas personas se sienten aturdidas después de siestas de cualquier duración, y si este es tu caso, puede que sea mejor encontrar otro tipo de descanso.

Tómate tiempo para meditar

Antes vimos el papel de la meditación para sostener la atención, y aquí la recomiendo como una forma de pausa reparadora. Puede que pienses que no dispones de tiempo o privacidad suficientes para una sesión de meditación, pero los ejemplos que te voy a ofrecer solo requieren unos minutos y pueden realizarse incluso mientras caminas de un lugar a otro. A medida que vayas aceptando la idea de tomarte un tiempo entre tus tareas, puede que descubras que te apetece hacer pequeñas pausas de meditación a lo largo del día.

- **Respiración profunda.** Busca un lugar tranquilo y apartado y siéntate en una posición cómoda. Cierra los ojos e inspira por la nariz, lleva la respiración hacia el abdomen a la cuenta de tres, deja que el estómago suba y exhala a la cuenta de seis. A medida que repitas este ciclo, empezarás a sentirte más tranquilo. Los latidos del corazón deberían ralentizarse y la tensión de cara y cuerpo desaparecerá.
- **Meditación en movimiento.** Mientras caminas, presta atención a cada paso, observa la velocidad y cuántos pasos das entre la inspiración y la espiración. Empieza a acompasar los pasos a la respiración. Al inhalar, cuenta 1-2-3-4 pasos y repite la cuenta al exhalar (o ajústalo en función de tu propio ritmo). Verás que tu mente empieza a despejarse y tu cuerpo se relaja. Sigue así todo el tiempo que puedas. Pronto te encontrarás respirando de esta manera siempre que camines.

Alimenta tu cerebro

Cuando tomas un descanso para comer algo, estás dejando que el cerebro se recupere a la vez que aumenta su energía. Me encanta tomarme un descanso para comer: no solo tengo la oportunidad de disfrutar de una buena comida, sino que después noto un impacto inmediato en mi nivel de energía, mi estado de ánimo y mi capacidad de concentración. Sin embargo, es importante comer sano (¡en el capítulo 2 encontrarás algunos consejos al respecto!) y hacer que la comida sea la protagonista de la pausa. Deja el teléfono en otra parte y mantén la mente en lo que estás comiendo: aspecto, sabor, aroma y textura.

Pasa tiempo en la naturaleza

En el capítulo 5, analizamos el papel reconstituyente de la naturaleza, y quiero reiterar aquí el valor de pasar, aunque sea un poco de tiempo, en espacios verdes para descansar. Tan solo quince minutos entre plantas o árboles ayudarán a que tu atención descendente se recupere y te permitirán recobrar la vitalidad. Si tienes la suerte de tener un patio o un jardín, seguro que sabrás de qué forma el tiempo que pasas allí puede recargarte de energía por completo. Si cuidas de niños, un rato al aire libre puede ser reconstituyente para ellos —y para ti—. Intenta sumergirte en las vistas, los sonidos y los olores. Respira el aroma de una flor u observa el vuelo de un abejorro o una mariposa mientras revolotea de flor en flor. Pon las manos en la tierra. Si trabajas o vives cerca de un parque o un espacio verde urbano, pasa algún tiempo allí, sentado o caminando, sin el teléfono. Incluso un paseo por una manzana de la ciudad con árboles desviará tu atención y te ayudará a recuperar el equilibrio.

Encuentra algo de diversión

Puede que sea jugar a la pelota con tu perro o bromear con un amigo, pero la risa es una forma excelente de desestresarse y recargar la energía. Deja a un lado las preocupaciones y responsabilidades durante quince minutos y disfruta del momento; pronto te sentirás lleno de energía. Si pasas tus descansos con otras personas, asegúrate de que el ambiente sea ligero. Despotricar de los clientes u oír hablar de la relación complicada de un amigo no es revitalizante, así que no dudes en alejarte si las cosas se ponen tensas. Por eso, los perros y los discos voladores o *frisbees* son una buena opción para los descansos, ¡si están a tu alcance! Las investigaciones han descubierto que interactuar con mascotas puede reducir el estrés y aumentar de forma notable el bienestar de las personas. Un estudio realizado en la Universidad Estatal de Washington, en el que los estudiantes jugaban con perros y gatos, descubrió una reducción considerable de la hormona del estrés —el cortisol— después de solo diez minutos.

Incorporar las pausas a la cultura

Si eres empresario o directivo, es crucial que normalices las pausas. Hazlo tú mismo dejando el trabajo de vez en cuando para recargar el cerebro, y haz saber a los demás que está bien que se tomen una pausa. Si eres padre o mentor de un joven, fomenta las pausas significativas.

Pausas eficaces en la oficina

Céntrate en actividades que te alejen del trabajo y te recarguen mente y cuerpo:

- **Ejercicios mente-cuerpo**
  - **Estiramientos sencillos.** Estira los brazos por encima de la cabeza, gira los hombros y tuerce el torso con suavidad.
  - **Respiración profunda.** Inspira lenta y profundamente por la nariz y espira por la boca durante unos minutos.
  - **Meditación breve.** Cierra los ojos y concéntrate en tu respiración, dejando ir cualquier pensamiento que surja.
- **Pausas de movimiento**
  - **Camina por la oficina.** Da una vuelta por la planta de tu oficina o sube un tramo de escaleras.
  - **Haz algunos ejercicios ligeros de escritorio.** Prueba a hacer unas cuantas elevaciones de piernas o círculos con los brazos en la silla, o levántate y haz unas cuantas sentadillas de pie.
  - **Estírate junto al escritorio.** Céntrate en estiramientos dirigidos a cuello, espalda y hombros.
- **Activa tus sentidos**
  - **Cambia tu enfoque.** Mira por una ventana y concéntrate en algo lejano durante unos minutos.
  - **Escucha.** Ponte los auriculares y escucha sonidos de la naturaleza o música relajante.
  - **Distracción sensorial.** Alivia la tensión apretando una pelota antiestrés.

Claves para enfocar tu mente

Nuestra cultura de estar «siempre activos» promueve el mito de que estar ocupado equivale a tener éxito. En realidad, tomarse descansos mejora la concentración, la creatividad y el bienestar general. En este capítulo hemos visto cómo utilizar las pausas a lo largo del día para refrescar la concentración y la energía. Veamos los puntos principales:

- **Fatiga de decisión.** Esforzarse a pesar del agotamiento conduce a una toma de decisiones deficiente y a un deterioro de la función cognitiva.
- **El poder de las pausas.** Los descansos breves a lo largo del día permiten que nuestro cerebro se recargue, lo que aumenta la productividad y la concentración.
- **Restauración vs. mero descanso.** Las pausas deben estar diseñadas para la desconexión mental y emocional, no solo para pasar el tiempo con actividades que aún requieren procesamiento cerebral.
- **Priorizar las pausas.** Tenemos que superar el estigma social contra las pausas y considerarlas esenciales para un rendimiento óptimo.
- **Escucha a tu cuerpo.** Las señales de que necesitas un descanso incluyen fatiga, pereza, dificultad para concentrarse y tensión física.
- **Tiempo adecuado de descanso.** Experimenta tiempos de descanso para encontrar lo que te funciona. En general, lo ideal son al menos quince minutos, pero incluso los descansos más cortos son beneficiosos.
- **La ubicación importa.** Aléjate de la zona de trabajo durante los descansos para cambiar de mentalidad por completo.

- **Ideas para el descanso.** Considera la actividad física suave, una breve siesta, la meditación, un tentempié saludable, pasar unos momentos en la naturaleza o buscar la risa como formas eficaces de tomarte un descanso.
- **Romper con la cultura.** Los líderes y los padres pueden fomentar las pausas significativas sirviendo ellos mismos de modelo a la hora de tomarlas y promoviendo una actitud positiva hacia el tiempo de inactividad.
- **Pausas aptas para la oficina.**
    - **Ejercicios mente-cuerpo.** Estiramientos, respiración profunda y meditación breve.
    - **Pausas de movimiento.** Paseos, ejercicios ligeros de escritorio y estiramientos específicos.
    - **Pausas sensoriales.** Cambia de enfoque, escucha música relajante o utiliza una pelota antiestrés.

CAPÍTULO DIEZ

Memorización

En el acelerado mundo actual, muchos de nosotros sentimos como si nuestra mente estuviera desbordada de tareas que completar y preocupaciones que atender, y a menudo nos sentimos con la mente nublada y olvidadizos. A algunos de mis clientes les preocupa que su memoria se esté desvaneciendo junto con su capacidad de concentración. Aunque puedan parecer procesos cerebrales distintos, si los consideramos con detenimiento, nos damos cuenta de que están entrelazados. De hecho, solo podemos recordar algo si le hemos prestado atención. En este capítulo, examinaré el proceso de la memoria y cómo está vinculado a la concentración, a la vez que proporcionaré herramientas esenciales para mejorar nuestras habilidades de memorización.

Solo podemos recordar algo si le hemos prestado atención.

En uno de mis estudios de investigación favoritos, neurocientíficos del University College de Londres estudiaron la materia gris del hipocampo de los taxistas londinenses y la compararon con los datos obtenidos de la materia gris de un grupo de control de conductores de autobús de Londres. El hipocampo es una zona del cerebro que desempeña un papel vital en la formación y recuperación de la memoria, y el estudio pretendía averiguar si su estructura se modificaba a medida que los taxistas recorrían día tras día las rutas del centro de Londres. Para obtener su licencia completa, los conductores necesitaban memorizar una compleja zona urbana compuesta por más de 25.000 calles —muchas de ellas de sentido único— y miles de lugares de interés, enfrentándose a múltiples combinaciones de rutas cada día. Esta formación, conocida como la adquisición de «los conocimientos», suele tardar tres o cuatro años en completarse e implica pruebas exhaustivas a lo largo del camino. Por su parte, los conductores de autobús londinenses obtienen la licencia completa tras solo seis semanas, y conducen una ruta asignada y constante. Mediante pruebas de resonancia magnética, los investigadores descubrieron que la materia gris del hipocampo de los taxistas aumentó de forma significativa en el transcurso de su formación, mientras que no se encontraron cambios en las estructuras cerebrales del grupo de control. El estudio concluyó que existe «una capacidad de mejora de la memoria y de cambios estructurales en el cerebro humano hasta bien entrada la edad adulta».

Es un dato apasionante. Significa que cuando utilizamos nuestro cerebro para recordar de forma intencionada, hacemos crecer el músculo de nuestra memoria y mejoramos su capacidad. Nuestro cerebro es capaz de albergar un número extraordinario de recuerdos, con una capacidad de almacenamiento de alrededor de un millón de gigabytes. Aunque puede que los taxistas londinenses generen más recuerdos que la mayoría de nosotros, ni siquiera a ellos les va a faltar espacio. Eso equivale a unas 3 millones de horas de programas de televisión en nuestros cerebros. Pero ¿cómo se forman los recuerdos y cuál es la conexión entre nuestros recuerdos y la concentración? En su forma más básica, nuestra memoria es la codificación, el almacenamiento y la recuperación de información y experiencias, pero a mí me gusta añadir el paso de la «atención» al principio. Sin atención el sistema no funciona en absoluto.

LAS CUATRO ETAPAS DE LA MEMORIA

Si eres como yo, puede que abras la nevera y descubras que has olvidado lo que querías, o que vuelvas a casa de la tienda sin aquello que fuiste a comprar. En estos casos, solemos culpar a nuestra memoria («No puedo creer que me olvidara de eso. ¡Mi memoria es tan mala!»), o hacemos bromas sobre tener un «lapsus de la edad». Pero la mayoría de las veces no se trata de lapsus de memoria, sino de atención. De camino a la nevera, es probable que nos distrajéramos con otra cosa —un mensaje de texto, una llamada de teléfono o un perro que reclama la comida— y que nuestro fiasco en el supermercado se haya debido a no haber prestado la suficiente atención como para anotar mentalmente el producto que necesitábamos. Si nos fijamos en las distintas etapas de la memoria, podemos ver cómo funciona.

Atención

Estás a punto de salir de la oficina cuando tu pareja te llama y te pide que recojas la cena de camino a casa. La información entra en tu cerebro al oír las palabras. Respondes que lo harás, pero mientras tanto te distrae tu compañero que se despide de ti y te pregunta dónde has aparcado el coche. La atención determina si la información que oyes o la situación que vives pasarán a la siguiente parte del proceso de memoria.

Codificación

Si has percibido las palabras de tu interlocutor como información importante, a pesar de las distracciones, tu cerebro las codificará y las transferirá a la memoria a corto plazo o memoria de trabajo. Ambas almacenan información durante un breve periodo de tiempo; la información de la memoria a corto plazo se desintegra al cabo de veinte o treinta segundos. La memoria de trabajo implica información que está siendo manipulada mentalmente, como una dirección hacia la que te diriges en coche o un producto de la lista que necesitarás cuando llegues a la tienda. La capacidad de almacenamiento de nuestra memoria de trabajo es limitada en términos de cantidad y tiempo. Los elementos allí almacenados pueden pasar a la memoria a largo plazo u olvidarse por completo. Para que recuerdes la petición de tu pareja, tendrás que repetírtela o recordarla de un modo que la codifiques más en profundidad; te daré sugerencias sobre cómo hacerlo más adelante en este mismo capítulo.

Almacenamiento

Cuando la información y las experiencias se convierten en recuerdos a largo plazo, el cerebro las conecta a las neuronas. Cuando las neuronas se reactivan, se recuerda la experiencia o la información inicial. Los recuerdos a corto plazo se convierten en recuerdos a largo plazo en el hipocampo y, con el tiempo, se consolidan y se transfieren al neocórtex, una parte del cerebro responsable de las funciones superiores. Los científicos creen que el sueño es muy útil en esta transferencia.

Recuperación

En esta fase accedemos a los recuerdos que hemos creado recuperándolos del almacén. Podemos hacerlo de forma consciente, como cuando nos proponemos recordar el nombre de alguien o un acontecimiento pasado. Los recuerdos pueden, también, flotar en nuestra mente, impulsados por un desencadenante externo o interno, tal vez una canción que asociamos con una persona concreta o un alimento que nos recuerda una comida especial (o desagradable). La forma en que prestamos atención a la información o a una experiencia determinará los recuerdos que podemos recuperar y cuánto podemos recordar. En el caso de ir a comprar algo para cenar de camino a casa desde el trabajo, no recuperarás este recuerdo de la memoria a largo plazo salvo que la petición se haya producido unas horas antes o más. Con suerte, lo habrás mantenido en la memoria de trabajo durante el trayecto hasta la tienda.

Nuestra capacidad de concentración es crucial para los recuerdos que creamos. Para recordar bien, ya sea la alergia alimentaria del mejor amigo de tu hijo o los cambios que tu jefe solicitó en un PowerPoint, es necesario prestar atención para garantizar que la codificación tenga lugar y se ponga en marcha el proceso de memoria. Necesitamos prestar toda nuestra atención a la información o experiencia, reduciendo al mínimo las distracciones y dirigiendo nuestra concentración hacia ella.

Nuestra capacidad de concentración es crucial para los recuerdos que creamos.

EL PODER DE LA MEMORIZACIÓN

Aunque la capacidad de prestar atención desempeña un papel muy importante en nuestra capacidad de recordar, la memorización refuerza la capacidad de procesamiento de nuestro cerebro y reduce el desorden mental, lo que favorece una mayor capacidad de concentración. Memorizar no consiste solo en recordar hechos, sino en potenciar nuestro cerebro para que se concentre con mayor eficacia.

Reducción de la carga cognitiva

Cuando nos esforzamos por recordar detalles, nuestra memoria de trabajo se sobrecarga, dificultando nuestra capacidad para centrarnos en la tarea presente. La memorización eficaz nos permite trasladar la información de la memoria de trabajo a la memoria a largo plazo, liberando recursos mentales para centrar la atención en la nueva información.

Mayor velocidad de procesamiento

Una mejor recuperación de la memoria acelera el proceso de acceso a la información relevante. Esto reduce el tiempo que el cerebro dedica a buscar y recuperar detalles, lo que te permite concentrarte mejor en lo que estés haciendo. Los estudios han demostrado que una recuperación eficaz refuerza las conexiones neuronales, mejorando aún más la velocidad de procesamiento con el paso del tiempo.

Confianza reforzada

Cuando somos capaces de codificar y recordar información con éxito, aumentamos la confianza en nuestras capacidades cognitivas. Este aumento de confianza en nuestra eficacia puede tener un impacto notable en la concentración al reducir la ansiedad y el diálogo interno negativo que pueden distraernos.

Mejora del aprendizaje

Una memoria más potente facilita la construcción del conocimiento al permitirnos basarnos en la información existente. Esto crea un ciclo positivo, ya que la atención centrada es crucial para un aprendizaje eficaz. Los estudios han demostrado que los estudiantes con mejores habilidades de memorización tienden a mostrar una mayor capacidad de atención y concentración durante las actividades de aprendizaje.

TÉCNICAS DE MEMORIZACIÓN

Los investigadores han explorado por qué algunos de nosotros tenemos capacidades de memoria superiores examinando a personas que han demostrado logros extraordinarios en eventos como los campeonatos mundiales de memoria. Estas hazañas incluyen memorizar listas de palabras aleatorias tras oírlas una sola vez, o recordar las secuencias de cartas de varias barajas, o emparejar nombres con fotos tras un único visionado. En campeonatos recientes, los ganadores memorizaron una secuencia de 300 palabras aleatorias en quince minutos y una cadena de más de 1000 dígitos binarios en cinco minutos, entre otros logros. Utilizando pruebas neuropsicológicas, así como imágenes cerebrales, los investigadores llegaron a la conclusión de que las extraordinarias habilidades de memoria no son el resultado de la capacidad intelectual o de diferencias estructurales del cerebro; en su lugar, los campeones se basaron en «estrategias para codificar la información con el único propósito de hacerla más fácil de recordar».

Todos podemos aprender de este enfoque utilizando herramientas de memorización para poner en marcha el proceso de codificación. Te proporciono algunas técnicas mnemotécnicas para ayudarte a aumentar el funcionamiento del almacenamiento y la recuperación de la memoria en la vida diaria. Para beneficiarte plenamente de estas estrategias, tendrás que comprometerte a hacer de la práctica de la memorización un hábito.

Crea intención

Recordarte a ti mismo que quieres memorizar algo alinea tu atención con tu intención y te ayuda a centrarte. Al mismo tiempo, esto te permitirá codificar la información o las experiencias con mayor profundidad. El simple hecho de decirte a ti mismo las palabras «quiero memorizar esto» puede ser una herramienta poderosa.

Minimiza las distracciones

Por mucho que quieras recordar algo, cualquier distracción hará que tu atención se desvíe, haciendo que la codificación sea menos eficaz. Si solo escuchas a medias los consejos valiosos o indicaciones de alguien, te resultará muy difícil recordarlos más tarde. Aléjate de, o apaga, cualquier dispositivo que se interponga en tu capacidad de concentración.

Mnemotecnia de nombres

Tanto los acrónimos como los acrósticos son métodos populares que probablemente ya hayas utilizado para facilitar la memorización. Un acrónimo es una palabra creada a partir de la primera letra de un grupo de palabras, como RSVP (*Répondez s'il vous plaît*), ASAP (*as soon as possible*) o NASA (National Aeronautics and Space Administration). Si creciste en Estados Unidos, puede que aprendieras a no olvidar los colores del arco iris con el acrónimo ROY G. BIV (por las siglas en inglés: rojo, naranja, amarillo, verde, azul, añil, violeta), o que utilizaras PEMDAS para recordar el orden de las operaciones en matemáticas (por las siglas en inglés: paréntesis, exponentes, multiplicación, división, adición, sustracción).

Las investigaciones han descubierto que los acrónimos pueden ayudar a las personas a recordar el orden correcto de los pasos en la realización de tareas o listas de comprobación. Un estudio alemán proporcionó a un grupo de participantes el acrónimo WORTKLAU (que significa «robo de palabras», en alemán) para realizar una tarea de ocho pasos, mientras que a otro grupo se le pidió que ejecutara los pasos sin el dispositivo de refuerzo de la memoria. En varias iteraciones de las tareas, los investigadores comprobaron que el acrónimo mejoraba la precisión, la velocidad y la resistencia a la distracción. Se ha comprobado que este tipo de acrónimos es muy útil en entornos sanitarios (por ejemplo, la secuencia ABCDEF en cuidados intensivos). Quizá descubras que inventar tus propios acrónimos, tanto si estás estudiando para un examen como si estás creando una lista de elementos o una serie de tareas, puede ayudarte a memorizar la información. El proceso de pensar en un acrónimo que corresponda a los pasos o elementos favorecerá aún más su almacenamiento en tu memoria a largo plazo, y volver al acrónimo más tarde te refrescará la memoria para que puedas recuperarlos.

Un acróstico es similar a un acrónimo, pero puede ser una frase o expresión entera en lugar de una sola palabra. Algunos recordarán los colores del arco iris con el acróstico «Rodolfo No Avisa, Viaja Algo Inmóvil Volando» (Rojo, Naranja, Amarillo, Verde, Azul, Índigo, Violeta), o «Nunca Olvides Sumar Efectivo» para recordar los puntos cardinales (Norte, Oeste, Sur, Este). Otros acrósticos incluyen «Mi Vieja Tía María Jamás Supo Usar Números» para los planetas del sistema solar (Mercurio, Venus, Tierra, Marte, Júpiter, Saturno, Urano, Neptuno), y «Para Mi Amigo Tomás» para recordar las fases de la mitosis (Profase, Metafase, Anafase, Telofase).

Fragmenta

La idea de recordar enormes cantidades de información puede parecernos abrumadora, y es cierto que demasiada información puede sobrecargar la memoria a corto plazo. No tenemos capacidad para un número ilimitado de elementos en la memoria a corto plazo; de hecho, la mayoría de nosotros solo podemos almacenar allí siete (más/menos dos) elementos de información en un momento dado. Aquí es donde entra en juego el arte de la fragmentación: descomponer grandes cantidades de información en unidades más pequeñas o fragmentos. Con esta estrategia, la mente es capaz de interpretar cada fragmento como una unidad, lo que a su vez permite almacenar más datos. El ejemplo más común de fragmentación son los números de teléfono. Para la mayoría de la gente son demasiado largos para retenerlos en la memoria a corto plazo. Pero si los dividimos en grupos de números en lugar de en una larga cadena, de repente son más fáciles de recordar y gestionar. Los números de la seguridad social son otro ejemplo de números que troceamos.

Cuando recibimos nueva información, puede sernos útil tomarnos el tiempo de descomponerla en trozos más manejables. Al hacerlo, la codificamos en fragmentos en lugar de como una masa de información que se olvidará de inmediato. Un maestro campeón de la memoria descompuso los dígitos del número pi en 2000 fragmentos de 5 dígitos cada uno. Quizá quieras probar con algo un poco más modesto, pero la técnica sigue siendo la misma.

Anota

Muchos estudios han demostrado que escribir la información a mano mejora la memoria en comparación con tomar notas en un ordenador, una tableta o un teléfono. Parece que nos ayuda a codificar la información con mayor profundidad, ya que existe una conexión entre nuestras manos y nuestro cerebro. Además, en los ordenadores y otros dispositivos electrónicos, tendemos a transcribir literalmente, en lugar de procesar la información, mientras que cuando escribes notas a mano, sueles resumir el contenido con palabras propias, lo que permite sintetizarlo. Los dispositivos electrónicos también vienen con distracciones incorporadas.

Aunque tomar notas a mano es mejor para recordarlas más tarde, no siempre es posible u óptimo. Así que, si tomas notas en un dispositivo electrónico, asegúrate de que entiendes lo que estás escuchando y de que lo reformulas con tus propias palabras. Prestar atención a la información y reformularla con tus propias palabras conduce a una mejor codificación y recuperación.

Espacia

Cuando necesitamos memorizar información para una presentación o un examen, muchos de nosotros nos inclinamos por dejarlo para una sesión intensiva de última hora, pero por desgracia esta no es una forma útil de recordar las cosas. Para que la información se codifique eficazmente, es mucho mejor espaciar nuestro aprendizaje, repasando el mismo material en varias sesiones y, si es posible, en días separados. De este modo, se solidifican las nuevas conexiones neuronales y favorecemos la retención a largo plazo.

Utiliza la memoria espacial

Es posible que hayas oído hablar de la «técnica del palacio de la memoria», o el método *loci*, para memorizar elementos. Se dice que este sistema fue utilizado por los oradores griegos y romanos para recordar sus discursos, y los campeones de la memoria de hoy en día suelen utilizarlos para recordar 10.000 dígitos del número pi o el orden de varias barajas de cartas mezcladas. Aunque quizá no necesites memorizar cantidades tan enormes de información, pueden ser una forma útil —y entretenida— de mejorar tu capacidad para memorizar.

La idea consiste en vincular las imágenes de lo que necesitas recordar con un lugar que conozcas bien, como las habitaciones de tu casa (o palacio), o lugares situados a lo largo de una ruta muy transitada. Con esta estrategia, intentas crear en tu mente imágenes vívidas de estos lugares que te faciliten recordar cada uno y la información asociada a él. Para una práctica sencilla, podrías pensar en una lista de la compra de pan, huevos y salmón y colocar cada artículo en una habitación de tu casa: el pan sentado en tu sillón favorito del salón leyendo un libro, los huevos rodando por las almohadas del dormitorio y el salmón nadando en la bañera. Ya te haces una idea. Cuanto más imaginativa o extravagante sea la conexión, mejor, ya que así recordarás estos objetos con mayor facilidad. Mientras deambulas por los pasillos del supermercado, recorrerías mentalmente las habitaciones de tu casa y recuperarías los artículos de la lista de la compra. Por supuesto, muchos de nosotros utilizamos nuestros teléfonos para crear listas, pero el palacio de la memoria es mucho más divertido y ayuda a ejercitar los músculos de la memoria.

A medida que te vayas familiarizando con esta técnica, podrás utilizarla para recordar secciones de un trabajo o capítulos de un libro, o para memorizar nombres y hacer contactos de negocios.

Piensa antes de utilizar el GPS

Se ha debatido si el uso del GPS para llegar a los sitios en lugar de confiar en nuestros propios mapas mentales está socavando nuestros recuerdos. Los científicos han descubierto una menor actividad en el hipocampo cuando seguimos instrucciones para llegar al destino en comparación con cuando averiguamos nuestra propia ruta, y una mayor actividad cuando utilizamos estrategias que nos permiten formar mapas cognitivos de nuestro entorno. Aunque no está claro si el uso del GPS influirá en la disminución de nuestras capacidades de memoria, existen pruebas de que utilizar nuestros propios recursos mentales para navegar aumenta la materia gris en el hipocampo (recuerda a los taxistas londinenses). Así que, ¿por qué no utilizar nuestros mapas mentales y dejar el GPS como último recurso?

Claves para enfocar tu mente

Solo podemos recordar aquello a lo que prestamos atención. Las distracciones impiden que la información entre en nuestro sistema de memoria. Repasemos los puntos clave sobre la importancia de la memoria en la atención:

- **El proceso de la memoria.** Los recuerdos se forman a través de una serie de etapas: atención, codificación, almacenamiento y recuperación.
- **Concentración y memoria.** Nuestra capacidad de concentración es crucial para formar recuerdos sólidos.
- **Beneficios de la memorización:**
  - Reduce la carga cognitiva, liberando recursos mentales.
  - Aumenta la velocidad de procesamiento para una recuperación más rápida de la información.

- Aumenta la confianza en las capacidades cognitivas.
- Mejora el aprendizaje basándose en los conocimientos existentes.

- **Técnicas de memorización:**
  - **Crea una intención.** Establece la intención de recordar algo para centrar tu atención.
  - **Minimiza las distracciones.** Elimina las distracciones para mejorar la codificación.
  - **Mnemotecnia.** Utiliza acrónimos o frases que te ayuden a recordar.
  - **Fragmentar.** Desglosa grandes piezas de información en trozos más pequeños y manejables (por ejemplo, números de teléfono).
  - **Escríbelo.** Escribir la información a mano mejora la recuperación de la memoria en comparación con escribirla a máquina.
  - **Espaciar.** Distribuye tu aprendizaje en varias sesiones para una mejor retención.
  - **Memoria espacial.** Utiliza el método *loci* (palacio de la memoria) para relacionar la información con lugares conocidos.
  - **Piensa antes de utilizar el GPS.** Confiar en los mapas mentales puede mejorar la función de la memoria en comparación con utilizar el GPS todo el tiempo.

TERCERA PARTE

Arraigados en el presente

En esta parte del libro dirigimos la mirada hacia nuestro interior; vamos a desarrollar herramientas internas para fortalecer y consolidar nuestra práctica del enfoque. Adoptaremos las siguientes, cada una de ellas, en cierto modo, un arte:

- Presencia
- Proceso
- Práctica
- Autorregulación
- Quietud

Exploraremos cómo anclarnos en el momento presente, reducir la divagación mental y cultivar el mindfulness (atención plena) mejoran nuestra capacidad de concentración. A continuación, evaluaremos el proceso —los pequeños pasos intencionados que damos cada día— y aprenderemos a enriquecer nuestra experiencia y aumentar las posibilidades de alcanzar nuestras metas si nos implicamos en lo que hacemos. Esto no significa abandonar nuestras aspiraciones sino, más bien, encontrar la armonía entre nuestros sueños y nuestra realidad diaria. A continuación, pasaremos a dominar la regulación emocional, que nos capacitará para responder de forma reflexiva en lugar de reactiva, creando espacio para la claridad. Por último, descubriremos el poder transformador de la quietud, encontrando la paz en medio del caos de la vida y cultivando la profunda sensación de calma interior necesaria para afinar nuestra concentración.

CAPÍTULO ONCE

Presencia

Según los científicos, pasamos el 46,9 por ciento de nuestras horas despiertos pensando en algo distinto a lo que estamos haciendo. Y eso no suele hacernos felices. Eso supone que casi la mitad del tiempo no estamos centrados en el momento presente: ni en la tarea que tenemos entre manos, ni en las personas con las que estamos. No es de extrañar que nos sintamos tan distraídos. Muy a menudo funcionamos con el piloto automático, cumpliendo con las rutinas de nuestra vida mientras nuestra mente está lejos. Esta persistente sensación de «estar sin estar» nos pasa factura. Hacemos malabarismos con nuestros mundos digital y físico, saltando de un rol a otro sin llegar a habitar por completo ninguno de ellos.

¿Cuántas veces has tenido una llamada telefónica en la que la otra persona te hace una pregunta y te das cuenta de que no tienes ni idea de lo que te ha estado hablando? ¿O has tenido que rebobinar un programa de televisión o un pódcast porque has perdido el hilo de la trama, ya que tus pensamientos te han llevado por otro camino? A menudo pasamos tiempo con otras personas y estamos ausentes mentalmente, lo que termina pasándonos factura. Cuando nuestro cuerpo habita físicamente un espacio, pero nuestra mente está en otra parte, con pensamientos infelices, podemos experimentar ansiedad y agotamiento y sentirnos abrumados, con graves ramificaciones en nuestra vida laboral y doméstica. Esta sobrecarga cognitiva y emocional agota nuestra energía y exige un esfuerzo excesivo a nuestro cerebro en detrimento de nuestro bienestar físico y emocional. En este capítulo analizaremos la importancia de la *presencia*, cómo puede ayudarnos a concentrarnos y cómo cultivarla en nuestras vidas.

La presencia es una forma de vivir en el momento presente, de estar atento al aquí y ahora, absorto, sin que los pensamientos nos arrastren al pasado o al futuro. Es un estado de ánimo, casi espiritual, una atención al presente, una forma de estar disponibles para nosotros y para los demás. Cuando estamos presentes, prestamos atención a lo que ocurre en nuestras vidas a medida que se desarrolla ante nosotros. Puede ser el sabor y la textura del bocadillo que estamos comiendo, el perfume de la persona que está a nuestro lado en el tren o el sonido de las risas de los niños mientras corren por el patio de un colegio. Nos sentimos arraigados, donde se supone que debemos estar. Cuando no cultivamos intencionadamente la presencia, nuestra mente se dispersa. Pensamos en cualquier cosa, excepto en el momento presente. Cuando pensamos en estar presentes, somos capaces de alinear nuestra atención con el mundo que nos rodea.

Cuando estamos presentes, prestamos atención a lo que ocurre en nuestras vidas a medida que se desarrolla ante nosotros.

No es fácil practicar la presencia en un mundo lleno de distracciones. Con el tiempo, nuestra constante atención a las interrupciones ha entrenado a nuestro cerebro a perder la concentración y ha afectado a nuestra capacidad de prestar atención. A través del poder de la neuroplasticidad, con cada distracción que nos ha apartado del camino hemos reconfigurado nuestros circuitos neuronales para responder de inmediato a los estímulos externos, hasta que la distracción constante se ha convertido en nuestro estado por defecto. La buena noticia es que prestar atención al momento presente es una dinámica circular: necesitamos estar centrados para lograrlo, y mediante la práctica de la presencia podemos entrenar aún más nuestro músculo de la concentración.

Una de mis amigas me contó hace poco que iba a darse una ducha cuando se dio cuenta de que su pelo ya estaba mojado. Había seguido su rutina matutina habitual sin prestar atención a nada. «¡Estaba completamente vestida y no tenía ni idea de que no había estado mentalmente presente en ese momento! —me dijo—. Y, lo peor: estaba muy estresada. Era una mañana preciosa, apenas las 8 de la mañana, y ya era presa de la ansiedad. Había estado pensando en un problema de pareja todo ese tiempo». Su cuerpo la había llevado durante toda la mañana mientras su mente seguía ensimismada en sus pensamientos, rumiando pensamientos negativos. Vivir con presencia es muy diferente: es una forma de vivir alerta y consciente, en la que nuestro cerebro está plenamente comprometido con el mundo que nos rodea. Para mi amiga, eso podría haber significado respirar el aroma a lavanda de su champú o sentir el agua caliente sobre su piel. Si notaba que su mente se alejaba, podría haberla redirigido con suavidad. Probablemente se habría sentido más conectada con su cuerpo y mucho menos estresada. Y si hubiera querido reflexionar sobre su problema de pareja, podría haberlo hecho de forma deliberada en lugar de dejarse llevar por los agitados pensamientos negativos.

La presencia es un componente clave de la atención plena, un estado mental que permite a las personas prestar atención a pensamientos, emociones o sensaciones a medida que surgen en el momento, sin juzgarlos ni dejarse arrastrar por ellos. Esta atención al presente sin enredarse en preocupaciones ni análisis excesivos ayuda al cerebro a centrarse y estar en calma. Un estudio en el que se enseñaron técnicas de mindfulness a niños, como parte de un programa más amplio de aprendizaje social y emocional, descubrió que su atención mejoraba y que estos niños obtenían mejores resultados que el grupo de control en tareas que requerían memoria de trabajo, flexibilidad cognitiva y la habilidad para mantener la atención pese a distracciones e impulsos. Las prácticas básicas de mindfulness que realizaron los niños, durante tres minutos tres veces al día, incluían prestar atención a su respiración y escuchar atentamente un sonido. Al parecer, el hecho de utilizar su atención de forma consciente y dirigida la fortalecía, y también les ayudaba en otras áreas de su vida.

Cuando nuestra mente se aleja del presente, somos propensos a preocuparnos, y a menudo pasamos el tiempo rememorando conversaciones o situaciones desagradables o estresándonos por la incertidumbre del futuro. Sin embargo, cuando volvemos a centrar nuestra mente en la tarea que tenemos entre manos, podemos volver a conectar con el mundo que nos rodea, y dejamos atrás las preocupaciones. En un estudio, los psicólogos utilizaron la tecnología de los teléfonos inteligentes para rastrear los pensamientos y sentimientos de las personas en el transcurso de sus vidas, recopilando 250.000 registros en el proceso. Sus resultados mostraron que nuestras mentes tienden a alejarse de nuestro entorno inmediato alrededor del 50 por ciento del tiempo, y cuando lo hacen solemos sentirnos más infelices. Concluyeron que «una mente humana es una mente errante, y una mente errante es una mente infeliz. La capacidad de pensar en lo que no está ocurriendo es un logro cognitivo que pasa factura a nivel emocional».

«Una mente humana es una mente errante,
y una mente errante es una mente infeliz».

La capacidad de permanecer en el momento presente, y entrenarnos para volver a él, ayuda a disminuir significativamente estos sentimientos negativos y a reducir nuestros niveles de estrés. A veces nuestra mente divaga por su propia voluntad, mientras que en otras ocasiones nos distrae algo externo. A menudo, podemos estar atrapados en el momento presente, pero una notificación del teléfono desvía nuestra atención y, casi antes de que nos demos cuenta, nos vemos arrastrados a una situación exigente en otro lugar. Por desgracia, aunque la situación se esté desarrollando lejos de nosotros físicamente, las emociones que sentimos nos están afectando en el aquí y ahora.

Cuando uno de mis clientes, al que llamaré Michael, se encontraba en medio de un divorcio conflictivo, se dio cuenta de que su día a día se veía grave y negativamente afectado por los correos electrónicos que recibía de su mujer o de su equipo legal. Podía estar en el trabajo o con uno de sus hijos cuando le llegaba uno de esos mensajes punzantes, que a menudo le asestaban un golpe emocional que lo dejaba tambaleando. Se esforzaba por funcionar en el mundo físico en el que habitaba, y la ira que sentía hacia su mujer acababa descargándola sobre quienes tenía cerca. A veces miraba el teléfono para distraerse de los pensamientos negativos que corrían por su mente, y aunque esto le ayudaba un poco, minaba aún más su capacidad para centrarse en el momento presente. Era consciente de que no conseguía mantener la atención y que a menudo no estaba mentalmente presente en absoluto.

Con el tiempo, Michael aprendió a reservar un tiempo cada día para abrir los correos electrónicos personales en casa, asimilar y procesar su contenido en privado y justo después dedicarse a una actividad, planificada con antelación, que le mantuviera concentrado en el momento. Algunos días tomaba una clase de yoga online, mientras que otros veía sus comedias favoritas con sus hijos. Mantuvo sus pensamientos en el presente de forma deliberada. Los correos electrónicos hirientes le afectaban cuando los leía, pero no permitía que tuvieran poder emocional sobre él en otros momentos del día. Fue capaz de aprovechar su atención y entrenarla en cosas que le producían alegría.

PRESENCIA EN LAS RELACIONES

La pandemia de COVID-19 intensificó una peculiar convivencia forzosa. Confinadas en sus hogares, las familias se encontraron en la proximidad física continua de los demás. Sin embargo, en muchos casos surgió una extraña paradoja: estábamos físicamente cerca, pero emocionalmente distantes. Nuestros dispositivos se convirtieron en portales a mundos separados, ofreciendo una especie de escape de la constante proximidad física. Las noches de juegos en familia, antaño una apreciada tradición, se convirtieron en una lucha por la atención.

Las actividades compartidas se transformaron en experiencias solitarias con pantallas individuales, sustituyendo las conversaciones por el brillo de las pantallas.

Este fenómeno no nació de la pandemia: los encierros solo amplificaron una tendencia ya existente. Incluso antes de que nos obligaran a estar en casa, la presión de estar «siempre conectados» y la facilidad de la conexión digital habían empezado a erosionar la calidad de nuestra presencia en las interacciones en persona. Nos encontrábamos mirando los teléfonos, casi sin descanso, haciendo varias cosas a la vez durante las conversaciones, interrumpidas por las notificaciones y luchando por estar plenamente presentes en cualquier momento.

Como muchos otros, noté este cambio en mí misma. Los actos sencillos de conexión con mi familia, como charlar con mi marido o leer cuentos antes de dormir, se convirtieron en un reto. Los correos electrónicos urgentes y las distracciones digitales me distraían sin parar, dejándome fragmentada e incapaz de estar realmente presente. Esto no era un signo de dejadez, sino una consecuencia natural de vivir en un mundo que reclama nuestra atención sin descanso en multitud de direcciones diferentes.

He hablado de este fenómeno con muchos amigos, familiares y clientes, y se han hecho eco de esta sensación de estar en parte aquí y en parte en un millón de otros lugares. La mayoría de nosotros pensamos que no tenemos el tiempo o el lujo de estar plenamente presentes, ni para nosotros mismos ni para nuestros seres queridos. Hemos perdido la capacidad de mantener la atención en una sola dirección a la vez. El estado constante de atención parcial nos deja una sensación de insatisfacción y, como resultado, vivimos en un estado de estrés constante, lo que puede manifestarse físicamente de diversas maneras: hipertensión, problemas digestivos, dolores de cabeza e incluso un sistema inmunitario debilitado.

Otra clienta mía, madre soltera y empresaria, luchaba por hacerlo todo, intentando estar presente y comprometida con sus hijos al tiempo que dirigía una gran empresa. Pero cuando empezamos a evaluar sus prioridades, quedó claro que su deseo de estar presente y disponible para sus hijos, sus clientes y sus empleados a todas horas no era factible.

Ni tampoco era lo que esperaba. Descubrió que pasar tiempo concentrada y sin interrupciones con sus hijos —incluso durante breves periodos de tiempo— era mucho más satisfactorio que periodos de tiempo más largos salpicados de distracciones. Pasar un tiempo relativamente corto y sin interrupciones dos veces al día con cada niño bastaba para cargar las pilas y era mucho mejor para ellos —y para ella— que las largas horas llenas de interrupciones que les ofrecía antes. Por fin podía dedicar toda su atención a su trabajo sabiendo que también era capaz de pasar un tiempo realmente significativo con cada niño. El tiempo que pasaban juntos, los dos solos, con su atención en sintonía, era valioso, al margen de lo que estuvieran haciendo. Fue capaz de revolucionar por completo la capacidad de atención y energía.

Esta lección también fue una llamada de atención para mí. Me di cuenta de que es más importante prestar a alguien toda la atención durante un breve espacio de tiempo que la atención distraída durante más tiempo. A nadie le gusta sentir que no es digno de su atención. Y al estar plenamente presentes para otras personas y darles espacio para expresarse, somos capaces de recibir su atención centrada y también asimilarla. Es un proceso recíproco. Así que, si te sientes desconectado de un amigo o de tu pareja, esta puede ser parte de la razón.

CÓMO TRAER LA PRESENCIA A NUESTRAS VIDAS

Como con muchos de los otros elementos de este libro, la parte más importante de cultivar la presencia en nuestras vidas es comprometerse a hacerlo intencionadamente. Puede que al principio no resulte fácil, y puede que no veamos los beneficios durante un tiempo, pero tenemos que abrirnos a intentarlo y confiar en el proceso.

Ponte un recordatorio

Programa una alarma o un recordatorio unas cuantas veces a lo largo del día y, cuando te avise, comprueba cómo estás. Durante treinta segundos o un minuto, lleva tu atención al momento presente. Si tu mente estaba en otra parte, guíala de vuelta al aquí y ahora. Pregúntate cómo te sientes, física y mentalmente. ¿Qué estás haciendo? ¿En qué estabas pensando cuando sonó la alarma? Conecta con tu cuerpo frotándote las palmas de las manos, diciendo algo como «Estoy aquí, estoy ahora». Antes de reincorporarte a tu día, recuérdate mantenerte presente todo lo que puedas.

Practica la escucha activa

Cuando estés con alguien, dirige tu atención a sus palabras, escuchando de verdad lo que dice. Muy a menudo desconectamos de la gente sin darnos cuenta, o dirigimos nuestra atención a lo que podríamos decir en respuesta, perdiéndonos gran parte de lo que nos están diciendo. Al principio puede resultar incómodo, ya que permanecer en el momento supone un esfuerzo. Pero estarás desarrollando el músculo de la atención, lo que lo hará más fácil con el tiempo. Profundizaremos en el arte de la escucha activa en el capítulo 16.

Reevalúa lo que es importante

Nos han enseñado que «hacer y conseguir» es la máxima prioridad en nuestras vidas, pero estar presentes puede ayudarnos a replantearnos las cosas. Sentarse y conectar con el momento, sintonizar con nuestra respiración, escuchar los sonidos que nos rodean o incluso ver caer una hoja puede ralentizarnos y calmarnos. Nos ayuda a desviar nuestra atención hacia nuestro propio bienestar mental.

Descuidos selectivos

En un día cualquiera, tenemos demasiada información que absorber y demasiadas cosas en las que centrarnos, lo que nos deja dispersos, distraídos y quemados. Sabemos que no podemos atender a todo y, sin embargo, lo intentamos. Si aprendemos a descartar ciertas cosas, podemos mantener nuestra atención donde importa, en el aquí y el ahora. Si pudieras, ¿qué eliminarías de tu día, aunque solo fuera durante unos minutos, para crear espacio en el presente? Puedes optar por liberar tiempo y atención haciendo una pausa en las noticias o en las redes sociales. O apagando el teléfono durante un par de horas al día. Cuando comiences una tarea como preparar la cena o doblar la ropa, intenta mantener la atención en lo que estás haciendo y a «descuidar» todo lo demás, otros pensamientos incluidos.

Sesiones programadas para tus preocupaciones

A menudo, cuando nuestra mente se ha desviado de nuestra tarea actual, nos sentimos ansiosos por algo. Aunque guiar la mente de vuelta a lo que estabas haciendo es útil para la concentración y los niveles de estrés, no aborda lo que está causando la preocupación. Ya vimos los beneficios de programar sesiones de preocupación en el capítulo sobre el sueño y, al igual que tener tiempo cada día para sentarte con tus preocupaciones y pensar en ellas puede beneficiar tu sueño, también puede facilitar el dejarlas ir en el momento presente.

Aléjate de los dispositivos

Establece momentos del día para permanecer desconectado de los dispositivos, sobre todo cuando estés rodeado de otras personas, como a la hora de comer. Cuando te reúnas con amigos, comprométete a guardar el teléfono para poder estar presente. Toma conciencia de que cada vez que miras el teléfono, te alejas al instante del momento presente: empieza a resistirte al impulso habitual de recurrir al teléfono cada vez que tengas un momento de inactividad.

Meditación

He mencionado el poder de la meditación para aumentar la concentración y disminuir el estrés en otros capítulos, pero sería un descuido no incluirlo aquí. En muchos sentidos, la meditación es el proceso de devolver la mente al momento presente, a menudo en forma de concentración en la respiración, una y otra vez. Puedes repasar este tema echando un vistazo a las secciones sobre meditación de los capítulos 7 y 9.

Incorpora algunas prácticas de mindfulness

Estos métodos pueden guiarte para mantenerte en el momento presente centrando tu atención en el entorno inmediato:

- **Alimentación consciente.** Presta atención a tu comida mientras comes. Observa el color, la textura, el sabor y el olor mientras masticas despacio, disfrutando de la experiencia. Come sin mirar el teléfono ni otras pantallas. Haz de la comida la actividad principal.

- **Sintoniza con el mundo.** Sintoniza tu atención con lo que ocurre a tu alrededor. En una cafetería, percibe los sonidos y aromas, o mira cómo el camarero prepara el café: observa los pasos que sigue para preparar la bebida. Escucha el canto de los pájaros en el parque, respira el olor de la lluvia, siente la suave lana de tu jersey favorito.
- **Los cinco sentidos.** Este ejercicio se basa en la sugerencia anterior, pero de una forma más intencionada. Te invita a que prestes atención, con cada uno de los cinco sentidos, a lo que estés experimentando. Fíjate en cinco cosas que puedas ver, cuatro que puedas tocar, tres que puedas oír, dos que puedas oler y una que puedas saborear. Intenta ir despacio, encontrando cosas que no son obvias, que sueles filtrar mientras te mueves por el mundo con el piloto automático.

Claves para enfocar tu mente

Pasamos casi la mitad de nuestras horas de vigilia pensando en cosas distintas de lo que estamos haciendo, lo que nos conduce a la infelicidad y a la falta de concentración. Este capítulo ha explorado la «presencia», un estado de plena atención al momento actual sin distracciones del pasado o el futuro.

Beneficios de la presencia

- Enfoque mejorado
- Reducción del estrés y la ansiedad
- Mayor bienestar emocional
- Conexiones más profundas con los demás

Cómo cultivar la presencia

- **Establece recordatorios.** Tómate breves descansos a lo largo del día para controlarte y devolver tu atención al momento presente.
- **Practica la escucha activa.** Concéntrate en lo que dicen los demás, asimilando realmente sus palabras.
- **Reevalúa lo que es importante.** Ve más despacio y aprecia el momento presente sentándote en silencio y centrándote en tu respiración o en el entorno.
- **Descuidos selectivos.** Minimiza las distracciones ignorando intencionadamente la información sin importancia.
- **Fija sesiones de preocupación.** Programa momentos dedicados a abordar las ansiedades, de modo que puedas dejarlas pasar durante otros momentos.
- **Desconéctate de los dispositivos.** Designa momentos libres de dispositivos, en particular cuando estés con otras personas.
- **Meditación.** Practica la meditación para entrenar tu mente a centrarse en el momento presente.
- **Prácticas de mindfulness.** Participa en actividades que lleven tu atención al entorno inmediato, como comer atentamente o centrarte en tus sentidos.

CAPÍTULO DOCE

Proceso

Hubo un tiempo en el que no podía cocinar algo desde cero sin hacerle fotos a cada paso. Mi comunidad quería ver mis «entre bastidores», y yo me dedicaba a satisfacer sus peticiones. Documenté el trabajo de preparación. La foto de la bandeja recién salida del horno. La puesta de la mesa. Pensaba como una *influencer,* centrándome en cómo aumentar la participación en las redes sociales, en cómo encuadrar la foto y qué poner de texto. Cuando se publicaban las fotos, estaba ansiosa por ver las reacciones, pensando ya en lo que documentaría a continuación y en cómo respondería la gente. Me llevaba muchísimo tiempo preparar algo para cenar y me di cuenta de que mi mente estaba constantemente alejada de lo que hacía en tiempo real. Era agotador y me distraía. Algo tan sencillo y necesario como preparar la comida se había convertido en algo complejo, que consumía mucho tiempo y era emocionalmente agotador. La crianza de mis hijos, los viajes, las salidas a restaurantes —todo lo que hacía— se había convertido en oportunidades para aumentar mis seguidores en las redes sociales, y todo se volvió mucho menos agradable.

Con el tiempo, reduje lo que publicaba sobre mi vida personal en las redes sociales sin dejar de mantener mi comunidad, y me centré sobre todo en contenidos específicos sobre salud mental. Tuve que entrenarme para disfrutar del proceso o de la aventura tal como era, en lugar de pensar en cómo sería recibido lo que compartía o en el número de «me gusta» que podría conseguir. Así pude mantener mi atención en el aquí y el ahora, en lugar de invertir tiempo y esfuerzo mental innecesarios en un resultado que no podía controlar.

Todos hemos sido entrenados para centrarnos en los resultados y no en el camino que nos lleva hasta ellos. Celebramos a los ganadores y a los poseedores de récords mundiales, a los novelistas superventas y a los tecnólogos cuyas startups triunfan, pero rara vez prestamos atención a los que se esfuerzan y a los que también fracasan. Cuando soñamos con el futuro, lo vemos como un destino en el que cosecharemos nuestras merecidas recompensas de felicidad y éxito, sin pensar en cómo haremos nuestro camino hasta allí. Nuestros objetivos, al igual que nuestros propósitos de Año Nuevo, están impulsados por los resultados —queremos ser una persona influyente o hacer más ejercicio, ser una mejor pareja o un padre más presente—, pero olvidamos que tenemos que comprometernos en el día a día de la vida, recorrer el camino que nos lleva hasta allí. No es que tener objetivos o planes sea algo malo —en realidad, hemos explorado la importancia de tener visiones para nuestras vidas—, pero cuando vivimos para ese futuro en detrimento de experimentar los pasos a lo largo del camino, necesitamos recalibrar un poco. Necesitamos recordarnos a nosotros mismos que debemos comprobar el suelo bajo nuestros pies.

En este capítulo, analizo cómo centrarnos en el proceso puede beneficiar nuestra salud mental y reforzar nuestra concentración a medida que construimos nuestra práctica. Puede que tengamos el objetivo de convertirnos en personas centradas o de recuperar nuestras vidas de la distracción, pero eso no es algo que pueda conseguirse de la noche a la mañana. Por eso este libro gira en torno al proceso, llevándote por el camino hacia el enfoque paso a paso mientras te permite ver la importancia inherente de cada elemento. La idea es que tu atención regrese al trabajo que tienes delante, confiando en que el proceso te llevará a algo más grande. Espero que esta pieza del rompecabezas te resulte útil.

Este libro gira en torno al proceso, llevándote por el camino hacia el enfoque paso a paso mientras te permite ver la importancia inherente de cada elemento.

En el capítulo anterior exploramos la idea de la presencia, de atender al aquí y ahora, y esa perspectiva te resultará muy útil cuando empieces a celebrar el proceso. Serás capaz de apreciar el valor verdadero de una tarea o situación ante la que te encuentres en lugar de tener los ojos puestos en dónde te llevará en el futuro. La capacidad de estar presente es una parte clave del proceso.

En primer lugar, es útil comprender lo que entendemos por *proceso*. Una definición de diccionario lo expresa de esta manera «Serie de acciones que se llevan a cabo para conseguir un resultado». Incluso leyendo esa definición, es fácil pensar que el proceso solo importa porque nos lleva a un resultado. Pero yo quiero pensar en el «proceso» en sí mismo, no por el resultado al que nos lleve. El proceso tiene lugar en los pequeños y grandes momentos de nuestras vidas. Cuando caemos en la tentación de dirigir nuestra atención solo hacia el futuro, hacia el momento en que creemos que las cosas sucederán por fin, perdemos el poder de crear el cambio aquí y ahora. Debemos centrarnos por completo en lo que tenemos delante para dar forma a nuestras vidas.

El proceso tiene lugar en los pequeños y grandes momentos de nuestras vidas.

Cuando atendemos a lo que estamos haciendo en el momento, en lugar de pensar en un resultado incierto del futuro, tenemos una sensación de control en nuestras vidas: no podemos influir en el futuro, pero tenemos dominio sobre nuestras acciones en el momento presente. Y eso es clave para nuestro bienestar mental. Nuestros cerebros buscan certeza, y cuando esta está presente se relajan y liberan un cóctel de sustancias químicas que nos hacen sentir bien. Cuando nos sentimos tranquilos, nuestro córtex prefrontal actúa como un centro de control que mantiene a raya nuestras emociones e impulsos más bajos y nos permite operar utilizando habilidades de pensamiento de más alto nivel. Los resultados, por mucho que los deseemos, rara vez están bajo nuestro control, y la incertidumbre correspondiente desencadena nuestra respuesta de estrés, moviendo nuestro cerebro al modo de lucha o huida.

Investigaciones recientes demuestran que el estrés agudo debilita la influencia del córtex prefrontal a la vez que potencia el rendimiento de partes más antiguas del cerebro, lo que significa que cuando estamos abrumados por el estrés, empezamos a pensar con menos claridad. Nuestras habilidades cognitivas de más alto nivel son relegadas por las emociones y los impulsos, lo que hace que nos cerremos o nos desviemos del camino. Es como si ya no estuviéramos al mando. Si podemos eliminar o, siendo más realistas, reducir los niveles de estrés en nuestras vidas, nuestros cerebros y cuerpos pueden dejar de lado la forma de funcionar de lucha o huida y relajarse. Una forma de hacerlo es centrarse de manera consciente en el proceso, sintonizar con nuestro entorno y entrenar nuestra atención en nuestras vidas a medida que suceden.

Cuando me centré en hacer la comida en lugar de centrarme en hacerle fotos y preguntarme cómo serían recibidas, descubrí que mis niveles de estrés descendían mucho mientras aumentaba mi aprecio por lo que cocinaba. Pude ir más despacio y disfrutar de los pasos de la preparación y la cocción; contemplaba los variados colores de las frutas y verduras y respiraba el aroma de las especias y las hierbas. Me centré en los ingredientes, ya no hacía malabarismos con múltiples tareas ni cambiaba mi atención de un lado a otro con los niveles de estrés en aumento. Fue revelador recuperar el proceso de cocinar y disfrutarlo por lo que es. De repente me sentí capaz de volver a hacerlo, no era una tarea estresante más en mi día.

Esta revelación me hizo querer enfocarme en otras áreas de mi vida que me resultaban abrumadoras, momentos en los que me centraba en el futuro y me perdía el presente. Sabía que eso también me pasaba con mi trabajo: a menudo pensaba en lo que podría conseguir dentro de unos años en lugar de sumergirme en mi práctica diaria. Centrarme en el proceso me ayuda a permanecer en el momento, en sintonía con mis clientes y mis propias necesidades, consciente de lo que funciona bien, de las áreas en las que puedo mejorar y de cómo puedo crecer.

PRÁCTICA DIARIA

Como sabemos, nuestra realidad se compone de aquello en lo que decidimos prestar atención. A medida que aprendemos a comprometernos con el proceso, puede ser útil tener esto en cuenta. El hecho de permitir que nos dediquemos a las tareas y los momentos cotidianos que conforman nuestra vida puede facilitar la relajación y nos ayuda a concentrarnos, pero no hay que ocultar que no siempre es agradable o fácil. El ajetreo diario de escribir, correr o quitar las malas hierbas puede no parecer tan emocionante como publicar un libro, participar en un maratón o disfrutar de un jardín en flor. Pero solo atendiendo a lo primero, puede lo segundo convertirse en una posibilidad. Solo prestando atención a los engranajes de la rueda puede avanzar toda nuestra empresa.

Puede resultar difícil sentarse en un escritorio y escribir una página al día, pero cuanto más asociemos una tarea —sobre todo un nuevo hábito— a sentimientos positivos, más probabilidades tendremos de convertirla en una práctica diaria. Intenta permanecer en el momento y reflexionar sobre los aspectos positivos del trabajo que estás haciendo aquí y ahora. Puede que escribir te resulte relajante, o quizá, cuando hayas terminado por hoy, sientas una sensación de alivio. Despejar tu casa puede darte energía al ver que todo está más ordenado, o puedes notar que caminar a paso ligero después de cenar te despeja la mente. Disfruta de estas emociones positivas. Ayudarán a tu cerebro a asociar la actividad con el placer y a convertirla en un hábito, uno que se vuelva automático con el tiempo. Puedes incluso escribir tus afirmaciones cada día, y luego leértelas a ti mismo al cabo de unas semanas para que tu cerebro pueda ver los «datos». Con el tiempo, aprenderás a amar y valorar el proceso por ti mismo y disfrutarás de tu inmersión diaria. Veamos algunas estrategias que puedes utilizar para enfatizar el proceso.

Atender al momento

Puede resultar difícil vivir en el proceso después de tanto tiempo de vivir con nuestra atención puesta en los resultados. Puede que te encuentres volviendo a viejos y familiares patrones de pensamiento orientado al futuro, en especial al principio. Si piensas en los resultados mientras realizas una tarea, vuelve al presente. A veces sigo sacando fotos de una receta que he hecho, pero en cuanto noto que mi atención ya no está en lo que estoy haciendo —sino en mis publicaciones de Instagram, por ejemplo— sé que es hora de retroceder y dejar el teléfono. He aprendido a reconocer las señales de que me estoy saliendo del proceso: empiezo a sentirme distraída, arrastrada en distintas direcciones, y el estrés empieza a filtrarse. A veces me cuesta un momento volver al presente. Descubro que respirar profundamente y centrarme me permiten reajustar mi atención. Ya encontrarás lo que a ti te sirve para conseguirlo.

Abrazar la vida en todo su desorden

Mientras navegamos por las redes sociales, puede dar la sensación de que todos los demás están ahí fuera viviendo sus mejores vidas con familias, casas, vacaciones e incluso mascotas perfectas, mientras nosotros estamos enredados en el caos. Esto puede conducir a sentimientos de descontento, objetivos poco realistas y energía y enfoque mal dirigidos. Cuando me siento así, me recuerdo a mí misma que solo vemos los mejores momentos de las vidas de nuestros amigos, mientras que nosotros estamos inmersos en la versión sin editar de la nuestra. Este desorden es justo donde transcurren nuestras vidas. Si podemos dirigir nuestra atención hacia el desarrollo de nuestras propias vidas, y alejarnos del de los demás, podremos sentir menos estrés y más gratitud.

Este desorden es justo donde transcurren nuestras vidas.

Hace poco, comenté lo agotador que era adiestrar a un perro y que no veía la hora de que Charlie saliera de la etapa de cachorro. Mi amiga asintió, conociendo a la perfección las dificultades de adiestrar a los cachorros. «Pero —añadió apenada—, mi perro tiene ahora diez años y daría lo que fuera por recuperar sus años de cachorro». Su comentario me hizo pensar en lo rápido que nos apresuramos a pasar por las partes difíciles de un proceso, con los ojos y la mente centrados en un tramo más fácil en algún lugar del futuro... y, al hacerlo, nos lo perdemos.

Ahora he empezado a ver las travesuras de Charlie de forma diferente, y aunque sigo sin disfrutar limpiando sus desastres, mantengo mi mente en lo que está pasando ahora. Me tomo tiempo para reírme de él cuando se tropieza con sus grandes patas de cachorro al perseguir una hoja, o le miro mientras duerme. Me quedo con el proceso, como hace él. Y ahora también lo hago más con mis hijos: no miro hacia delante ni deseo que las cosas fueran diferentes de lo que son, porque sé que la vida es un proceso y lo disfruto al completo —desorden incluido—. Soy muy consciente de la etapa en la que estoy, y la abrazo en su totalidad, con sus dificultades y su magia. Empiezo a sentirme menos abrumada y más en sintonía con los ritmos cotidianos de la vida. Cuantas más formas encontremos de ayudar a nuestros cerebros a estar en paz, a acallar el ruido constante que nos rodea, mejor para todos nosotros.

Encontrar lo bueno

En medio de la incertidumbre de la vida, apreciar algo de su entorno actual puede servir de apoyo y fomentar el bienestar. Intenta darte tiempo y espacio para centrarte en una pequeña cosa y encontrar algo que te guste de ella. Podría ser la forma en que una amiga te saluda con entusiasmo, su cabeza echada hacia atrás riendo, o la quietud de un parque urbano al caer la tarde. A lo largo del día, pregúntate: «¿Qué tiene de bueno este momento?». Mantener la mente en lo positivo te invita a practicar el disfrute, una habilidad que puede permitirte replantear muchas de las tareas que integran tu existencia cotidiana. Puede mantenernos dispuestos a fijar nuestra atención en la tarea que tenemos entre manos en lugar de buscar distracciones en otra parte.

**A lo largo del día, pregúntate:
«¿Qué tiene de bueno este momento?».**

Habita tu cuerpo

Puede parecer extraño, pero pasamos poco tiempo tomando conciencia del carácter físico de nuestro cuerpo y de cómo nos sentimos, y de lo que eso puede decirnos sobre nosotros mismos. A menudo solo habitamos en nuestra mente y centrarnos en los resultados nos mantiene a años luz de donde estamos de verdad. Puede que te encuentres utilizando la expresión «Estaba a kilómetros de distancia» cuando tu mente se ha desviado o, como les gusta decir a mis hijos, «¡Hola! ¡Aquí Tierra, llamando a mamá!» cuando no estoy prestando atención. En cambio, cuando vivimos el momento, en el proceso, podemos habitar plenamente en nosotros mismos, con nuestra mente y nuestro cuerpo trabajando juntos. Esto puede significar ser conscientes de la forma en que nuestros sentimientos se manifiestan como sensaciones físicas —como una respiración entrecortada, mariposas en el estómago o tensión en los hombros o el pecho como si nos estuviéramos defendiendo del mundo— y emprender acciones que nos ayuden a restablecer el equilibrio. Podemos reconocer que necesitamos tomarnos un descanso y respirar, o podemos reflexionar sobre por qué nos sentimos de determinada manera.

También podemos notar lo que nos hace sentir bien, ya sea música que nos da energía y nos pone a bailar o un baño de burbujas de lavanda que nos relaja y nos calma. En cualquier caso, ser capaces de atender a las señales de nuestro cuerpo nos permite cuidarnos y mantener nuestro bienestar físico y mental.

Abrazar lo incómodo

Estar inmersos en el proceso de nuestras vidas puede resultar reconfortante y liberador, pero también es donde podemos frustrarnos y desanimarnos, donde fracasamos y lo volvemos a intentar. Quemamos lasaña, incumplimos plazos y vadeamos un sótano inundado. Al aprender la forma y la textura de la incomodidad es como empezamos a saber cómo mantener nuestra atención en la tarea y abrirnos camino a través de ella. Si podemos permanecer en el proceso, aunque sea difícil, y no huimos hacia las distracciones que nos llaman desde nuestros teléfonos o desde cualquier otro lugar, podemos hacer crecer nuestros músculos de la concentración.

ACERCAR Y ALEJAR

A medida que mejoramos la capacidad de mantenernos en el proceso, podemos centrar nuestra mente en los detalles al tiempo que reconocemos el panorama general, el resultado; una actividad como parte de la otra, no una al servicio de la otra. Podemos valorar el número de palabras que aprendemos hoy en un nuevo idioma y reconocer que son pasos hacia la fluidez. Podemos ver que una respuesta poco amable a un miembro de la familia no anula nuestro objetivo de paciencia, que es algo que ha ocurrido hoy como parte de un proceso de aprendizaje continuo. Cuando somos capaces de aceptar cada progreso que hacemos, es menos probable que pensemos en términos de éxito y fracaso, y menos probable que abandonemos nuestra práctica diaria. Al dirigir nuestra atención a nuestras actividades cotidianas, vemos que cada uno de nuestros días tiene un valor intrínseco y es una parte de todo el mosaico de nuestras vidas, una parte a la que podemos dar forma.

Claves para enfocar tu mente

Este capítulo se ha adentrado en el arte de abrazar el camino, un concepto a menudo eclipsado por el encanto de los resultados inmediatos. Descubrimos el poder de cambiar nuestra perspectiva y apreciar los momentos «intermedios». Estos son los puntos clave:

- **Obsesión por los resultados.** Nuestra cultura se fija en los resultados, descuidando el valor y el crecimiento que se encuentran en el propio proceso.
- **El poder del proceso.** Atender a los momentos presentes que conforman nuestro viaje fomenta la concentración, reduce el estrés y nos otorga una sensación de control.
- **Saborear los pasos.** Al estar presentes, podemos apreciar las pequeñas victorias y las experiencias únicas que nos ofrece cada paso de un proceso.
- **Dedicación diaria.** Crear hábitos y fortalecer la concentración requiere práctica diaria.
- **Aceptar el desorden.** Los inevitables desafíos de la vida son parte integrante del proceso; aceptarlos permite crecer y aprender.
- **Conciencia mente-cuerpo.** Sintonizar con nuestro cuerpo nos ayuda a comprender nuestras emociones y fomenta el bienestar general.
- **La incomodidad como catalizador.** El aprendizaje y el crecimiento suelen producirse cuando aceptamos la incomodidad inherente al proceso. En lugar de rehuir los retos, podemos verlos como oportunidades para crear resiliencia y desarrollar nuevas habilidades.
- **Encontrar la alegría en el viaje.** Apreciar los placeres sencillos del momento presente mejora nuestra experiencia del proceso, transformando las tareas mundanas en oportunidades para disfrutar.

CAPÍTULO TRECE

Práctica

Darnos a nosotros mismos el don de la concentración, la capacidad de orientar nuestra atención en la dirección que elijamos, requiere tiempo, compromiso y una buena dosis de fuerza de voluntad. Para tener éxito, debemos convertir la mejora de nuestra concentración en una práctica diaria. Para muchos de nosotros, esto resulta difícil. Como sociedad, no solemos llevar bien las etapas intermedias. Queremos todo al instante, que el cambio suceda de inmediato. Anhelamos ser más felices, más sanos, más ricos... pero a menudo no estamos dispuestos a dedicar el trabajo que nos lleva a nuestros objetivos, y muy a menudo nos rendimos en el camino.

En este capítulo, analizaré el papel de la práctica en nuestras vidas distraídas y cómo podemos aprovechar esta herramienta para reafirmar nuestro compromiso de reforzar nuestra concentración y potenciar nuestra salud mental. Para muchos de nosotros, la práctica es lo que hacemos antes del partido o del recital de baile, es el ensayo previo al evento real. Pero, en realidad, es mucho más que eso. La práctica es la repetición de tareas para adquirir o perfeccionar una habilidad, ya sea hornear pan, tocar la batería o arreglar un motor. O complacer a los demás, evitar las llamadas telefónicas o cantar en la ducha. Todo lo que hacemos, las personas que somos hoy, es el resultado de muchos años de práctica. Si lo pensamos bien, estamos practicando algo en cada momento de nuestra vida.

Si lo pensamos bien, estamos practicando algo en cada momento de nuestras vidas.

Tal vez has oído la afirmación de Malcolm Gladwell de que se necesitan 10.000 horas de práctica para convertirse en un experto. Aunque el número de horas de práctica es quizás una métrica simplificada, hay algo de verdad en ello. Mejoramos cuanto más practicamos y, como veremos, eso no siempre es bueno. Cuando repetimos comportamientos, nuestras neuronas se conectan y crean redes fuertes que nos permiten llevar a cabo conductas automáticas de forma eficiente, ya sea comprobar nuestros teléfonos cada vez que oímos un ping o conducir por la misma ruta para ir al trabajo. Como se explica en un artículo de *Scientific American*, «A medida que repetimos un comportamiento, este se asienta en circuitos especiales de hábitos que afectan al cuerpo estriado del cerebro. Los circuitos tratan el hábito como un único "trozo", o unidad, de actividad automática». Los comportamientos que más practicamos se convierten en hábitos, y estos se almacenan como un bloque, agrupados en trozos, listos para activarse cuando les proporcionemos la señal, ya sea oír la llamada de la tecnología o preparar nuestra comida favorita. Tanto si un comportamiento es beneficioso como si no, la práctica lo consolida en lugar de mejorarlo automáticamente. La práctica lo hace permanente. Por lo tanto, es fundamental que los comportamientos que repitamos sean los que queremos tener en nuestras vidas.

Por desgracia, todos nos hemos vuelto expertos en la falta de atención. Muchos de nosotros echamos mano de nuestros teléfonos nada más despertarnos. Este comportamiento diario a lo largo de semanas, meses y años se ha arraigado en nosotros como un hábito. Respondemos a los mensajes de texto en cuanto llegan, dejamos lo que estamos haciendo al sonar un correo electrónico en nuestra bandeja de entrada y realizamos varias tareas a la vez siempre que es posible, todas ellas son respuestas automáticas provocadas por cientos o miles de horas de práctica.

Todos nos hemos vuelto expertos en la falta de atención.

Ahora que has leído los capítulos anteriores de este libro, habrás empezado a dedicar tu atención a recuperar el foco, y es posible que tu energía esté flaqueando. Es difícil volver a entrenar al cerebro, sobre todo en una sociedad que consolida muchos de los hábitos en torno a la atención y la tecnología que hemos acumulado con el tiempo. A veces puede parecer que estamos nadando contra la corriente y que sería mucho más fácil dejar de luchar y dejarnos arrastrar hacia abajo. A veces me he sentido así. Cuando lo hago, me resulta motivador reconocer que en lo que respecta a mis niveles de concentración, soy el resultado de mis decisiones y acciones pasadas. He moldeado la forma en que soy ahora a través de comportamientos tanto conscientes como inconscientes. Esto me recuerda que tengo el control y que mis acciones actuales, incluso las pequeñas, marcarán la diferencia, en particular cuando se hacen con intención.

En este capítulo, me gustaría ayudarte a mejorar tu práctica diaria para que te sientas realizado pero no abrumado por tus objetivos de enfoque. La idea es encontrar tu zona de confort para que practiques lo suficiente como para progresar sin sentirte desbordado. Recuerda que te encuentras en un viaje de descubrimiento e incluso los pasos más pequeños cuentan.

EVALÚA DÓNDE TE ENCUENTRAS

En primer lugar, comprueba cómo te va. Solo entonces podrás averiguar qué te funciona, qué te resulta difícil, qué necesitas practicar más… y cómo practicarlo con mayor eficacia. Tómate un tiempo para sentarte y pensar en tus niveles de concentración actuales y cómo se comparan con los de cuando empezaste a seguir el camino de este libro. ¿Eres consciente de los cambios positivos? ¿Hay áreas en las que te gustaría ver más progresos? Sé sincero contigo mismo al pensar qué elementos de enfoque has incorporado a tu vida diaria y cuáles aún se te escapan. ¿Has sido capaz de priorizar la alimentación o el sueño? ¿Has conseguido incluir algunas actividades físicas en tu semana? ¿Salir a la naturaleza está en tu lista de tareas pendientes? ¿Reducir la multitarea es algo en lo que estás intentando trabajar? Quizás aún no has tenido la oportunidad de probar nada, pero te gustaría hacerlo. Dondequiera que te encuentre en tu viaje, estás bien. Recuerda que lograr la concentración perfecta no es tu objetivo.

En esta fase, no subestimes el valor de ser consciente de ti mismo. Si has empezado a notar cuándo tu atención se desvía o cuándo te distraes más, entonces estás progresando. Con este nuevo autoconocimiento, puedes pasar al siguiente paso y empezar a abordarlo.

NOMBRA TU DOLOR

Para muchos de nosotros, profundizar y abordar nuestros hábitos o resistirnos a la distracción es difícil. Estamos cansados y abrumados y puede parecernos más fácil seguir la corriente que intentar cambiar. Pero si realmente queremos modificar nuestra forma de prestar atención, tenemos que reconocer lo que nos resulta difícil y empezar a abordarlo. Antes de trazar un plan, cada uno de nosotros debe identificar sus propios desafíos. Hazte esta pregunta: ¿qué aspectos de la atención me resultan especialmente difíciles?

En mi caso, me resultó un reto abordar mi hábito de perderme en Instagram por las tardes y leer publicaciones de otras personas del mundo del bienestar. Sabía que no debía hacerlo, pero me resultaba agradable y educativo. Durante mucho tiempo, me convencí a mí misma de que no estaba minando mi concentración. Pero al final, me di cuenta de que aumentaba mi sensación de agobio. Ahora limito mi tiempo a treinta minutos, poniendo un temporizador para recordármelo. Al principio, me resultaba difícil apartarme, pero ahora aprecio el límite. Se ha convertido en una actividad que espero con impaciencia, que tiene un comienzo y un final, y que no me hace sentir culpable.

Una vez que puedas identificar los desafíos a los que te enfrentas, los hábitos que parecen difíciles de romper o las prácticas que parecen imposibles de dominar, puede ser mucho más fácil empezar a encontrar formas de abordarlos. Dedica un tiempo a reconocer qué te cuesta y por qué. ¿Qué te parece más urgente? ¿Cuál es tu problema de enfoque número uno? Sé honesto sobre la forma en que un hábito o tendencia te está afectando. Quizá te quedes despierto más tarde de lo que es bueno o disfrutes de la sensación de estar ocupado. Tal vez te provoque menos ansiedad interactuar online con la gente que verla en persona. Una vez que conozcas tu «qué», podrás empezar a pensar en el porqué y embarcarte en la búsqueda de una solución.

Dedica un tiempo a reconocer qué te cuesta y por qué.

ABRAZA EL PODER DE LA PRÁCTICA

Incorporar a tu vida diaria nuevos hábitos, o deshacerse de los viejos, en torno al enfoque, requiere la disciplina de la práctica a lo largo del tiempo. Aquí exploraremos algunas formas de incorporar la práctica a tu vida para mejorar tu enfoque.

Practica con intención

Cuanto más intencionado seas con tu práctica, mejor será tu enfoque. Tus hábitos actuales en torno al enfoque, y en especial a la tecnología, se han desarrollado a través de la repetición sin sentido. A medida que reajustes tus hábitos, necesitarás ser reflexivo, poniendo intenciones donde corresponda tan a menudo como puedas, para que esta práctica deliberada te reporte recompensas.

Descubrí que poner mi teléfono en el baño cada noche me permitía dar prioridad a mi sueño y empezar el día sin zambullirme de cabeza en los correos electrónicos del trabajo. Fui intencionada con esta práctica y sabía que funcionaría mejor que confiar en mi fuerza de voluntad. Uno de mis clientes tiene una lista de la compra semanal precargada con frutas y ensaladas para saber que tendrá alimentos sanos en su nevera incluso en los momentos más ajetreados, mientras que otra deja sus zapatillas de correr junto a la puerta, estableciendo una señal para sí misma que la impulsa a hacer ejercicio. Cuanto más hagas una práctica deliberada, antes se convertirá en un hábito.

El escritor John Steinbeck escribió un diario mientras trabajaba en su novela *Las uvas de la ira;* en él reflexionaba a menudo sobre su proceso de escritura. Decía: «Al escribir, el hábito parece ser una fuerza mucho más fuerte que la fuerza de voluntad o la inspiración. En consecuencia, debe haber alguna pequeña cualidad de ferocidad hasta que se establece el patrón de hábito de un cierto número de palabras. No existe la posibilidad, al menos en mí, de decir: "Lo haré si tengo ganas"».

Todos necesitamos abrazar esta cualidad de fiereza.

Vuelve a comprometerte

Para adquirir el hábito diario de la práctica, vuelve a comprometerte con tu visión de cómo te sentirás cuando estés menos distraído y seas más intencional con tu atención. Las emociones son poderosos motivadores, tanto si hablamos de estrés y ansiedad como de felicidad y calma. Piensa en por qué escogiste este libro en primer lugar y, con esos sentimientos positivos en mente, comprométete a probar algunas de las técnicas, a dar algunos pequeños pasos para reducir sus sentimientos de burnout.

Todos necesitamos abrazar esta cualidad de fiereza.

HERRAMIENTAS PARA LA PRÁCTICA

Las siguientes estrategias me han resultado útiles para introducir nuevos hábitos y las recomiendo a menudo a amigos, familiares y clientes. Espero que te resulten útiles cuando decidas dar prioridad a la práctica.

Apilamiento de hábitos

S. J. Scott utiliza este término en su libro *Habit Stacking: 97 Small Life Changes That Take Five Minutes or Less,* y James Clear escribió sobre él en *Hábitos atómicos*. Me parece que funciona muy bien para cambiar comportamientos existentes e introducir otros nuevos.

Como las vías neuronales de nuestro cerebro son más fuertes para los comportamientos que ya practicamos, la idea es vincular los nuevos hábitos a los antiguos, de modo que no necesitemos crear una nueva red neuronal para poner en marcha un comportamiento. En su lugar, aprovechamos una que ya existe y solo añadimos un paso extra. ¿Cómo podría ayudarte esto a concentrarte? Podrías introducir la respiración profunda en tu rutina de ducha matutina o practicar el mindfulness cuando paseas al perro. Descubrirás que es mucho más fácil recordar —y llevar a cabo— un nuevo hábito cuando se apila de esta forma. Para que este método funcione bien, prueba estos enfoques:

- Vincula el nuevo comportamiento a algo que hagas cada día, como levantarte de la cama, cepillarte los dientes o prepararte una taza de té, para que se convierta en una práctica diaria.
- Vincula el nuevo hábito al antiguo comportamiento en tu mente y dilo en voz alta. «Cada mañana, antes de meterme en la ducha, dedicaré diez minutos a estirarme». «Con mi café matutino, leeré un capítulo de un libro en lugar de mirar el teléfono».
- Especifica. Planear ir al gimnasio en algún momento después del trabajo es demasiado vago, te deja a merced de los caprichos de la jornada laboral y no es probable que crees un nuevo hábito de ejercicio. Asegúrate de vincular tu nuevo hábito a algo en concreto; por ejemplo, comprométete a ir al gimnasio antes de hacer la compra semanal.
- Celebra los hitos. Proponte probar el nuevo hábito durante una semana y felicítate cuando lo consigas; luego sigue adelante. Pronto se convertirá en algo automático y entonces podrás añadirle otro comportamiento.

Combina las tentaciones

Acuñado por la investigadora Katherine Milkman y sus colegas en un estudio de 2014, la agrupación de tentaciones es una forma de hacer aquellas cosas que sabemos que deberíamos hacer acoplándolas a comportamientos que nos gustan. El estudio emparejó escuchar audiolibros muy entretenidos (una actividad que «queremos hacer») con hacer ejercicio (una actividad que «debemos hacer»), y los participantes solo tenían acceso a los libros cuando se ejercitaban en el gimnasio. El estudio descubrió que las personas hacían mucho más ejercicio para poder escuchar los libros.

Si te resulta difícil aplicar algunas de las técnicas sugeridas en capítulos anteriores, puede que descubras que la combinación de tentaciones te funciona. Podrías combinar la actividad física con escuchar tu pódcast favorito o ver tu programa de televisión favorito, y solo permitirte escucharlo o verlo cuando estés haciendo ejercicio. O podrías darte el gusto de ir a comer a un restaurante que has estado deseando probar, siempre y cuando comas una comida que estimule tu cerebro. Considera las cosas que te gustaría hacer para mejorar tu concentración y piensa en formas de prepararte para el éxito incorporándolas a tu vida junto con comportamientos que disfrutes.

Sustituir comportamientos

A veces, no tratamos de iniciar un nuevo comportamiento, sino de abandonar uno antiguo. Por desgracia, esto puede ser difícil, ya que el hábito está arraigado en nuestro cerebro con firmeza. Muchos de nosotros hemos aprendido el hábito de recurrir a nuestros teléfonos siempre que tenemos un momento libre, o cuando estamos aburridos, y aunque queramos dirigir nuestra atención a otra parte, puede ser difícil ponerle fin. Aunque el primer paso es sorprendernos a nosotros mismos cuando tengamos ese comportamiento, el siguiente —ponerle fin— tiene más probabilidades de éxito si nos ofrecemos una alternativa. Esa es una de las razones por las que a la gente le resulta más fácil dejar de fumar cuando utiliza chicles de nicotina como conducta de sustitución.

Una de mis clientes, una joven artista, empezó a llevarse un pequeño cuaderno de bocetos y lápices a todas partes, y cada vez que metía la mano en el bolso para buscar el teléfono, optaba por sacar el cuaderno en su lugar. Pronto dispuso de toda una nueva serie de dibujos para su carpeta y, lo mejor, dibujar le resultaba relajante y agradable. He comprobado que tener a mano material de lectura entretenido, ya sean libros o revistas, facilita que la gente deje de buscar entretenimiento en sus teléfonos. Muy pronto, están tan ansiosos por saber qué ocurre a continuación en el libro que ni siquiera piensan en los dispositivos.

Empezar poco a poco

Puede que estés intentando hacerlo todo a la vez y eso te esté haciendo sentirte abrumado, que es justo lo que intentamos remediar. Elige un hábito que te atraiga para probarlo durante unos días. Quizá podrías ir andando a la tienda en lugar de ir en coche. O quizá podrías cerrar la puerta del despacho —algo que quizá nunca hayas hecho antes— y trabajar durante cincuenta y dos minutos antes de volver a salir. Puede que descubras que la gente respetará tu necesidad de tiempo ininterrumpido, incluso puede que empiecen a seguir tu ejemplo. Hay muchas prácticas sencillas que puedes poner en práctica a diario, convirtiéndolas en hábitos que te ayuden a mantener la concentración.

La práctica ama la compañía

A veces las cosas resultan más fáciles cuando interviene un amigo, ya sea por la compañía que te ofrece o por la forma en que te hace rendir cuentas. Pregúntale a alguien si le gustaría acompañarte en tu búsqueda de una mayor concentración en tu vida y trabajar juntos con las herramientas, o pídele que te ayude con objetivos específicos. Encontrar un compañero para la actividad física o para salir a la naturaleza puede ser muy motivador. También podrías pedir a quienes se reúnan contigo que se comprometan a dejar sus teléfonos a un lado para poder centrarse el uno en el otro. Es probable que tu entusiasmo por encontrar la concentración sea contagioso y beneficioso también para tu acompañante.

Claves para enfocar tu mente

Este capítulo ha destacado la importancia de la práctica constante para superar las distracciones y crear nuevos hábitos.

Comprende tus límites

- Reconoce cómo los impulsos y las distracciones dificultan la concentración.
- Reconoce los impactos negativos de una mala orientación hacia el bienestar.

Cómo encontrar los desencadenantes de tu enfoque

- Identifica las áreas específicas en las que te cuesta concentrarte (por ejemplo, realizar varias tareas a la vez, trasnochar).

Construir la autorregulación como un hábito

- **Practica con intención.** Sé consciente y deliberado a la hora de incorporar actividades que fomenten la concentración en tu rutina diaria.
- **Apilamiento de hábitos.** Vincula los nuevos hábitos con las rutinas existentes (por ejemplo, meditar después de la ducha).
- **Combina las tentaciones.** Empareja actividades placenteras con tareas de concentración (por ejemplo, escuchar audiolibros mientras haces ejercicio).
- **Sustituye comportamientos.** Encuentra alternativas para los hábitos no deseados (por ejemplo, hacer bocetos en lugar de usar sin sentido el teléfono).
- **Empieza poco a poco.** Introduce uno o dos hábitos nuevos cada vez para no sentirte abrumado.

El poder del apoyo

- Encuentra un compañero de enfoque para rendir cuentas y compartir objetivos.

CAPÍTULO CATORCE

Autorregulación

Para mejorar nuestra concentración, es fundamental comprender el papel que desempeña la autorregulación a medida que resistimos nuestros impulsos y respuestas automáticas, especialmente en relación con la tecnología y la productividad, y reforzamos nuestra capacidad de actuar intencionadamente. Podemos cambiar mucho si nos tomamos en serio el deseo de liberarnos de las distracciones.

La autorregulación abarca un amplio conjunto de habilidades esenciales para supervisar, controlar y gestionar nuestro comportamiento, pensamientos y emociones para que podamos alcanzar objetivos.

La autorregulación conductual se define como «la capacidad de actuar en función de nuestro interés a largo plazo, en consonancia con nuestros valores más profundos», mientras que la autorregulación emocional implica el control sobre nuestras propias emociones e impulsos. Es importante tener en cuenta ambas a la hora de recuperar nuestro enfoque. Si somos capaces de reconocer que nuestra propensión a la distracción se debe principalmente a ceder a los impulsos —ya sea para comprobar un correo electrónico entrante o para mitigar los sentimientos de aburrimiento o ansiedad buscando entretenimiento en internet— podremos ver cómo la capacidad de autorregulación es clave. También es importante reconocer lo difícil que es esto en nuestro mundo moderno, donde las distracciones acechan por doquier, y, por ello, debemos ser indulgentes con nosotros mismos mientras intentamos hacerlo mejor.

En este capítulo, exploraremos estrategias para mejorar la autorregulación y aprovechar su poder para que podamos recuperar el control de algunos de nuestros impulsos. Aunque puede que no lo sepamos, utilizamos la autorregulación varias veces al día mientras llevamos a cabo nuestras vidas. Nos ayuda a dirigir nuestros comportamientos y emociones hacia lo que se considera apropiado en nuestra sociedad. De niños, probablemente aprendimos a bajar la voz en determinados entornos, aunque quisiéramos gritar o cantar a pleno pulmón, y de adultos, controlamos nuestros comportamientos para presentarnos en el trabajo, en reuniones o en citas, aunque preferiríamos estar en otro lugar. Nos comportamos de un modo que nos permite llevar a cabo tareas cotidianas grandes y pequeñas, comprendiendo que nuestro comportamiento afecta a casi todo lo que hacemos. Afecta nuestras relaciones, tanto con nosotros mismos como con los demás, y sostiene nuestros esfuerzos para alcanzar objetivos y sueños, o los bloquea, y aprendemos lo mejor que podemos a encauzar nuestros impulsos de forma positiva.

La autorregulación nos permite callarnos en lugar de responder de manera brusca a nuestras parejas, solicitar plaza en otra universidad a pesar de la decepción que supone el rechazo de nuestra primera opción, ahorrar parte de nuestro sueldo en lugar de comprarnos esos zapatos de diseño que codiciamos y mantener la concentración en la tarea que tenemos entre manos a pesar de las notificaciones de nuestros teléfonos. Pero la autorregulación es un desafío aún mayor cuando enfrentamos trastornos mentales, falta de sueño o TDAH. Implica habilidades de la función ejecutiva que incluyen la atención, la memoria de trabajo (mantener la información en la mente para utilizarla), la flexibilidad cognitiva (ver una situación de más de una manera o responder a información cambiante) y el control inhibitorio (la capacidad de resistir las distracciones y las respuestas automáticas). Se trata de habilidades de pensamiento de alto nivel, y utilizarlas es difícil: es mucho más fácil comprar los zapatos de diseño que resistirse a ellos, o hacer el comentario desagradable que alejarse con calma.

Además, nuestra habilidad para utilizar estas funciones cognitivas de nivel superior se ve socavada por nuestro estilo de vida moderno.

La distracción digital ha aumentado enormemente en los últimos años, y nuestra función ejecutiva central, el control inhibitorio, está más exigida que nunca. Tiene que hacer frente a una avalancha de pitidos, tweets y campanadas como nunca antes. En nuestros intentos por hacer algo, tenemos que atravesar un campo minado de distracciones: se necesita una enorme cantidad de control para anular las tentaciones y mantener la mente centrada en lo que tenemos que hacer. Además, muchos de nosotros vivimos en un estado de ansiedad constante y, como he comentado antes, el estrés agudo desencadena cambios químicos que apagan el pensamiento de alto nivel y ponen al mando las partes más primitivas de nuestro cerebro, dejándonos propensos a las emociones e impulsos más bajos. Nos encontramos en una situación casi imposible, donde se nos pide manejar distracciones constantes y omnipresentes sin la ayuda de las habilidades de pensamiento de nivel superior necesarias para la tarea. ¿Es de extrañar que tantos de nosotros seamos presa de la distracción la mayor parte del tiempo?

Nos encontramos en una situación casi imposible, donde se nos pide manejar distracciones constantes y omnipresentes sin la ayuda de las habilidades de pensamiento de nivel superior necesarias para la tarea.

Para autorregularnos y recuperar nuestra capacidad de concentración, debemos atender al estrés de nuestras vidas que nos hace responder al mundo de forma reactiva, emocional y automática, y debemos potenciar nuestra capacidad de resistir las distracciones aumentando nuestro autocontrol.

GESTIÓN DEL ESTRÉS

Ser conscientes de los efectos nocivos del estrés sobre nuestro bienestar físico, mental y cognitivo es el primer paso para tenerlo bajo control. Todas estas estrategias pueden ser útiles a medida que encontramos formas de reducir nuestros niveles de estrés.

Actividad física o ejercicio

Mover el cuerpo, ya sea caminando por un sendero natural o bailando al ritmo de tu lista de reproducción favorita en la cocina, puede reducir las hormonas del estrés, la adrenalina y el cortisol, a la vez que aumenta las endorfinas, que son las encargadas de levantar el ánimo y son analgésicas.

Técnicas de respiración profunda

Muchos de nosotros no respiramos correctamente en nuestra vida cotidiana. En particular, cuando estamos estresados, realizamos respiraciones superficiales en lugar de profundas y reparadoras. Tómate tiempo de vez en cuando para ser consciente de tu forma de respirar, ralentizándola. Lleva el aire a lo más profundo de sus pulmones a través de la nariz para que el abdomen suba y baje. Si dejas la mano sin presionar sobre el abdomen, sentirás cómo el aire entra y sale al subir y bajar. El pecho debe estar quieto. Inhala lentamente hasta contar cuatro y luego exhale lentamente hasta contar cuatro.

Dormir

Cuando no dormimos lo suficiente, el estrés aumenta, lo que a su vez afecta nuestra capacidad para dormir. Es un ciclo agotador (en sentido estricto), y perjudicial para nuestra salud. Puede que te resulte útil releer el capítulo 3 para revisar los enfoques y estrategias para mejorar tu sueño, ya que un sueño de buena calidad puede marcar una gran diferencia a la hora de reducir los niveles de estrés —y mejorar la concentración—.

Apoyo social

Acude a tus familiares, amigos, colegas, vecinos o cualquier persona que consideres parte de tu red social para que te apoye en los momentos estresantes. Recibir el apoyo de personas en las que confías es beneficioso para la salud física y emocional y te permite afrontar la situación con mayor facilidad. Intenta encontrar oportunidades para relajarte y divertirte con otras personas. Incluso una llamada telefónica o una charla tomando un café pueden ser sorprendentemente edificantes y mantener a raya los pensamientos estresantes durante un tiempo.

Sé proactivo

Puede ser útil identificar las áreas de nuestra vida que generan o agravan el estrés y ver si hay formas de atender a las causas subyacentes. ¿Es posible aliviar tu carga en el trabajo y en casa delegando tareas o eliminándolas por completo de tu lista? Si sabes que vas a enfrentarse a un periodo inevitable de estrés, ¿cómo puedes conseguir apoyo u oportunidades de relajación que te ayuden a superarlo?

Buscar ayuda

Si el estrés permanece constante en tu vida y te afecta negativamente a diario, puede que haya llegado el momento de buscar ayuda de un profesional de la salud mental o un trabajador social. Es posible que te beneficies de alguno de los muchos tipos de terapia disponibles que pueden permitirte gestionar el estrés. Como primer paso, te recomiendo que te pongas en contacto con tu médico de atención primaria para que te dé recomendaciones.

Cuando reducimos nuestros niveles de estrés, nuestros córtex prefrontales son capaces de volver a tomar las riendas y nuestras funciones ejecutivas de alto nivel vuelven a ponerse en marcha. Ser consciente de cómo funciona nuestro cerebro puede darte la capacidad de dar un paso atrás cuando reconozcas que te sientes estresado y que tu pensamiento se ve comprometido.

AUTOCONTROL

A veces, la gente utiliza las palabras «autocontrol» y «autorregulación» indistintamente, pero son bastante diferentes. Según el Dr. Stuart Shanker, autor de *Self-Reg: How to Help Your Child (and You) Break the Stress Cycle and Successfully Engage with Life*: «El autocontrol consiste en inhibir los impulsos fuertes; la autorregulación consiste en reducir la frecuencia y la intensidad de los impulsos fuertes gestionando la carga de estrés y la recuperación. De hecho, la autorregulación es lo que hace que el autocontrol sea posible o, en muchos casos, innecesario». En otras palabras, nuestro autocontrol solo está a nuestro alcance si somos capaces de autorregularnos.

Nuestro autocontrol solo está a nuestro alcance si somos capaces de autorregularnos.

El autocontrol es la capacidad de gestionar los impulsos y deseos, en lugar de ser controlados por ellos. Uno de los estudios psicológicos más famosos, conocido como la prueba del malvavisco y desarrollado por Walter Mischel en la década de 1960, analizaba la correlación entre la capacidad de un niño pequeño para retrasar la gratificación y su posterior rendimiento académico. A los niños se les daba un malvavisco, o alguna otra golosina, y se les decía que si podían aguantarse las ganas de comérselo mientras el investigador salía de la habitación y volvía, podrían comerse dos malvaviscos en lugar de uno. El investigador se marchaba y regresaba entre quince y veinte minutos después. Algunos niños se comieron el malvavisco enseguida, mientras que otros esperaron un rato antes de comérselo, pero algunos esperaron a que volviera el investigador y recibieron la golosina extra. Se descubrió que aquellos preescolares que fueron capaces de resistir la tentación del malvavisco que tenían delante, cuando eran adolescentes, tenían una capacidad cognitiva mucho mejor que los niños que no pudieron resistir el señuelo de la golosina. Obtuvieron puntuaciones más altas en la prueba SAT y fueron más capaces de manejar el estrés y la frustración.

Aunque estudios más recientes han matizado las conclusiones de la prueba del malvavisco, otras investigaciones, que han seguido a individuos durante más de cuarenta años, desde la infancia hasta la mediana edad, han descubierto que los que tenían peor autocontrol en la infancia experimentaban un envejecimiento precoz, un estatus social y una seguridad financiera más bajos y un mayor consumo de drogas y alcohol en la edad adulta. También eran más propensos a acabar en el lado equivocado de la ley. Es evidente que hay algo clave en tener un mejor autocontrol.

La investigadora Angela Duckworth, autora del libro *Grit: El poder de la pasión y la perseverancia*, ha llevado a cabo estudios sobre los rasgos tanto de la determinación como del autocontrol y aporta ideas fascinantes. Según Duckworth, el comportamiento autocontrolado se refiere a las acciones alineadas con objetivos valiosos a largo plazo frente a los impulsos contradictorios de buscar una gratificación inmediata. Estoy segura de que muchos de nosotros podemos reconocer este conflicto en nuestras propias vidas: la lucha por mantenernos en la tarea o avanzar hacia objetivos futuros frente a las distracciones o exigencias de otras personas.

Duckworth y su equipo de investigación han estudiado los procesos que conforman el comportamiento autocontrolado en un esfuerzo por comprenderlo mejor, y sus conclusiones me parecen esclarecedoras en la lucha por aprender a cambiar nuestros comportamientos. Sostienen que hay dos procesos psicológicos distintos implicados en el comportamiento autocontrolado: los procesos *volitivos* que fomentan el autocontrol (como los planes conscientes para alcanzar nuestros objetivos) y los procesos *impulsivos* que trabajan en nuestra contra y socavan nuestro autocontrol, entre los que se incluyen el comportamiento de búsqueda de recompensas o de ansia de dopamina.

Para muchos de nosotros, parece obvio que el camino hacia un mayor autocontrol es trabajar para resistir los impulsos y desalentar aquellas acciones que nos llevan a la gratificación inmediata. Pero igual de importante, señaló Duckworth, es reforzar la acción que deseamos, la que nos lleva a nuestros objetivos. Por ejemplo, si queremos terminar un proyecto de trabajo en lugar de perder el tiempo en internet, tenemos que reforzar nuestro compromiso con el proyecto: tal vez queramos sentirnos orgullosos de nuestro trabajo, hacer un buen trabajo para el cliente, impresionar al jefe, conseguir un aumento de sueldo. Cuando nos apetece entrar en las redes sociales en lugar de ocuparnos de una tarea, es crucial que nos aclaremos lo que significará terminar la tarea. Quizá tengamos más tiempo después para cenar con un amigo, o para hacer voluntariado por una causa en la que creemos. Tenemos que salir de la respuesta automática a la distracción o la tentación y ser reflexivos y ponderados: ¿Cómo puede la gratificación a corto plazo descarrilar nuestros planes a largo plazo?

¿Cómo puede la gratificación a corto plazo descarrilar nuestros planes a largo plazo?

Una de mis pacientes solía cancelar sus sesiones conmigo; me explicaba que estaba demasiado ocupada para verme, ya que estaba atrasada en su trabajo, mientras que al mismo tiempo me decía lo agobiada que se sentía y lo mucho que deseaba que pudiéramos hablar. Después de que esto sucediera varias veces, le respondí preguntándole si podía comprometerse a dar prioridad a nuestra sesión la semana siguiente. Le sugerí que podría encontrar la manera de disminuir lo que se interponía en nuestro tiempo juntas si a veces se recordaba a sí misma lo mucho que deseaba reducir su sensación de estar agobiada. La semana siguiente se presentó, y durante su sesión le dije lo contenta que estaba de que hubiera podido acudir. Parecía un poco avergonzada. «Me di cuenta de que perdía mucho tiempo simplemente navegando por internet —dijo—. Solo unos minutos aquí y allá. Y mis amigos envían muchos mensajes de texto, ya sabes. Pero todo se iba sumando. —Hizo una pausa—. Así que, cuando estaba en el trabajo, puse un gran pósit amarillo en mi teléfono que decía "Dr. Z.". Y cada vez que llegaba una notificación y me sentía tentada, veía tu nombre e ignoraba el mensaje o lo que fuera, y volvía al trabajo. —Sonrió—. ¡Y aquí estoy!».

Había encontrado la manera de resistirse a un impulso indeseable y reforzar uno deseable y, al hacerlo, había permitido que sus procesos volitivos anularan a los impulsivos.

CÓMO APROVECHAR EL AUTOCONTROL

El autocontrol refuerza nuestra capacidad de cambiar nuestra forma de actuar, de elegir cómo comportarnos y responder en lugar de reaccionar de forma automática y habitual. Entonces, ¿cómo podemos fomentar que nuestro autocontrol prospere?

Sé consciente

Piensa en todas las formas en que te perjudica sucumbir a los impulsos y a la gratificación inmediata y en lo que estás perdiendo en el proceso. Tomarte un momento para reflexionar puede impedirte ceder a una respuesta automática.

Refuerza tus objetivos

En lugar de dejarte arrastrar de un lado a otro por las notificaciones y las necesidades de los demás —que se entrometen en tu tiempo— piensa en lo que esperas conseguir hoy, mañana, esta semana. Y recuérdate que tus objetivos son importantes para ti porque están alineados con tus valores. Pueden ser tan grandes o tan pequeños como quieras y podrían incluir el cuidado personal, junto con los plazos del trabajo y el tiempo con la familia. Algunos días podrías planear cambiar el mundo, mientras que otros días el objetivo puede ser hornear un pastel o echarte una siesta viendo el partido en la tele. Solo tienes que tener clara tu intención para que cuando la distracción te llame, que lo hará, puedas decir: «No, hoy tengo otra cosa que hacer».

Contar los minutos

Para algunos de nosotros, puede ser útil disponer de los datos de cuánto tiempo y atención dedicamos a las redes sociales o a interactuar con nuestros dispositivos. Si te parece útil, tu teléfono puede registrar la cantidad de tiempo que pasas en diversas aplicaciones, o puedes anotar el tiempo que pasas online. Y luego piensa en qué otra cosa podrías estar haciendo con ese tiempo.

Acceso en bloque

Ya he hablado sobre el uso de herramientas de enfoque para mantener a raya las distracciones y poder dedicar toda tu atención a los asuntos que te ocupan. Sin duda, pueden ser útiles en nuestra lucha contra las tentaciones.

Crea rutinas

Desarrolla nuevos hábitos en torno al uso del teléfono; por ejemplo, iniciando rutinas en las que te comprometas a realizar ciertas actividades sin pantalla en momentos concretos, o estableciendo momentos en los que te permitas dar rienda suelta a las plataformas de redes sociales.

Prepárate

Del mismo modo que los profesores le suelen decir a los niños que «se estrujen el cerebro», hazte a la idea de que la tarea que va a emprender requiere todas tus capacidades cognitivas. De este modo, estarás alerta para cuando te veas tentado por las distracciones, tanto externas como internas, y podrás mantener más fácilmente la concentración en la tarea.

Escucha a tu cuerpo

Sé consciente de las reacciones de tu cuerpo, como un corazón acelerado o los hombros tensos, que pueden darte una pista sobre el hecho de que no te encuentras en un lugar cognitivo adecuado para mantener el autocontrol. Tómate un momento para descomprimirte y pensar antes de reaccionar.

Técnica de entrenamiento de la atención

Los estudios demuestran que los niños mejoraron significativamente su capacidad para retrasar la gratificación después de someterse a un protocolo específico llamado técnica de entrenamiento de la atención (ATT, por sus siglas en inglés), en comparación con los niños que no recibieron el entrenamiento. La técnica incluía escuchar sonidos específicos mientras se ignoraban otros, alternar entre la escucha de diferentes sonidos y escuchar varios sonidos a la vez. Si esta técnica te interesa, existen terapeutas especializados en ATT, o podrías reforzar el control sobre tu atención probando el método por tu cuenta (consulta el «Día dieciséis» del Apéndice B para obtener una guía detallada).

Una estrategia básica de la ATT consiste en elegir varios sonidos (de seis a nueve) que puedas oír a tu alrededor. Puede ser el piar de los pájaros, el goteo de un grifo, el ajetreo del tráfico o cualquier otra cosa de tu entorno inmediato.

- Escucha cada sonido durante un minuto.

- Escucha cada sonido durante diez o veinte segundos y luego pasa al siguiente.
- Escucha todos los sonidos juntos durante dos minutos.

Intenta practicar este ejercicio a diario durante varias semanas para comprobar los beneficios en el control atencional.

Sé amable contigo mismo

Habrá días en los que te pasarás la mañana viendo tutoriales de maquillaje o vídeos de cocina en lugar de lo que se suponía que tenías que hacer, en los que enviarás mensajes de texto durante toda la cena porque no puedes evitarlo. Eso no significa que hayas fracasado. Es difícil no ceder a las tentaciones de la distracción, y gran parte de nuestro mundo está diseñado para distraernos. La vergüenza es un pésimo motivador, y reprocharte por un desliz es improductivo; recuerda que el autocontrol, como todas las cosas, requiere práctica. Sé compasivo contigo mismo y reconoce que lo estás haciendo lo mejor que puedes, y que siempre hay otro día para centrarte.

Sé compasivo contigo mismo y reconoce que lo estás haciendo lo mejor que puedes, y que siempre hay otro día para centrarte.

Ten una mentalidad abierta

En una serie de estudios fascinantes, los investigadores descubrieron que nuestras creencias en torno al autocontrol y la fuerza de voluntad pueden influir en la eficacia del uso de estrategias para aumentar el autocontrol. En general, la gente percibe que quienes resisten la tentación mediante el uso de estrategias (como el uso de herramientas de concentración en el teléfono), en lugar de la fuerza de voluntad, tienen menos autocontrol (una percepción negativa). Sin embargo, cuando la gente lee sobre los beneficios del uso de estrategias para aumentar el autocontrol, esas percepciones cambian. Las personas pueden tener altos niveles de autocontrol y, aun así, utilizar estrategias para aumentar aún más esos niveles, así que no dejes que las creencias que puedas tener sobre la fuerza de voluntad se interpongan en tu camino.

Piensa en enfoques creativos que puedan motivarte a seguir con tu tarea. Piensa en tu infancia y si te motivaban los tableros de recompensas con pegatinas, por ejemplo. Si es así, idea un sistema de recompensas equivalente para tu yo adulto. Si eres una persona visual, una pizarra con tus objetivos o un diseño bonito en tu registro de hábitos (la versión adulta del tablero de recompensas con pegatinas) podrían ayudarte a mantenerte en el buen camino. Las personas con TDAH pueden encontrar útiles los marcadores visuales de objetivos. Experimenta y selecciona lo que te funcione mejor.

Claves para enfocar tu mente

Este capítulo ha profundizado en la importancia de la autorregulación para recuperar la concentración en un mundo rebosante de distracciones.

Comprender la autorregulación como la clave

- **Más allá de la fuerza de voluntad.** La autorregulación va más allá del simple ejercicio de la fuerza de voluntad. Es un conjunto completo de habilidades que le capacitan para supervisar, controlar y gestionar tus comportamientos, pensamientos y emociones para alcanzar tus objetivos.
- **Romper el ciclo de la distracción.** Al comprender la autorregulación, se puede identificar cómo los impulsos y las respuestas automáticas, alimentados por las constantes distracciones digitales, minan la concentración. Esta toma de conciencia nos capacita para elegir acciones intencionadas y resistir el impulso de realizar varias tareas a la vez o comprobar las notificaciones.

La sinergia de la autorregulación y el autocontrol

- **Ampliación de objetivos.** La autorregulación refuerza el autocontrol. Cuando se priorizan e interiorizan los objetivos a largo plazo, se está mejor preparado para resistir el encanto de la gratificación inmediata que nos aleja del trabajo centrado.
- **Conciencia corporal.** Aprender a reconocer los signos físicos de la disminución del autocontrol, como un corazón acelerado o los hombros tensos. Esta conciencia permite intervenir antes de sucumbir a las distracciones y recuperar la concentración.

Crear nuevos hábitos para mejorar la concentración

- **Entrenamiento de la atención.** Métodos como la técnica de entrenamiento de la atención (ATT) se dirigen específicamente a la capacidad para concentrarse y resistir las distracciones. Este enfoque refuerza el control cognitivo, lo que facilita mantenerse en la tarea.
- **Potenciadores del enfoque creativo.** No tengas miedo de experimentar. Encuentra métodos personalizados para motivarte y mantenerte en la tarea. Piensa en los sistemas de recompensa de tu infancia o crea una pizarra de seguimiento: cualquier cosa que te mantenga comprometido con tus objetivos.

Encontrar apoyo y superar los retos

- **Autocompasión por los deslices.** Habrá días en los que sucumbas a las distracciones. Sé amable contigo mismo. Recuerda que la autorregulación, como cualquier habilidad, requiere práctica. Perdónate y vuelve a comprometerte con tus objetivos.
- **Apertura a nuevas estrategias.** Deja a un lado cualquier idea preconcebida sobre la fuerza de voluntad. Adopta estrategias y herramientas basadas en pruebas para mejorar el autocontrol, independientemente de tus creencias personales.

CAPÍTULO QUINCE

Quietud

En algún punto entre el miedo a perdernos algo y el placer de perdernos algo, se encuentra el espacio en el que la quietud nos ofrece su propia paz mental, un oasis de tranquilidad en medio del frenesí de nuestras vidas. Para la mayoría de nosotros, puede parecer inalcanzable. En este capítulo exploraremos nuestra adicción a la cultura de la urgencia y el ajetreo, y consideraremos la posibilidad de tomarnos un descanso de desintoxicación de la productividad. Al adoptar un enfoque diferente, que deje ir lo que es caótico en favor de lo que es sencillo, dejamos espacio para que florezca la concentración.

Muchos de nosotros vivimos la vida con prisas, corriendo de una actividad a otra, o apresurándonos a realizar una tarea tras otra, desde el momento en que nos despertamos hasta el momento en que nos metemos en la cama deseando dormir. Hacer las cosas nos hace sentir bien y recompensa a nuestro cerebro con descargas de dopamina, haciéndonos correr hacia la siguiente tarea en el momento en que hemos tachado algo de nuestra lista de tareas pendientes, igual que nuestras series favoritas saltan al siguiente episodio sin pausa. Vivimos la vida a toda prisa. Y creemos que estamos prosperando, disfrutando al máximo, y que estar ocupados es señal de éxito. Sin embargo, ¿con qué frecuencia sentimos una sensación de calma? ¿De satisfacción? ¿Con qué frecuencia, si es que alguna vez lo hacemos, bajamos el ritmo lo suficiente como para reflexionar sobre nuestro día o nuestra vida?

Quizá pensemos que no tenemos tiempo para eso, o quizá no queramos pensar con demasiada profundidad.

La realidad es que muchos de nosotros nos sentimos abrumados por el enorme volumen de responsabilidades en nuestros hogares y vidas laborales, por la cantidad de cosas que tenemos que hacer cada día, por la sensación de no tener nunca tiempo suficiente. A menudo tenemos una lista interminable de tareas reclamando nuestra atención, una melodía constante que nunca cesa. Algunos de nosotros luchamos contra la «enfermedad de las prisas», una afección en la que las personas «intentan lograr o conseguir cada vez más cosas o participar en cada vez más acontecimientos en cada vez menos tiempo». Acuñado por los cardiólogos Meyer Friedman y Ray Rosenman cuando investigaban los tipos de personalidad, afecta tanto a nuestra salud física como mental. No es de extrañar que, en febrero de 2023, más del 30 por ciento de los adultos de Estados Unidos declararan tener síntomas de ansiedad o depresión, una cifra que asciende a más del 50 por ciento entre los adultos jóvenes (de dieciocho a veinticuatro años). En un estudio realizado entre 1600 trabajadores de los Estados Unidos y el Reino Unido, el 94 por ciento de los encuestados declararon haber experimentado estrés en el trabajo, lo que repercutió negativamente en su productividad y en su vida familiar y les provocó sentimientos de burnout. Cuando estamos estresados, no podemos concentrarnos ni retener los pensamientos debido al constante ruido mental.

En capítulos anteriores, hemos trabajado sobre la atención al proceso, la evaluación de las prioridades y las pausas, y ya has empezado a abordar las formas en que el mito de la productividad te está afectando personalmente. Pero demos un paso más y apreciemos que no siempre tenemos que estar en marcha o haciendo algo. De hecho, nuestras mentes ansían quietud y tranquilidad. Agradecen un respiro del caótico ruido y actividad que nos rodea y nos invade. La calma que nos envuelve —incluso cuando estamos en medio del bullicio de la vida— es reparadora. Puede parecerse a los cinco minutos que te tomas para sentarte en silencio antes de salir del coche y entrar en casa al final de la jornada laboral. O puede ser un paseo por la playa antes de que el mundo se despierte. Con la quietud, podemos encontrar una sensación de claridad y posibilidad. En este estado, a menudo somos nuestro mejor yo. No pensamos demasiado, ni permanecemos insensibles a todo lo que nos rodea. Estamos quietos con intención, dándonos el espacio mental y emocional para simplemente ser.

Nuestras mentes ansían quietud y tranquilidad.

En los últimos tiempos, han pasado muchas cosas en mi vida familiar y he descubierto que abrazar la quietud me ha ayudado enormemente. Mi hija mayor sufrió una grave lesión en uno de sus dedos y, aunque se ha recuperado bien, fue una experiencia difícil para todos nosotros, que me exigió mantener la calma y la lucidez incluso cuando me sentía disgustada y estresada. A raíz de esto, mi marido y yo decidimos cambiar a nuestra hija menor de centro preescolar. Tomamos la decisión basándonos en hechos e intuiciones, y lo hicimos en solo un par de días. Mi yo anterior, que iba con prisas sin cesar, no habría tenido tiempo ni espacio mental para centrarme en esto, ni para escuchar a mi instinto; habría sido otro punto más en una lista ya larga, y me habría abrumado. Al practicar la quietud, fui capaz de alejar el ruido de nuestras vidas y determinar dónde prosperaría mejor nuestra hija, pensando con claridad para luego elaborar y ejecutar un plan.

LOS MÉRITOS DE LA QUIETUD

La quietud nos libera del peso constante del estrés que conllevan el ajetreo y la urgencia del tiempo. Ayuda a que nuestro sistema nervioso se calme y permite que nuestra mente se relaje, haciéndonos pasar del modo de lucha o huida a un estado básico de atención tranquila. Basándome en mi propia experiencia, te muestro unas formas concretas en las que la quietud puede ayudarnos.

Sintonizar con nuestra intuición

La intuición es comprender o saber algo instintivamente sin necesidad aparente de pasar por el proceso del pensamiento analítico, o de pensar demasiado. Es rápida y automática, una reacción visceral que responde a la experiencia y a los conocimientos acumulados a lo largo del tiempo. Cuando nuestra mente está quieta, podemos escuchar nuestra intuición y conectar con nuestras emociones más genuinas que, con demasiada frecuencia, quedan ahogadas en el frenesí de nuestras vidas. Podemos escuchar lo que nos dice nuestro cuerpo cuando bajamos el volumen de nuestras preocupaciones aceleradas y dirigimos nuestra atención a lo que es importante. Confié en mi intuición cuando tomé la decisión de cambiar a nuestra hija de colegio, llegando a una conclusión que me pareció correcta sin dudas ni agitación. Aunque pareció rápido, sé que mi mente y mi cuerpo procesaron información y experiencias pasadas al llegar a la decisión, y ahora me alegro al saber que a ella le encanta su nueva escuela.

Pausa y respuesta

Cuando la vida se nos presenta deprisa y corremos de una cosa a otra, tendemos a no ser reflexivos en nuestras respuestas. Respondemos de forma reactiva a preguntas apresuradas. En cambio, si podemos hacer una pausa y respirar, podemos responder a la situación en sí, no al ritmo de la situación. Al practicar la quietud, podemos mantener la calma en medio de la tormenta.

Autoconciencia

Cuando nos tomamos el tiempo para estar en quietud, tomamos conciencia de pensamientos y emociones más profundos. Estamos más en sintonía con el motivo por el cual nos sentimos como nos sentimos, y podemos trasladar este pensamiento a nuestras respuestas. María, una de mis clientas, estaba tan ocupada con su nuevo negocio de catering que todo lo demás en su vida parecía solo una carga más de la que ocuparse, y a menudo reaccionaba a las nuevas situaciones e ideas con negatividad. Había empezado a distanciarse de los miembros de su familia al desestimar sin rodeos sus planes. Una vez, cuando su hija llamó para decir que volvía a casa de la universidad por unos días, María no expresó su alegría por la visita. En su lugar, sus primeras palabras fueron: «¡Bueno, no esperes verme cuando estés aquí! Tengo mucho trabajo». Su hija no se sintió bienvenida, por no decir otra cosa, y al final decidió no ir.

Esta interacción hiriente hizo que María se diera cuenta de cómo el estrés estaba dañando sus relaciones, y ahora está buscando activamente formas de encontrar la quietud en su vida, incluso cuando su atención se ve arrastrada en diferentes direcciones por el trabajo y el hogar. Le ha resultado útil respirar hondo antes de atender las llamadas de sus familiares cuando está trabajando o, mejor aún, programar sus llamadas para poder aquietar intencionadamente su mente antes de hablar con ellos, sabiendo que no quiere que el estrés del trabajo se traslade a su vida personal.

La autoconciencia de María le ha permitido decir lo que siente y aclarar que se trata de una reacción inicial. Cuando su hija volvió a llamar hace poco para ir a casa de visita, María pudo decir: «Estoy deseando verte. También me siento estresada porque no podré verte mucho. Pero sé que podemos encontrar soluciones juntas». No había atendido la llamada desde el despacho de su casa, sino en el cercano parque de la localidad. Aquietar su mente le había permitido centrarse en su hija y dirigir su atención a alguien importante en su vida.

Reflexión

John Dewey, un influyente filósofo, psicólogo y educador, dijo una vez: «No aprendemos de la experiencia. Aprendemos reflexionando sobre la experiencia». El espacio y la calma que proporciona la quietud nos permite dar un paso atrás en la vida, hacer una pausa y verla en su totalidad y a distancia. Y aunque la idea de la quietud no es pasar el tiempo analizando nuestras vidas, esta liberación de nuestro cerebro, esta salida temporal de la cinta transportadora del hacer incesante, permite que nuestra mente divague, que nuestros pensamientos sinteticen y que se produzcan conexiones inesperadas. Nos ayuda a ver más allá de los detalles en los que estamos atrapados para abrazar el panorama general.

ABRAZAR LA QUIETUD

Si podemos tomarnos el tiempo necesario para ralentizar nuestros pensamientos y acciones durante el día, podemos encontrar amplias formas de practicar la quietud, disminuir el ritmo frenético de la vida y recuperar nuestra concentración.

Date permiso

En nuestra cultura orientada al ajetreo, solemos pensar que la quietud es algo que podemos concedernos solo cuando hayamos terminado con otras cosas: cuando el trabajo se haya enviado al profesor o los niños estén en la cama, o después de haber tachado algún otro punto de nuestra interminable lista de responsabilidades. Para entonces ya estamos demasiado cansados. En lugar de eso, permítete disfrutar de periodos de quietud dentro de las prisas de tus días y aprecia el valor que te aportan.

Espera molestias al principio

Sé consciente de que la quietud puede resultarte extraña al principio, puesto que estamos tan acostumbrados a vivir la vida a toda velocidad. Puedes experimentar sensaciones incómodas o una sensación de no saber qué hacer. Pero si perseveras con la quietud a lo largo del tiempo, la incomodidad desaparecerá.

Rendirse a la quietud

A medida que tomes conciencia de los beneficios —y el placer— de permitir que tu mente esté en quietud, estarás alerta ante los intervalos de tiempo no programados durante la jornada. Podrían surgir durante las reuniones, en la cola de una tienda o mientras tus hijos están inmersos en un juego. A menudo intentamos llenar estos espacios con actividades, o recurrimos automáticamente a nuestros teléfonos para ponernos al día con los correos electrónicos o para entretenernos. En lugar de eso, permítete disfrutar de estos momentos.

Respira

Un simple ejercicio de respiración puede aumentar tu sensación de calma y puede serte útil cuando te encuentres con tiempo libre. La respiración 4-7-8 me resulta muy relajante. Puede ser útil para traer intencionadamente la quietud a tu vida o puede utilizarse para desestresarse en momentos de agitación.

Respiración 4-7-8

Lo mejor es realizar este ejercicio sentado y con la espalda recta, pero a medida que te familiarices con él podrás realizarlo tumbado. El segundo método funciona especialmente bien si utilizas la técnica mientras duermes. Ten en cuenta que puede llevarte a un estado de relajación, y asegúrate de no utilizarlo antes de necesitar estar hiperconcentrado, como antes de conducir o de una entrevista de trabajo.

- Coloca la punta de la lengua contra el tejido situado detrás de los dientes frontales superiores; la mantendrás ahí durante todo el ejercicio.
- Para empezar, exhala completamente por la boca, haciendo un sonido silbante.
- A continuación, cierre los labios e inspira tranquilamente por la nariz, contando hasta cuatro en tu mente.
- Aguante la respiración mientras cuentas hasta siete.
- Después, exhala completamente por la boca, haciendo un sonido silbante y contando hasta ocho en tu mente.

Puedes repetir esta serie durante cuatro ciclos, aunque quizá te convenga hacer solo dos cuando estés empezando.

Ten un mantra

Tener una frase que repetir durante los momentos de quietud puede darte estructura, sobre todo al principio, cuando puedes sentirte inseguro sobre qué hacer con el tiempo no programado. Podrías empezar con algo como «Mi mente está despejada», «Estoy aquí, estoy completo» o «Abrazo la quietud».

Crea rituales en tu día

A nuestras mentes les encantan los patrones, y convertir un hábito en algo un poco especial nos ayuda a permanecer en el momento y prestar atención. Un ritual para la quietud podría ser tan sencillo como disfrutar de tu café o té matutino sin el teléfono en la mano, sin distracciones, tan solo saboreando los pocos minutos que tienes para ti mismo sin una agenda.

Resistirte a hacer

Combate la necesidad de estar siempre haciendo algo. La próxima vez que vayas en tren o en autobús, o de pasajero en un coche, mira por la ventanilla y observa el paisaje pasar. Cuando camines o hagas ejercicio, intenta hacerlo sin escuchar música o un pódcast: deja que tus pensamientos vaguen. Si te encuentra en espera en una llamada telefónica, intenta disfrutar de la obligada espera y practica la paciencia. Dedica unos minutos a respirar profundamente o a realizar estiramientos suaves.

Disfruta de un tiempo a solas

Aunque pasar tiempo con los demás es bueno para nuestra salud física, mental y cognitiva, puede resultar más difícil abrazar la quietud si siempre estamos rodeados de otras personas. Intenta reservarte tiempo para escuchar tu propia voz. Uno de mis clientes se ha creado un espacio de quietud para sí mismo después de dejar a sus hijos en la guardería. Pasea durante diez minutos por un parque cercano, a solas con sus pensamientos, antes de dirigirse a su trabajo como profesor de matemáticas de secundaria en un concurrido colegio público. Sabiendo que es el único tiempo que tendrá para sí mismo hasta última hora de la tarde, encuentra estos momentos a solas fortificantes y energizantes.

Crea espacio para la tranquilidad

En el capítulo 6, trabajamos el concepto de bloqueo del tiempo. Cuando revises esta práctica en los próximos días y semanas, asegúrate de que hay espacio en tu agenda para respirar. Para ser. Tómate momentos para aquietar tus pensamientos antes de las reuniones y las llamadas telefónicas y otras interacciones. De este modo, podrás centrarte y consultar tus pensamientos e intuiciones más profundos, desestresarte y permitir que aparezca tu mejor yo.

Si nos concedemos el regalo de la quietud, podemos recuperar, recargar y redirigir nuestra atención a lo largo del día. Nos ayuda a mantener el control en lugar de ahogarnos en un mar de ajetreo.

En los últimos años, he descubierto que una técnica llamada «meditación theta» me permite encontrar la quietud en momentos de agitación. Las ondas cerebrales theta suelen producirse cuando tenemos una mentalidad positiva, y pueden ser tanto reconstituyentes como inspiradoras. Cuando soñamos despiertos o estamos en piloto automático, o cuando conducimos por una ruta conocida o nos duchamos, a menudo estamos en un estado mental de ondas cerebrales theta. No estamos pensando en exceso ni rumiando; nuestra mente está asociando libremente, desenfocada —en el buen sentido— mientras nos desenganchamos mentalmente. Las ondas theta están relacionadas con los estados de flujo, la profunda soledad inmersiva que sentimos cuando estamos absortos en algo que nos gusta y olvidamos todo lo que ocurre a nuestro alrededor, así como el parloteo de nuestra mente.

He creado una meditación theta guiada que aumentará tus ondas cerebrales theta, lo que te relajará mientras restableces tu concentración, a la vez que te da energía. He incluido el guion aquí para que puedas leerlo y memorizarlo para que te lleve a través de toda la experiencia. Podrías hacer tu propia grabación de este guion en tu teléfono para reproducirlo, o quizá pedirle a un amigo o familiar que lo haga. También he hecho una grabación accesible a través de un código QR si prefieres contar con la presencia orientadora de mi voz, en inglés.

MEDITACIÓN GUIADA THETA

Comencemos por sentarnos en una posición cómoda con los pies en el suelo o tumbados, con los brazos a los lados.

Con los ojos abiertos, inspira profundamente por la nariz y, a continuación, mientras espiras por la boca, cierra los ojos.

Inspira y siente cómo la respiración desciende hasta tus pulmones, cómo los llena de energía y vitalidad.

Exhala y siente la respiración, siente cómo tu cuerpo libera toxinas, sentimientos negativos y estrés.

Inspira de nuevo y siente cómo tu cuerpo se relaja, y permanece con esta sensación de relajación mientras recorres tu cuerpo desde los dedos de los pies hasta la cabeza, espirando e inspirando, suave y apaciblemente, mientras lo haces.

Al llegar a la cabeza, imagina que una luz blanca te baña y te sostiene, una bola de luz blanca a tu alrededor. Deja que te bañe desde los dedos de los pies hacia arriba, limpiando cualquier energía atascada a medida que pasa sobre ti, y luego imagina que la luz está dentro de tu pecho y de tu corazón, cada vez más brillante.

Ahora la luz te eleva.

Estás dentro de la bola de luz y te elevas por el universo.

Hacia arriba, hacia arriba, cada vez más alto, como una pompa de jabón que sopla un niño, pero que no estalla, sino que se eleva hacia arriba. En su interior, te sientes seguro y eres consciente de lo que te rodea.

Estrellas.

Galaxias.

La luna.

Y el sol.

Mientras contemplas la escena, la pompa se detiene y entras en una dimensión completamente nueva. Todo a tu alrededor es luz brillante y todo lo que existe en tu interior es luz brillante. Todo lo negativo se ha desvanecido.

Aquí solo hay positividad, amor y alegría.

Deja que todo sea inundado por la luz brillante.

Sé uno con la luz.

Conviértete en la luz.

Permite que la luz traiga curación, calma y concentración.

Trae tu conciencia a tus intenciones y tus visiones, y mantenlas en la luz.

Quédate con esta sensación de profunda relajación.

Ahora, vamos a contar de diez a cero mientras flotas de vuelta hacia abajo, de vuelta a la tierra, de vuelta a tu cuerpo.

10 - Estás atravesando la cálida luz del sol.

9 - Estás flotando suavemente a través de las galaxias, entre estrellas brillantes.

8 - Te deslizas por la suave luz de la luna.

7 - Estás reentrando silenciosamente en la atmósfera terrestre.

6 - Aterrizas en la vasta extensión del océano, acogido por el agua.

5 - Vuelves a conectar con la luz que te rodea en el planeta, tu hogar.

4 - Mueve los dedos de las manos y de los pies mientras vuelves a tu cuerpo físico.

3 - Inspira profundamente, sintiendo cómo el suave aliento llena tus pulmones.

2 - Exhala, sintiéndote relajado.

1 - Vuelve a ser tú mismo, sostenido en el brillo de la luz y la energía positiva que sigue irradiando en tu interior.

0 - Abre los ojos. Abraza la quietud. Estás aquí. Estás completo.

Claves para enfocar tu mente

Este capítulo ha explorado el concepto de quietud como antídoto contra el ajetreo constante y la sensación de agobio a la que nos enfrentamos en el acelerado mundo actual. Hemos explorado el poder de reservar espacios tranquilos para recargarnos y mejorar nuestra concentración.

- **La trampa del frenesí.** Nuestra cultura glorifica el estar siempre ocupados, lo que conduce a una condición llamada «enfermedad de la prisa» que dificulta la concentración y el bienestar.
- **El oasis de la quietud.** Abrazar la quietud permite a nuestras mentes y cuerpos desestresarse, reconectar con nosotros mismos y potenciar nuestra intuición.

- **Más allá de la lista de tareas pendientes.** La quietud no consiste en tachar cosas de una lista; se trata de encontrar una sensación de calma en medio del caos y de mejorar nuestra capacidad para concentrarnos y tomar decisiones.
- **El poder de la respiración.** Los ejercicios sencillos de respiración, como la respiración 4-7-8, pueden promover la calma y potenciar los beneficios de la quietud.
- **Recuperar la atención.** Al incorporar la quietud a lo largo del día, aunque sea en pequeñas dosis, podemos recuperar el control de nuestra atención y mejorar nuestra concentración general.

Consejos prácticos

- **Permiso para hacer una pausa.** Concédete permiso para experimentar la quietud a lo largo del día, aunque sea por unos momentos robados.
- **Hacer espacio para la tranquilidad.** Crea rituales diarios que incorporen tiempo de tranquilidad, como disfrutar de una taza de café en silencio.
- **Programar tu santuario.** Bloquea en tu calendario un tiempo dedicado a la quietud y la relajación.
- **Resistirse a «rellenar».** Resiste el impulso de llenar los espacios vacíos con actividades, tan solo permítete «ser».
- **Voz interior, amplificada.** Programa tiempo de soledad para escuchar tu voz interior y cultivar el conocimiento de ti mismo.

CUARTA PARTE

Encender la chispa

En esta cuarta parte, vamos a mirar hacia los demás y nuestro entorno. Fomentaremos nuestra capacidad de prestar atención a las relaciones y situaciones sociales y desarrollaremos una mayor apertura y entusiasmo por el mundo que nos rodea. Aprenderás a escuchar a los demás con honestidad, profundizando así tu conexión; a comprometerte con las relaciones de la vida real en lugar de luchar contra las distracciones de tus dispositivos; y a sumergirte en las infinitas maravillas y posibilidades del mundo que te rodea, liberando tu mente para enfocarte en lo que es significativo para ti.

En los cuatro capítulos siguientes nos ocuparemos de:

- Escucha activa
- En la vida real
- Creatividad
- Curiosidad

CAPÍTULO DIECISÉIS

Escucha activa

La mayoría de nosotros pensamos que estamos asimilando información cuando otras personas nos hablan, y algunos creemos que somos buenos oyentes, el tipo de persona que otros buscan cuando quieren ser escuchados. Sin embargo, las investigaciones han descubierto que solo recordamos alrededor del 10 por ciento de una conversación, incluso inmediatamente después de que haya tenido lugar. Pasamos mucho tiempo sin escuchar, distraídos por pensamientos internos e interrupciones externas. Una parte del cerebro se centra en el interlocutor mientras que las otras partes podrían estar en sintonía con cualquier otra cosa que ocurra cerca. Vivimos en tiempos con mucho ruido, con múltiples fuentes de información clamando constantemente por nuestra atención. ¿Es de extrañar que nos sintamos arrastrados en distintas direcciones e incapaces de concentrarnos lo suficiente para escuchar con atención? ¿O que sintamos que los demás no nos escuchan? En nuestra sociedad, en la que se valora más hablar que escuchar, nos hemos vuelto inexpertos en el arte de sintonizar unos con otros, y eso se suma a nuestra sensación de estar abrumados, distraídos y desconectados.

Aquí me gustaría centrar nuestra atención en la escucha activa y en cómo puede ayudarnos a aumentar nuestro bienestar mental y hacer crecer nuestro músculo de la concentración. Antes, sin embargo, consideremos las diferentes formas de escuchar y a qué nos referimos realmente cuando hablamos de escucha activa. Existen numerosos tipos de escucha, pero voy a hablar solo de cuatro de ellos:

- La escucha discriminativa: utiliza el tono de voz y las señales no verbales en lugar de las palabras para captar el significado. Así es como los bebés interpretan el mundo, pero sigue siendo una importante fuente de información durante el resto de nuestras vidas.
- La escucha informativa: la utilizamos cuando aprendemos algo nuevo. Escuchas de este modo cuando prestas atención a un profesor universitario o a un pódcast.
- La escucha crítica: una forma analítica de sintonizar. En este caso, escuchas para elaborar una opinión o evaluar la información.
- La escucha empática: es la forma en que escuchamos para comprender a otra persona. Cuando estás tomando un café con un amigo, lo ideal es que escuches con empatía y comprensión, poniéndote en su lugar mientras te cuenta lo que le pasa en la vida.

La escucha activa puede darse con cualquiera de estos tipos de escucha, pero, sobre todo, significa escuchar con intención y con atención. Significa sintonizar plenamente con lo que se está escuchando y, si es otra persona la que habla, aspirar a entender lo que dice, y no solo centrarse en lo que se va a responder, ya sea dando soluciones —algo que siempre tengo la tentación de hacer como especialista— o simplemente contando tu propia anécdota divertida. Muy a menudo pensamos en la escucha en términos de solo oír, de recibir las palabras que se dicen (o los sonidos que se producen), pero esa es una visión muy limitada. Para escuchar realmente lo que se dice, no solo necesitamos oír, sino que debemos procesar e integrar la información, resistir las distracciones manteniendo la atención y gestionar nuestras respuestas emocionales. Cuando estamos conversando con alguien, también necesitamos responder de alguna manera.

Es útil reconocer que la escucha activa no es fácil porque, en pocas palabras, es una forma de concentración sostenida. Al principio, puede resultarnos agotador escuchar de esta manera, ya que es algo nuevo para nosotros y nuestro cerebro. Como sabemos, a menudo intentamos procesar cognitivamente más de una cosa a la vez. Mantener nuestra atención entrenada en una sola dirección —escuchar— puede requerir vigilancia por nuestra parte. Se trata de un trabajo cerebral de alto nivel, y su intensidad puede resultar incómoda. Como ocurre con todas las áreas de la concentración, a medida que practiquemos a lo largo del tiempo desarrollaremos nuestra capacidad fortaleciendo nuestro músculo de la concentración.

La escucha puede adoptar muchas formas y dimensiones, pero la capacidad de concentrarse escuchando con atención es útil tanto si estamos en una conversación con otra persona o en un grupo, como si estamos siguiendo instrucciones en el trabajo, sentados en una clase o en una sala de conferencias, o disfrutando de la música o de una película. En el capítulo 11 hablé de la importancia de la presencia, de estar plenamente en el presente, y esta es una parte crucial de la escucha activa. No importa qué o a quién estemos escuchando —a un compañero sentado al otro lado de la mesa o a un ponente en una conferencia—, estamos oyendo las palabras en el momento presente, y nuestro papel es atender a esas palabras y procesar su significado. Si dejamos que nuestra mente divague, como es probable que haga, entonces ya no estamos presentes y ya no estamos escuchando. A veces somos conscientes de que nuestra mente ha divagado y podemos volver a centrarnos en la escucha; otras veces se nos puede llamar la atención sobre ello («¿Estás escuchando lo que te digo?»), o más tarde nos damos cuenta de que nuestra comprensión de una clase o de un proyecto de trabajo es borrosa en el mejor de los casos.

En cierto modo, la escucha activa es intrínsecamente difícil porque la gente habla a un ritmo de 125 a 175 palabras por minuto, mientras que nuestra mente es capaz de procesar entre 400 y 800 palabras por minuto. Esta diferencia nos da la oportunidad de pensar en muchas otras cosas mientras esperamos a que se pronuncie la siguiente palabra, y es probable que lo hagamos a menos que estemos decididos a mantener nuestra atención en el orador. Esta discrepancia también nos hace creer que podemos escuchar con eficacia mientras atendemos a otros pensamientos, pero, al igual que no nos conviene la multitarea en general, nuestra capacidad para escuchar con atención disminuye en cuanto permitimos que nuestra mente divague.

LOS BENEFICIOS DE LA ESCUCHA ACTIVA

Una vez que comprendemos nuestra tendencia a hacer otras cosas mientras escuchamos, podemos tomar la decisión consciente de dedicar toda nuestra atención a la escucha activa y atenta. Veamos algunas de las formas en que dar prioridad a este tipo de escucha puede mejorar nuestra salud cerebral, nuestro bienestar mental y nuestras relaciones.

Aumenta el funcionamiento cognitivo

En su forma más básica, escuchar es pensar. La escucha activa desarrolla nuestra capacidad cognitiva, incluida nuestra atención, nuestra memoria de trabajo y a largo plazo, y nuestras funciones ejecutivas. Utilizamos múltiples regiones cerebrales para oír las palabras, comprender su significado, digerir su impacto emocional y sintetizar la información con los conocimientos previos, todo ello mientras resistimos las interrupciones y las distracciones. La escucha activa también aumenta nuestra capacidad de pensamiento crítico, ya que evaluamos las ideas, reconocemos la diferencia entre realidad y ficción y reflexionamos sobre nosotros mismos. Cuanto más practiquemos estas habilidades, más podremos aumentar nuestro funcionamiento cognitivo, incluida nuestra concentración.

En su forma más básica, escuchar es pensar.

Curiosamente, ser escuchado también es bueno para la salud cerebral. Un estudio de investigación realizado con adultos de mediana edad y mayores descubrió que aquellos participantes que podían contar con alguien que los escuchara cuando necesitaban hablar tenían un menor riesgo de deterioro cognitivo. Los investigadores postularon que tener a un oyente disponible podría fortalecer partes del cerebro que mantienen la función cognitiva, al tiempo que minimizan las hormonas del estrés que podrían provocar daños relacionados con la edad. Ser un buen oyente es una calle de doble sentido.

Cultiva mejores relaciones

Tiene sentido que la escucha activa pueda conducir a un nivel profundo de entendimiento entre las personas, a la sensación de estar en la misma onda que otra persona, y hay datos científicos que lo respaldan. Resulta que cuando prestamos toda nuestra atención a alguien al escucharle, nuestros cerebros se sincronizan y el cerebro del oyente empieza a reflejar el del orador. Los científicos han estudiado este fenómeno de acoplamiento cerebral, o sincronía, realizando experimentos con la narración de historias, utilizando imágenes de resonancia magnética funcional, o IRMf, para medir las ondas cerebrales tanto del narrador como de la persona que escucha. Los estudios descubrieron que el cerebro del oyente se sintonizaba con el del orador en anticipación a la historia. Además, fue el elemento de creación de significado de las historias, más que el sonido o las palabras por sí solas, lo que condujo a una implicación cerebral de mayor nivel. Cuanto más se alineaban los dos cerebros, mayor era la comprensión de la historia por parte del oyente. Este reflejo provocado por la escucha profunda puede provocar la sensación de ser escuchado, de estar conectado, y la liberación de sustancias químicas que hacen sentir bien al cerebro. La escucha activa es buena tanto para el que habla como para el que escucha.

La escucha activa es buena tanto para el que habla como para el que escucha.

Hace unos años, tuve unos clientes que vinieron a verme en pareja para que los ayudara con su relación. Cuando les pregunté por su comunicación, ambos coincidieron en que no tenían problemas con ella:

conversaban bien y estaban constantemente en contacto por teléfono y mensajes de texto. Pero cuanto más aprendía al observar cómo interactuaban entre ellos, más me daba cuenta de que ninguno escuchaba al otro. Se comunicaban mucho, según decían, pero sus palabras solo volaban de un lado a otro, sin llegar a tocar el suelo. Hablaban el uno al otro en lugar de sintonizar con sus palabras. A la hora de la verdad, ambos se sentían incomprendidos, infravalorados y poco apreciados. Me imagino que sus cerebros no estaban sincronizados. Necesitaban aprender a asimilar lo que realmente se estaban transmitiendo el uno al otro.

Con el tiempo, los ayudé a abordar sus problemas de comunicación mediante la escucha activa. Necesitaban reajustar sus interacciones y, para empezar, les pedí que solo se comunicaran en persona durante un tiempo. Cuando uno de ellos hablaba, el otro aprendía a prestar toda su atención, a reflejar lo que se decía, a hacer preguntas aclaratorias y a abstenerse de interrumpir o juzgar. Pudieron retomar el rumbo y se dieron cuenta de que la comunicación es recíproca: es un ir y venir de palabras escuchadas y mantenidas con atención. En muchos sentidos, ellos (como tantos de nosotros) habían perdido el arte de la comunicación en persona y la habían sustituido por mensajes de texto o llamadas, que no logran satisfacer nuestras necesidades humanas de intimidad. Las interacciones en vivo y la capacidad de escucha activa vencen a la comunicación digital en todos los aspectos.

Reduce el estrés

A menudo creemos que no necesitamos reservar un tiempo específico para escuchar, ya que es una de esas actividades que realizamos mientras llevamos a cabo otras tareas. ¿Cuántas veces has planificado una conversación de manera que coincida con otra cosa que estés haciendo para ahorrarte tiempo? ¿Quizá programar una llamada con un amigo o un familiar mientras haces recados o conduces? Yo lo he hecho. Sin embargo, cuando lo hacemos, a menudo no nos centramos en la conversación que tenemos entre manos y nos perdemos información importante o no somos capaces de responder adecuadamente. O llevamos el estrés de la multitarea a nuestra interacción, pidiendo al oyente que espere mientras hablamos con nuestro hijo o pagamos la compra. Olvidamos que escuchar requiere un esfuerzo mental y que añadirlo a otras tareas puede provocar una sobrecarga cognitiva que nos deje estresados y agotados. Esto, a su vez, no hace más que agravar el problema porque, cuando estamos mentalmente agotados o llenos de ansiedad, no escuchamos bien. Entramos en modo de lucha o huida, nuestro pensamiento de orden superior se apaga y la parte más primitiva del cerebro, la amígdala, toma el mando.

La escucha activa puede poner fin a este ciclo. Somos más eficientes y menos propensos a cometer errores cuando podemos concentrarnos en lo que estamos escuchando, y cuando sintonizamos plenamente con una conversación, un pódcast o una pieza musical, nuestro cerebro puede relajarse y tranquilizarse. La experiencia nos resulta menos agotadora y más reparadora, y nos sentimos renovados. Cuando podamos pensar en la escucha como una acción y no como algo pasivo, será menos probable que la apilemos sobre otras múltiples tareas y podremos abrazarla plenamente. Esto puede dar lugar a sentimientos de satisfacción y bienestar a medida que participamos en las experiencias. Una conversación con un amigo cuando ambos están en sintonía, uno con el otro y no con sus dispositivos, se siente significativa. Sentarse a escuchar música en lugar de tenerla como ruido de fondo puede ser calmante o energizante (¡o ambas cosas!), dependiendo del estilo y de sus gustos. Escuchar deja de ser una cosa estresante más que compite por el tiempo de tu cerebro.

CÓMO PRACTICAR LA ESCUCHA ACTIVA

Ahora que comprendemos que la habilidad de escuchar con atención aumenta nuestra concentración y mejora nuestra salud mental, veamos formas de incorporarla a nuestra vida cotidiana. Habrá ocasiones en las que la escucha activa te resulte vital, como cuando asistes a una charla, en una reunión con tu jefe o en una cena con un amigo, y otras en las que te parezca que esforzarse a medias está bien, quizá cuando escuches música de fondo o veas un episodio de televisión que te sabes de memoria.

En primer lugar, será útil que pienses en cómo escuchas, así tendrás una idea de lo que puede funcionar mejor en tu caso y de lo que debes cambiar. ¿Tiendes a escuchar y luego volver a lo que estabas haciendo antes sin responder (lo que puede hacer que la otra persona se sienta desoída)? ¿Eres una persona que interrumpe? ¿Dejas de escuchar para responder? A medida que avanzas en tu día a día, debes ser consciente de las formas en que escuchas... o no escuchas.

Exploremos algunas estrategias que te permitirán escuchar en profundidad y mejorar tu capacidad de atención.

Reduce las distracciones

Tanto si mantienes una conversación íntima con un ser querido como si estás escuchando una charla TED, descubrirás que deshacerse de las distracciones te preparará para el éxito. Y aunque pueda parecer obvio que un teléfono que suena desbaratará tus planes de escuchar bien, ten en cuenta que hay muchas otras distracciones que pueden desviar tu atención. Entre ellas se incluyen las siguientes categorías:

- Condiciones corporales: hambre, fatiga, náuseas, etc.
- Preocupaciones psicológicas: ansiedad, miedo, desencadenantes de salud mental, etc.
- Ruidos: tráfico, otras conversaciones, obras, mascotas, etc.
- Entorno físico: iluminación, temperatura, aglomeraciones de gente, etc.

Haz todo lo posible por abordar las distracciones como puedas. Podrías comer algo antes de una clase o de una conversación intensa, o intentar descansar unos minutos o practicar la respiración profunda antes de una reunión con tu jefe. Por supuesto, no siempre es posible eliminar las distracciones, pero puede ser útil saber que existen y que podrían desviar nuestra atención, de modo que puedas planificar concentrarte más. Una de las cosas más eficaces que puedes hacer es poner el teléfono en algún lugar fuera de tu vista con el volumen apagado. Es probable que el mero hecho de tenerlo delante te distraiga. Si estás interactuando con alguien en persona, puedes enviarle el mensaje de que no estás plenamente implicado en el tiempo que pasas con esa persona. Si estás conversando con alguien y te cuesta concentrarte, díselo, deja claro que no es un reflejo de lo que te está diciendo. Esto transmite que estás deseando escuchar.

Conversaciones en persona

La escucha activa es especialmente importante en las conversaciones cara a cara. Estas suelen tener lugar con personas que conocemos bien y, aunque podamos considerar mundanas muchas de estas interacciones, pueden ser la base de algunas de nuestras relaciones más importantes. Ser capaces de escuchar realmente lo que dice un amigo, un compañero, un colega de trabajo o un hijo, y prestar toda nuestra atención a sus palabras, puede marcar una gran diferencia en sus vidas y en las nuestras, y proporcionar a nuestro cerebro un entrenamiento en el proceso.

Atender a la otra persona

Puede ser útil fijar una intención al iniciar una conversación con alguien, quizá recordándote a ti mismo que tu papel es escuchar e intentar comprender lo que se dice, comunica y expresa. A veces las conversaciones significativas surgen de la nada, pasando de una charla informal a algo más trascendental, y puede que necesites recalibrar, dirigiendo intencionadamente toda tu atención a la interacción.

Deja hablar a la otra persona

A menudo nos interrumpimos unos a otros en las conversaciones (y los estudios demuestran que los hombres, en particular, interrumpen a las mujeres). Esto ocurre en todo tipo de entornos, incluso en el Tribunal Supremo. Interrumpir a alguien puede ser perjudicial para comprender lo que la otra persona intenta decir. Cuando tenemos la intención de escuchar, podemos darnos cuenta de que estamos interrumpiendo y dar un paso atrás. Es útil considerar por qué sentimos la necesidad de interrumpir. ¿Es para estar de acuerdo con el orador, cuestionar su punto de vista, dominar la conversación o aclarar un punto que está planteando? O quizás el orador deja largas pausas entre las palabras. Suele haber múltiples razones, pero independientemente del motivo, muy a menudo las interrupciones no son necesarias en absoluto y la persona que interrumpe podría esperar. Es importante calibrar el ritmo de la persona con la que está hablando y acomodarse a su ritmo; si dejas largas pausas mientras formulas pensamientos, tendrás que esperar más tiempo antes de intervenir.

Demuestra que le escuchas

Muéstrale al orador tu interés para animarlo a continuar. Puedes hacerlo asintiendo con la cabeza, diciendo «Mmm-hmm» o «Guau», o lo que resulte natural, según proceda, manteniendo el contacto visual (sin mirar fijamente), respondiendo a las preguntas y manteniendo un lenguaje corporal comprometido y centrado en el orador. Esto también incluye no poner los ojos en blanco, cruzarse de brazos, ignorar las preguntas y mostrar otros signos de negatividad u hostilidad.

Reflejar lo que escuchas

Para asegurarte de que la persona que habla se siente escuchada, puedes reflejar lo que crees que ha dicho. «Te he oído decir que te molesta que trabaje tanto hasta tarde y que te preguntas si hay alguna forma de que eso cambie», o «Parece que estás enfadada con tu hermano». Esto puede ayudar a aclarar las cuestiones principales, sobre todo en las conversaciones emocionales. Afirmar específicamente que has escuchado y comprendido lo que ha dicho tu interlocutor es una forma poderosa de hacerle sentir su atención: «Entiendo por qué estás preocupado por la cita con el médico…». Si escuchamos de forma activa, pero no conseguimos transmitirlo a la persona a la que escuchamos, es fácil que siga sintiéndose desoída. Reflejar de este modo al interlocutor le permite saber que le estás prestando atención.

No juzgar ni aconsejar

Muy a menudo, nos precipitamos con consejos y opiniones cuando la gente habla con nosotros, en concreto sobre problemas personales o preocupaciones que puedan tener. Intenta no hacerlo para poder mantener la atención en recibir las palabras de esa persona y su perspectiva. A veces la gente quiere un consejo o busca nuestra opinión, y entonces podrías responder en ese sentido. Si no es así, mantén tu atención en escuchar. A menudo, la gente solo quiere ser escuchada y comprendida y, a medida que trabajan sus sentimientos mientras hablan, se les ocurren sus propias soluciones. De este modo, mantenemos el espacio para que se desarrolle su propio proceso. Si no estás seguro, siempre puedes preguntar a la persona qué le resultaría útil: «¿Buscas un consejo o una opinión, o solo quieres que te escuchemos en este momento?».

No pienses en tu respuesta

Esto se basa en el punto anterior y es muy difícil para la mayoría de nosotros. Pensamos en las conversaciones como intercambios, y lo son, pero si empezamos a formular nuestra respuesta a las palabras de alguien mientras sigue hablando, significa que hemos dejado de escucharle plenamente. A menudo la gente sí quiere una respuesta cuando ha terminado de hablar. Está bien esperar un poco antes de responder, o decir: «Todavía estoy procesando lo que has dicho», y tomarse un momento o dos para elaborar tu reacción.

Haz preguntas

Cuando alguien termina de hablar, hacer preguntas puede demostrar que te interesa lo que tiene que decir y que te gustaría saber más. Las preguntas abiertas fomentan más respuestas. Por ejemplo: «¿Puedes contarme algo más sobre eso?», «¿Qué pasó después?» o «¿Por qué crees que dijo eso?». De nuevo, no te sientas presionado por tener una pregunta lista al instante para responder a tu interlocutor. Para evitar centrarte en la siguiente pregunta mientras están hablando, tómate un tiempo después de que hayan terminado para formular una pregunta.

Empatiza

La escucha activa centra toda nuestra atención en otra persona y nos coloca en una posición privilegiada para sintonizar con su perspectiva, para entender realmente de dónde viene. Nos permite empatizar con ellos. Muchos creemos que la empatía es un rasgo del carácter, algo con lo que se nace o no, pero las investigaciones han descubierto que es una habilidad que podemos aprender. Con la escucha activa nos tomamos el tiempo y nos comprometemos a centrarnos en lo que oímos y a demostrar a los demás que entendemos lo que dicen y que estamos a su lado. Podríamos responder a lo que han dicho con «Parece una situación muy difícil» o «Siento que hayas pasado por eso». A medida que aprendemos a responder con empatía, puede que descubramos que nuestros niveles de estrés descienden, ya que desarrollar habilidades empáticas es un buen antídoto contra el burnout que muchos de nosotros sentimos.

Sé paciente

A veces la gente habla despacio o tarda en ir al grano, pero saltar y terminar sus frases, o dar golpecitos con los dedos en la mesa, no favorece una buena conversación. Si tienes prisa, hazle saber a la persona que te encantaría escucharla pero que tienes que ir pronto a un sitio, y luego ponte en contacto con ella más tarde para terminar la conversación. Mientras tanto, tómate un respiro o dos y acomódate para escuchar. En general, resistir la impaciencia en nuestras conversaciones es un elemento clave de la escucha activa. Ralentizar el ritmo da tiempo a que ambas partes hablen reflexivamente.

Sé consciente de los atajos conversacionales

No todas las comunicaciones requieren el poder de la escucha activa. Todos utilizamos la taquigrafía conversacional, como los mensajes de texto en grupo y los emojis, y eso está bien. Sin embargo, si alguien te envía un texto sincero, puede que quiera algo más que un «pulgar arriba» como respuesta. Ten en cuenta que estos atajos pueden minar nuestras habilidades comunicativas y nuestras relaciones, sobre todo si son tus métodos habituales. Si puedes, ¡intenta mantener algunas conversaciones en tiempo real con escucha activa!

Refuerza tu capacidad de escucha

Reserva un tiempo para practicar la escucha activa. Podrían ser los pájaros del parque, o la música, u otras personas hablando en la mesa de al lado en la cafetería, pero la idea es centrarse en escuchar como actividad principal. Cuanto más puedas hacerlo, más se convertirá en algo natural.

Claves para enfocar tu mente

En este capítulo hemos explorado el concepto de escucha activa y sus beneficios para nuestro bienestar mental y nuestra concentración. Veamos los puntos principales:

- **La brecha de la escucha.** Nuestros cerebros pueden procesar la información hablada mucho más rápido de lo que alguien puede hablar (400 a 800 palabras por minuto frente a 125 a 175 palabras habladas por minuto). Esto crea una brecha mental en la que nuestras mentes son propensas a divagar, lo que puede hacer que nos perdamos detalles importantes.
- **Definición de escucha activa.** La escucha activa es una escucha intencionada que se centra en comprender al interlocutor, no solo en formular una respuesta. Requiere una concentración y un esfuerzo sostenidos.
- **Los beneficios de la escucha activa:**
  - Mejora la función cognitiva (atención, memoria, pensamiento crítico) al implicar múltiples regiones cerebrales.
  - Fortalece las relaciones fomentando una comprensión y una conexión más profundas.
  - Reduce el estrés al permitirnos centrarnos plenamente en el momento presente y en el interlocutor.
- **Cómo practicar la escucha activa:**
  - **Minimiza las distracciones:** guarda el teléfono, atiende tus necesidades físicas (hambre, cansancio) y busca un espacio tranquilo.
  - **Comprométete con el orador:** mantén el contacto visual, utiliza un lenguaje corporal atento y evita interrumpir.
  - **Refleja lo que escuchas:** resume lo que has oído para asegurarte de que lo has entendido.
  - **Haz preguntas aclaratorias:** muestra tu interés y anima al orador a dar más detalles.

- **Empatiza:** reconoce los sentimientos del orador y demuestra que comprendes su punto de vista.
- **Sé paciente:** deja que el orador termine sus pensamientos sin precipitarse.

- **Escucha activa frente a escucha casual.** No todas las conversaciones requieren una escucha activa. Los atajos conversacionales como los emojis están bien en entornos informales, pero ten en cuenta que es mejor no usarlos en situaciones que requieran una conexión más profunda.
- **Fortalecer el músculo de la escucha.** Cuanto más practiques la escucha activa, más fácil te resultará. Acostúmbrate a escuchar atentamente en diferentes situaciones.

CAPÍTULO DIECISIETE

En la vida real

Pasamos mucho tiempo en internet, ya sea comprando, tomando clases, buscando una cita o interactuando con amigos. Nos hemos acostumbrado a conectarnos a reuniones de oficina virtuales o a encuentros familiares en Zoom, y a pedir la cena o buscar muebles, ropa o cachorros rescatados en nuestros teléfonos. En pocos años, la tecnología ha cambiado radicalmente nuestra forma de vivir, trabajar y jugar. Por término medio, los estadounidenses dedican seis horas al día a los medios digitales, y aproximadamente tres de cada diez adultos estadounidenses afirman estar conectados a internet «casi constantemente». Cualquier cosa que podamos desear está a nuestro alcance en cualquier momento, y mientras tocamos y deslizamos y hacemos clic en los contenidos, sentimos un control sobre nuestros dominios personales.

Y, sin embargo, si nos atrevemos a mirar bajo la superficie, nos duele. Estamos ansiosos, estresados e insatisfechos con la vida. Estudios recientes demuestran que muchos de nosotros nos sentimos solos. Aunque estemos conectados online todo el tiempo, nuestros cerebros están anhelando algo más: relaciones profundas y sostenidas que nuestras vidas distraídas y ocupadas no nos están proporcionando. En este capítulo analizaremos el coste personal de permitir que gran parte de nuestra atención se dirija a nuestros dispositivos, a menudo en busca de conexión, y encontraremos formas de potenciar nuestro bienestar mental y nuestra salud cerebral reuniéndonos con personas en la vida real. Te invito a considerar qué podría ocurrir si levantamos la vista de nuestras pantallas de vez en cuando; o, mejor aún, si las dejamos en casa.

Si nos atrevemos a mirar bajo la superficie, nos duele.

Mi cliente David se lamentaba a menudo de su incapacidad para encontrar una pareja a largo plazo, alguien con quien pudiera hablar, ser vulnerable y compartir un compromiso significativo. Tenía éxito en otras áreas de su vida, tenía un trabajo estimulante que le gustaba y parecía tener muchos amigos. En muchos sentidos, se le podía considerar un «soltero codiciado». Pero durante nuestras sesiones presenciales noté que a menudo se distraía con su teléfono, que se detenía a mitad de frase para atender un correo electrónico. Parecía ser un maestro de la multitarea, lo que significaba que no se concentraba muy bien en nada en absoluto.

Al reunirnos un día para una sesión en persona, lo convencí para que saliera a la calle conmigo y se retara a levantar la vista de su teléfono. Se resistió, diciendo que necesitaba estar localizable, que estaba esperando un correo electrónico de trabajo importante, y le pedí que confiara en mí, que apartara el teléfono. Lo hizo, a regañadientes, y caminó conmigo, mirando con inquietud a la gente en las aceras concurridas como si no estuviera seguro de qué hacer con este mundo que se desarrollaba ante sus ojos. «Es difícil —me dijo—. Es que están pasando tantas cosas». Estuve de acuerdo con él, pero le prometí que se acostumbraría y le pedí que, aunque solo fuera por unos días para empezar, guardara el teléfono en el bolsillo siempre que estuviera fuera. Cosecharía los beneficios de no estar distraído todo el tiempo, su cerebro tendría la oportunidad de descansar y poco a poco perdería la necesidad de comprobar a cada minuto su teléfono. «Quién sabe —le dije—, incluso podrías conocer a la mujer de tus sueños».

Unas semanas más tarde, David llamó con la noticia de que estaba profundamente enamorado. «¿Y adivina qué? La conocí porque no estaba mirando el teléfono», dijo. Me reí a carcajadas, pero era verdad. Resultó que había cumplido su promesa y, por incómodo que le resultara, siempre que caminaba por la calle guardaba el teléfono en el bolsillo. Una mañana, mientras esperaba en un paso de peatones de camino al trabajo, se fijó en una mujer que estaba junto a él y la saludó. «Por fin», —le contestó ella, y sonrió. «¿Qué quieres decir?», preguntó él. Ella se encogió de hombros. «Llevo meses parada a tu lado en este mismo lugar y nunca has levantado la vista. Vivo justo ahí y te veo casi todas las mañanas de camino al trabajo. Pero siempre estás enterrado en tu teléfono, siempre ocupado». David apenas podía creer lo que estaba oyendo.

Pronto las reuniones matutinas se convirtieron en almuerzos, luego en cenas y, finalmente, en una relación duradera, matrimonio e hijos. Han pasado ya varios años desde aquel día en que David levantó la vista de su teléfono y dirigió su atención hacia el mundo que lo rodeaba.

Los humanos somos animales sociales, cableados para conectar unos con otros y, aunque hemos avanzado en muchos aspectos, estos impulsos primarios siguen guiando nuestros comportamientos y necesidades. Nuestros cerebros esperan tener acceso a relaciones que impliquen interdependencia y objetivos compartidos, y cuando esta expectativa no se cumple, cuando nuestras necesidades sociales permanecen insatisfechas, nos sentimos solos, y se producen secuelas cognitivas, físicas y psicológicas.

Es importante nuestra percepción de la soledad. Puede que vivamos con amigos o familiares, o que tengamos miles de seguidores en internet, pero si nos sentimos desconectados, puede arraigar una profunda soledad, independientemente del número de personas que haya en nuestros círculos sociales físicos o virtuales.

Investigaciones científicas recientes sugieren que para nuestros cerebros el compromiso social es una necesidad biológica básica, igual que nuestros cuerpos necesitan comida, agua y aire, y que sentirnos solos nos motiva a buscar la conexión que necesitamos para nuestra supervivencia. Sin embargo, para muchos de nosotros eso significa recurrir a la solución rápida de internet, a las redes sociales en busca de «me gusta» o a un flirteo de mensajes de texto. Sin embargo, en última instancia, esto nos hace sentir insatisfechos, por lo que nos vemos obligados a continuar nuestra búsqueda, dedicando incontables horas y limitados recursos cognitivos a perseguir la conexión online, en detrimento de todo lo demás. Sin embargo, cuanto más intentamos reparar nuestro problema de soledad a través de nuestros dispositivos, más atascados nos quedamos en un ciclo negativo de distracción, estrés y desconexión. Necesitamos el compromiso social en persona para prosperar.

Necesitamos el compromiso social en persona para prosperar.

En los últimos años, más del 50 por ciento de nosotros hemos declarado sentirnos solos, y esto nos perjudica a nivel individual y social. El riesgo de mortalidad por sentirse desconectado es tan alto como fumar quince cigarrillos al día y, sin embargo, nos encogemos de hombros como si no fuera gran cosa. Múltiples estudios han descubierto que la soledad puede disminuir de manera drástica nuestro bienestar mental. Puede contribuir al desarrollo de ansiedad, depresión, trastorno por consumo de sustancias e ideación suicida. Las investigaciones también sugieren que nuestros cerebros no reaccionan bien cuando estamos desconectados socialmente, ya que la soledad y el aislamiento social están relacionados con el deterioro cognitivo, incluida la falta de capacidad de concentración. Un estudio en particular que siguió a 400.000 británicos de mediana edad durante un periodo de doce años descubrió que la soledad estaba asociada a un aumento del 26 por ciento del riesgo de demencia, así como a una disminución del volumen cerebral, normalmente causada por la muerte de células cerebrales y signo de envejecimiento acelerado del cerebro.

Las conexiones sociales no solo ayudan a combatir los sentimientos de soledad, también mejoran nuestra salud mental y agudizan nuestras capacidades cognitivas. Las personas que establecen conexiones regulares —cara a cara— con otras personas son hasta un 50 por ciento más felices que las que no mantienen estas conexiones con regularidad; también experimentan menos depresión y declaran una mejor calidad de vida. La conexión social puede reducir los efectos negativos del estrés. Un estudio demostró que las personas que interactúan más con los demás tenían una materia gris más sana en el cerebro, mientras que otro descubrió que los que eran más activos socialmente —iban a restaurantes, disfrutaban de excursiones de un día, hacían trabajo voluntario o participaban en un grupo religioso o comunitario— tenían un 70 por ciento menos de probabilidades de experimentar un deterioro cognitivo en comparación con los que eran menos activos. Su memoria, su capacidad de atención y su velocidad de procesamiento general se beneficiaron de la conexión cara a cara con otras personas.

La investigación deja claro que la interacción social es necesaria para nuestro bienestar cognitivo, psicológico y físico. Alimenta un sentimiento de pertenencia, de sentir que nos necesitan y nos aprecian, que nos ven y nos escuchan, lo que a su vez conduce a relaciones más ricas. Si interactuamos con los demás en persona, pasando un tiempo significativo con ellos, es probable que empecemos a sentirnos menos solos, más realizados y menos dependientes de nuestros dispositivos para conectarnos. Esto nos permitirá pasar menos tiempo distraídos con nuestros teléfonos, lo que solo puede ser bueno para nuestra concentración.

EL PAPEL DE LA TECNOLOGÍA EN LA DESCONEXIÓN

Aunque no se puede negar que la tecnología desempeña un notable papel positivo a la hora de mantener a las personas en contacto unas con otras en todo el mundo, en muchos aspectos hemos llegado a depender demasiado de ella. Nuestra excesiva dependencia de la tecnología es una de las principales razones de nuestra sensación de aislamiento social. Muchos de nosotros hemos sustituido las actividades en persona o la socialización por interacciones online, un hábito nacido de la necesidad durante la pandemia de COVID-19, pero que aún perdura. Hay muchas razones por las que el hábito se mantuvo, entre ellas la facilidad de uso, la eficiencia y las restricciones financieras. ¿Por qué desplazarse al trabajo cuando puedes hacer el mismo trabajo desde el sofá de tu casa en otra ciudad? ¿Por qué molestarse en ir en autobús hasta el centro de la ciudad para tomar unas copas con un amigo cuando podemos ponernos al día a través de un mensaje de texto? Desde 2003, nuestro compromiso social cara a cara con los amigos ha descendido de treinta horas al mes a solo diez.

Puede que pensemos que nuestras relaciones virtuales son tan significativas y nuestras conversaciones online tan profundas como cuando conocemos a alguien en el mundo real, pero nuestra mente dice lo contrario. Los científicos han confirmado que nuestro cerebro no se ilumina de la misma manera cuando hablamos con alguien a través de Zoom u otras plataformas de videoconferencia que cuando conectamos en conversaciones cara a cara. En las videoconferencias hay mucha menos coordinación entre los dos hemisferios cerebrales. Cuando hablamos con alguien en la vida real, según muestran las imágenes cerebrales, hay una actividad neurológica mucho más detallada y compleja que cuando mantenemos una conversación por Zoom. Hablar con alguien en una pantalla no es una experiencia tan rica o atractiva para nosotros, y nos deja con las ganas.

Uno de mis clientes creó un club de lectura online durante la pandemia, un grupo de nuevos amigos que se reunían cada mes para hablar de la novela elegida. Aunque todas esas personas se llevaban bien y disfrutaban de las interacciones, no fue hasta que se conocieron en persona cuando de verdad empezaron a estrechar lazos, compartiendo experiencias más allá de las páginas de la novela del mes. «Fue tan diferente cuando nos alejamos de las pantallas —dijo mi cliente—. Fue como si volviéramos a encontrarnos por primera vez».

Conocer a la gente en persona conduce a una vinculación más rápida y profunda porque nuestros cerebros han sido entrenados para conocer a alguien a través de la interacción personal directa. Tanto si quedamos para jugar a los bolos como para una comida de negocios, somos capaces de leer las señales emocionales y el lenguaje corporal cuando estamos en el mundo real. Somos más capaces de generar confianza, sentir empatía y navegar por los matices que conllevan las relaciones. A su vez, esta complejidad nos satisface y nos anima a crear más capas sobre los primeros cimientos.

CÓMO CONECTAR SOCIALMENTE EN PERSONA

Encontrarse con alguien en la vida real quizá parezca decepcionante al principio, ya que puede carecer del entusiasmo de los «me gusta» y los emojis de corazón. No se puede ocultar que puede parecer más complicado que los mensajes de texto y los correos electrónicos, ya que navegamos por el complicado terreno de las emociones en tiempo real, pero es probable que te permita conectar con alguien a un nivel más profundo. Veamos algunas estrategias para sacar el máximo partido a nuestros encuentros en persona.

Establece una intención

Decídete a optar por ver a la gente en persona siempre que puedas. Escribe lo que pretendes conseguir y piensa en la forma de lograr ese objetivo. Piensa en lo que te impide quedar con la gente en persona. Si te agota la idea de ser social, ¿puedes reducir tus expectativas? No todas las interacciones sociales tienen que cambiarte la vida. ¿Podría ser tan sencillo como tomar un café con un amigo, dar un paseo con un compañero de trabajo durante un descanso o visitar el parque canino local?

Deja el teléfono

Muchos de nosotros conocemos a gente en persona y luego pasamos el tiempo enviando mensajes de texto a otras personas en nuestros teléfonos mientras ignoramos a las personas que tenemos delante. Resulta curioso que, incluso tener un teléfono móvil presente durante una conversación puede afectar negativamente a la cercanía, la conexión y la calidad de la conversación durante una interacción en persona. En los estudios realizados, las conversaciones en las que no había teléfonos se calificaron como mejores que las que tuvieron lugar cuando había un teléfono a la vista. La ausencia de teléfono dio lugar a niveles de empatía mucho más elevados. En concreto, la presencia de un teléfono obstaculizaba el desarrollo de la sensación de cercanía y confianza necesaria para mantener conversaciones más profundas y significativas, en particular cuando alguien hablaba de algo personal.

Comparte algo significativo

A la mayoría de nosotros nos pone nerviosos entablar una conversación que no sea trivial cuando conocemos a alguien por primera vez, y todos somos expertos en hablar del tiempo. Sin embargo, resulta que a los humanos en general nos interesa escuchar los pensamientos personales o más profundos de otra persona. Si compartes con mayor profundidad, es probable que seas correspondido, lo que conduce a conversaciones más profundas y conexiones más sólidas. Por supuesto, hay un momento y un lugar para las revelaciones más personales, pero si utilizas tu mejor juicio con lo que compartes, es probable que tus conversaciones iniciales puedan llegar a ser más significativas. Hace falta valentía para ser el primero en mostrarse vulnerable en una conversación, pero el fortalecimiento de tus relaciones merecerá la pena.

Rompe la rutina

Todos desarrollamos hábitos en los que nos instalamos cada día sin pensarlo dos veces. Durante la pandemia, mi marido y yo disfrutábamos viendo una serie de televisión tras otra, y nos perdíamos en otras vidas y otros mundos. Nos sentíamos seguros y despreocupados después de las sombrías noticias del día y el estrés del trabajo y la educación en casa. Continuamos con estos hábitos mucho después de que la gente hubiera vuelto a socializar en persona porque nos resultaban familiares. Muchos de mis amigos y clientes han hecho lo mismo. No es fácil cambiar las cosas. Pero es importante que todos veamos a otras personas cara a cara, aunque solo sea una o dos veces por semana. Podemos empezar poco a poco. Una conversación en un ascensor, una copa después del trabajo, un encuentro en el mercado de agricultores el fin de semana. Como humanos, todos lo necesitamos.

Ir a la tienda

¿La idea de ir a un centro comercial te hace sudar frío? ¿Cuándo fue la última vez que compraste en una tienda física? Para muchos de nosotros comprar por internet se ha convertido en algo natural. Es mucho más fácil y cómodo que ir a una tienda física. En las compras online, podemos pasar del deseo a la elección y al pedido en cuestión de segundos. Para muchos de nosotros, ir de compras se ha convertido en un comportamiento tranquilizador, un momento de gratificación instantánea y un golpe de dopamina, seguido de la deliciosa anticipación de un paquete que llegará a nuestra puerta en algún momento en el futuro. ¿Qué más se puede pedir? Sin embargo, las compras online limitan nuestras experiencias, nos mantienen atados a internet, agotan nuestra limitada atención y recursos cognitivos y hacen que nos perdamos la vida con todos sus gloriosos inconvenientes, frustraciones y desorden, y su potencial para la conexión humana.

Sé un jugador de equipo

La interacción social puede ayudarnos a nosotros —y a los demás— de muchas maneras. Es mucho más probable que seamos físicamente activos si nuestras conexiones sociales también hacen ejercicio, y los sentimientos de pertenencia pueden animarnos a comer bien y a ser conscientes de nuestro sueño. Es difícil existir en el vacío, y rendir cuentas a —o por— los demás puede motivarnos a convertirnos en nuestra mejor versión de nosotros mismos.

Fomentar los lazos débiles

No subestimes los beneficios para la salud que puedes obtener cultivando lo que se conoce como «lazos débiles»: las interacciones sociales casuales con personas que no conoces muy bien. Podría ser el camarero de la cafetería habitual, el guardia de seguridad que siempre tiene una sonrisa para ti cuando vas a la oficina o la cajera del supermercado. Una de mis amigas cree que los compañeros propietarios de perros a los que veía cada mañana durante la pandemia le dieron fuerzas para salir adelante, aportándole una dosis diaria de normalidad en un momento difícil. Esperaba con impaciencia esos encuentros en el parque con personas a las que apenas conocía y ahora es íntima amiga de un par de ellas. Pero no es necesario que los lazos débiles se conviertan en algo más significativo para que marquen la diferencia en tu bienestar social. Prueba a dar los buenos días a tu vecino, o a alguien de la clase semanal de yoga, y comprueba cómo te hace sentir a ti (y a ellos).

Si llevas auriculares cuando sales, ten en cuenta que su uso puede contribuir a la falta de conexión. Aunque pueden servir para algo, también pueden ser una señal de desinterés por la interacción social y dificultarnos a nosotros o a los demás entablar una conversación informal, aislándonos aún más incluso en presencia de otras personas. Prueba a quitártelos de vez en cuando y ¡a ver qué ocurre!

Prueba un ayuno de redes sociales

Varios estudios correlacionan el uso de las redes sociales con el deterioro de la salud mental y, en particular, con la percepción de soledad y aislamiento social. En un estudio, los estudiantes universitarios que limitaron el uso de las redes sociales a treinta minutos al día mostraron reducciones significativas de la soledad y la depresión en comparación con los estudiantes de un grupo de control a los que no se les impuso ninguna limitación sobre el tiempo que pasaban en las distintas plataformas de redes sociales.

Otro estudio mostró resultados similares, ya que los participantes que utilizaban las redes sociales durante más de dos horas al día duplicaban la probabilidad de tener una mayor percepción de aislamiento social que los que pasaban menos de treinta minutos al día en ellas. A menudo recurrimos a nuestros teléfonos cuando estamos aburridos o nos sentimos solos, y muy a menudo es por costumbre más que por otra cosa. Aunque mucha gente sugiere hacer una desintoxicación digital en frío y desterrar los dispositivos de nuestras vidas durante un tiempo, yo creo en enfoques más mesurados y realistas. Puede merecer la pena guardar nuestros teléfonos por la noche, mientras estamos en situaciones sociales o durante las clases y las reuniones de negocios, por ejemplo, y retarnos a nosotros mismos a pasar varias horas sin comprobarlo. Estos tramos alejados del uso constante del teléfono pueden desintoxicarnos de nuestros hábitos y permitirnos dirigir nuestra atención a otra parte, por ejemplo, a desarrollar relaciones significativas sin distracciones ni interrupciones constantes. Pruébalo e identifica lo que va más contigo.

IDEAS PARA LA CONEXIÓN

Hay muchas formas de apartar nuestra atención de los dispositivos e interactuar más con el mundo que nos rodea, pero la situación de cada persona es diferente. Tómate un tiempo para reflexionar sobre las siguientes preguntas y hacer una lluvia de ideas sobre cómo podrías incorporar más interacción social en tu vida:

- ¿Hay alguna actividad o acontecimiento que te entusiasme? Ya sea una tarde acogedora explorando una librería o visitando un nuevo local de conciertos, considera la posibilidad de convertirlo en un acontecimiento social. ¿A quién podrías invitar para que te acompañara?
- ¿A qué puedes unirte? ¿Un grupo de padres, un grupo de escritura, una organización de voluntarios? No siempre tienes que ser tú quien planifique y organice. Elige algo que te interese y reúnete con gente a la que también le guste.
- ¿Qué estás haciendo ya a lo que puedes invitar a otros? A menudo el tiempo es nuestro factor limitante, pero echa un vistazo a tu calendario de la semana a ver qué actividades que ya estés haciendo podrían convertirse en sociales. Quizá podrías quedar en una cafetería para trabajar con un colega, hacer la compra con un amigo o conseguir un compañero de gimnasio. El tiempo social no tiene por qué significar una noche elegante para ser enriquecedor.

Claves para enfocar tu mente

Este capítulo ha examinado la epidemia de soledad en nuestro mundo hiperconectado. Hemos revisado la sorprendente verdad de que la tecnología, pensada para acercarnos, puede dejarnos sintiéndonos aislados. Estas son las conclusiones clave:

- **La paradoja de la desconexión.** Nuestra constante conexión digital conduce irónicamente a sentimientos de soledad y desconexión.
- **Las necesidades sociales son primordiales.** Al igual que la comida y el agua, la interacción social es una necesidad humana básica para una mente y un cuerpo sanos.
- **Calidad sobre cantidad.** Las interacciones online carecen de la profundidad y la conexión emocional de los encuentros cara a cara. Dar prioridad a las interacciones en la vida real puede fortalecer las relaciones y combatir la soledad.
- **Deja el teléfono y atiende a un amigo.** Reduce al mínimo las distracciones y concéntrate en la persona que tienes delante.
- **La vulnerabilidad es fortaleza.** Compartir de verdad con los demás fomenta conexiones más profundas.
- **Rompe el ciclo de las redes sociales.** Reduce la dependencia de las redes sociales para combatir los sentimientos de inadaptación y aislamiento.
- **Refuerza los lazos débiles.** Incluso las interacciones casuales con conocidos contribuyen a tu bienestar social.
- **Tejer hilos sociales.** Encuentra formas de integrar la interacción social en tu rutina diaria.

CAPÍTULO DIECIOCHO

Creatividad

En una sociedad que favorece la productividad y el continuo hacer por encima de los esfuerzos creativos, no es sorprendente que muchos de nosotros no tengamos ni la oportunidad ni el deseo de introducir la creatividad en nuestras vidas. Se nos enseña a marcar la casilla, a dar con la respuesta correcta y a no reflexionar demasiado. Tenemos poco tiempo para el pensamiento libre, nos sentimos incómodos con el aburrimiento y preferimos que otros nos entretengan siempre que tenemos tiempo libre. Si alguna vez pensamos en la creatividad, la relegamos al ámbito de los artistas, algo que no es para la mayoría de nosotros que navegamos por las tensiones del mundo real. Nos han inculcado el mito de que la creatividad no es útil para nuestras aceleradas vidas. Nada más lejos de la realidad. La creatividad puede beneficiar enormemente a nuestro bienestar mental y darnos herramientas para cambiar y mejorar nuestras vidas. Este recurso sin explotar puede reducir los niveles de estrés, aumentar la empatía, proporcionarnos diversión, energía y un propósito, y mejorar nuestras habilidades cognitivas, incluida nuestra capacidad de concentración.

Nos han inculcado el mito de que la creatividad no es útil para nuestras aceleradas vidas. Nada más lejos de la realidad.

En este capítulo, veremos qué significa ser creativo, qué ocurre en nuestro cerebro durante el proceso creativo y cómo podemos cultivar esta habilidad. Muchos de nosotros pensamos en la creatividad solo en términos de las artes —la pintura, la poesía o la composición musical—, y eso puede ser limitante. Hacemos suposiciones basadas en si destacamos o no en las actividades artísticas —y la mayoría de nosotros no sobresale en ellas— y luego nos etiquetamos como personas no creativas. Por desgracia, esta conclusión hace que no participemos en ese tipo de actividades, y nuestra creatividad se atrofia, convirtiéndose en una profecía autocumplida. La definición oficial que utilizan los investigadores es mucho más amplia. Va más allá de las artes, y afirma que la creatividad requiere tanto originalidad como eficacia (o adecuación). Aunque la segunda parte de la definición pueda parecer extraña, está ahí para descartar la posibilidad de que *cualquier* cosa novedosa sea creativa. El diseño para un barco nuevo puede ser original, pero si el barco se hunde al hacerse a la mar, no es eficaz. Golpear con la mano las teclas de un piano puede ofrecer una nueva combinación novedosa de notas, pero eso no significa que funcione como canción. Yo defino la creatividad como el uso de nuestra mente e imaginación para crear algo nuevo, tal vez conectando ideas de formas inesperadas. Puede tratarse de pensar de forma original o de idear soluciones innovadoras, o puede ser la práctica de la escritura, la pintura, el baile o cualquier otra forma de arte. Me gusta especialmente la definición que a menudo se atribuye por error a Albert Einstein «La creatividad es la inteligencia divirtiéndose».

«La creatividad es la inteligencia divirtiéndose».

Aunque nos resulte fácil entender cómo es la creatividad «Big-C» (creatividad eminente), ya sea la escritura de Toni Morrison, los inventos de Leonardo da Vinci o las investigaciones de Marie Curie sobre la radiactividad, puede ser más difícil pensar en la creatividad en nuestras propias vidas, más allá de nuestros escarceos con la práctica del piano o las manualidades. Pero todos tenemos formas de ver el mundo y de adaptarnos a situaciones difíciles o de encontrar soluciones a problemas complicados: puede que se nos ocurra una forma ingeniosa de aprovechar las sobras de la cena de la noche anterior, o que encontremos el sitio adecuado para un pariente malhumorado en nuestro banquete de boda. A este tipo de pensamiento creativo y de resolución de problemas cotidianos los investigadores lo denominan «pequeña creatividad» o «minicreatividad». Se trata de las percepciones e ideas personalmente significativas que tenemos y que se aplican a nuestras vidas, y todos podemos estar atentos a ellas y encontrar formas de aumentarla.

Por lo general, procesamos las ideas a través del pensamiento divergente o el convergente. El pensamiento convergente, que se centra en encontrar la respuesta correcta a un problema, suele considerarse óptimo. Es la forma que a muchos de nosotros nos enseñan en la escuela: los profesores y los exámenes hacen preguntas y nosotros damos la respuesta correcta o incorrecta. Nos condicionamos a ver los retos como si solo tuvieran una solución. El pensamiento divergente, por el contrario, hace uso de nuestra creatividad e implica que se nos ocurran muchas posibilidades en lugar de una sola, como una lluvia de ideas sobre múltiples usos para una caja de cartón o una variedad de desenlaces prometedores para una historia. Generamos ideas y las desarrollamos, llevándolas tan lejos como sea posible. Hay espacio tanto para el pensamiento divergente como para el convergente en todos los aspectos de nuestras vidas, pero la mayoría de nosotros no tenemos el hábito de pensar de forma creativa.

En 1968, el científico y experto en creatividad George Land, junto con la educadora y líder empresarial Dra. Beth Jarman, llevaron a cabo un estudio de investigación en el que se probaban los niveles de creatividad de un grupo de niños de cuatro y cinco años, y descubrieron que el 98 por ciento de ellos puntuaban en el nivel de genio. Cuando se les volvió a examinar a los diez años, solo alrededor del 30 por ciento puntuó a ese nivel, y a los dieciséis años, la cifra había descendido al 12 por ciento. Cuando se sometió a la prueba a más de 200.000 adultos, solo el 2 por ciento puntuó en el nivel de genio. Estudios más recientes confirman que nuestros niveles de creatividad alcanzan su punto álgido durante la infancia y luego descienden. Ser humano es, por naturaleza, ser creativo. Todos empezamos con grandes reservas de creatividad, pero con los años perdemos esa capacidad, en parte por nuestros sistemas educativos y en parte porque nuestra sociedad no la valora ni la fomenta. El énfasis se traslada hacia el hacer, hacia ser productivo en un sentido cuantificable. Hay poco tiempo o espacio para el elemento humano crítico de la creatividad. Desafortunadamente, esta trayectoria socava nuestro bienestar mental y cognitivo.

Ser humano es, por naturaleza, ser creativo.

LOS BENEFICIOS DE LA CREATIVIDAD

Cuando damos espacio a la creatividad en nuestras vidas, experimentamos una gran cantidad de beneficios: desde ganancias cognitivas a una mejor salud mental, pasando por experimentar el puro placer y la alegría de hacerlo. Echémosles un vistazo.

Aumenta la capacidad cognitiva

La creatividad implica vincular ideas, establecer conexiones y ejercitar nuestro cerebro por completo durante el proceso. En el pasado, los investigadores creían que la creatividad se procesaba en el hemisferio derecho del cerebro, mientras que el lado izquierdo se ocupaba de las tareas racionales y analíticas. Esta creencia dio lugar a teorías sobre las personas «de cerebro derecho» y «de cerebro izquierdo», que ahora han sido desmentidas. En años más recientes, los investigadores han medido la actividad cerebral de las personas que participan en tareas creativas y han descubierto que este complejo proceso requiere la coordinación de múltiples regiones cerebrales, no solo de un lado. En él intervienen tanto la red de control cognitivo —que incluye la memoria de trabajo, la flexibilidad cognitiva, la resolución de problemas y la planificación— como la red de modo por defecto —que se asocia con la ensoñación o la divagación mental—. Estas dos redes cerebrales rara vez trabajan juntas, y su coordinación durante la creatividad subraya el delicado equilibrio de la ensoñación controlada que tiene lugar cuando generamos ideas innovadoras. A medida que estas regiones dispares del cerebro trabajan juntas, se establecen nuevas conexiones neuronales al tiempo que se refuerzan las ya existentes, lo que aumenta nuestra capacidad cognitiva y protege nuestro cerebro contra el deterioro cognitivo.

Mejora el bienestar mental

Desde la pandemia de COVID-19, muchos de nosotros nos hemos sumido en pensamientos negativos y temerosos, nos hemos atrincherado en una política polarizada y nos hemos enganchado a las alertas de noticias que inducen a la ansiedad y al entretenimiento a todas horas. Seguimos nerviosos o entumecidos, estresados y abrumados. El pensamiento creativo puede ayudarnos a recuperar nuestra autonomía y a encontrar caminos para avanzar.

El pensamiento creativo puede ayudarnos a recuperar nuestra autonomía y a encontrar caminos para avanzar.

Los estudios han revelado que la creatividad reduce los factores de riesgo de depresión e ideación suicida. En un estudio, se pidió a los estudiantes que propusieran problemas que pudieran interponerse en el camino hacia la graduación universitaria y que luego pensaran en formas de sortear esas dificultades. Muchos estudiantes fueron capaces de enumerar múltiples obstáculos en el camino hacia la graduación, pero muchos menos fueron capaces de idear formas de superarlos. Esta incapacidad para encontrar soluciones o para generar ideas y pensar de forma creativa y flexible está relacionada con una mayor probabilidad de deprimirse. La depresión puede manifestarse en la sensación de que no hay salida, como una visión de túnel de la desesperanza. Por el contrario, la creatividad prospera cuando se nos presenta la posibilidad.

La creatividad prospera cuando se nos presenta la posibilidad.

En una línea similar, el pensamiento creativo se asocia con la capacidad de afrontar mejor el estrés. Un estudio sobre los supervivientes del huracán Katrina de 2005 descubrió que la originalidad y la flexibilidad (dos componentes de la creatividad) eran predictores significativos del bienestar, y que aquellos que poseían ambas tenían mayores niveles de resiliencia tras la catástrofe que los que carecían de estos rasgos. En otro estudio con mujeres mayores se descubrió que su participación en actividades creativas les daba más sentido a sus vidas, lo que estaba relacionado con una mejor salud física y psicológica.

El placer de la creatividad

Resulta que ser creativos nos hace sentir bien. Cuando nos dedicamos a un pasatiempo creativo o pensamos de forma original, se produce actividad en la región del cerebro asociada a experiencias placenteras como la comida y el sexo. Un estudio que analizó lo que ocurre en el cerebro durante los momentos de inspiración creativa concluyó que los llamados «momentos ¡ahá!» son gratificantes para las personas. Desde un punto de vista evolutivo, podrían haber animado a nuestros antepasados a explorar, encontrar sentido y resolver problemas.

Construir la concentración y la alegría con el estado de flujo

En el capítulo 7 mencioné un estado de alta concentración conocido como «flujo», acuñado por el profesor de psicología e investigador Mihaly Csikszentmihalyi. El flujo suele alcanzarse durante las actividades creativas. Puede que conozcas la sensación de la que hablo, una experiencia de concentración prolongada cuando estamos tan atrapados en la felicidad de lo que estamos haciendo que el tiempo pasa a toda velocidad, perdemos el contacto con el mundo que nos rodea y nos olvidamos de nuestras preocupaciones personales. Tengo un amigo que se encuentra en esta zona cuando se sumerge a diario en desafiantes crucigramas, y una clienta que puede abstraerse pintando, hasta tal punto que se pierde la comida e incluso la cena cuando el espíritu creativo se apodera de ella. Ambos hablan de sentirse llenos de energía y con un propósito, como si todo su cerebro y su cuerpo estuvieran sincronizados cuando experimentan estar comprometidos por completo con algo significativo. Es una forma de dedicar tiempo a algo gratificante por sí mismo en lugar de solo pasar el rato, y al final tienen una sensación de satisfacción personal. «¡Mi cerebro se siente tan vivo cuando pinto! Y yo también», me ha dicho mi clienta.

Según Csikszentmihalyi, «Los mejores momentos de nuestra vida no son los pasivos, ni los relajantes... Los mejores momentos suelen producirse cuando el cuerpo o la mente de una persona se esfuerzan al máximo en un intento voluntario por lograr algo difícil y que merezca la pena». Este estado de flujo puede producirse en cualquier momento si nos comprometemos a implicarnos plenamente en una tarea creativa. Un estudio sobre mujeres que se dedicaban a tejer reveló que alcanzaban una sensación de flujo que incluía la desconexión de las preocupaciones, la implicación en un proceso de resolución de problemas e incluso una sensación de independencia. Esta concentración prolongada es buena para nuestro cerebro y nuestro bienestar mental.

FOMENTAR LA CREATIVIDAD

Son evidentes los beneficios que aporta a nuestras vidas ser creativos; ahora exploraremos cómo nutrir esta parte de nosotros mismos y reservar tiempo para las actividades creativas. Es importante luchar contra el mito de la productividad y asignar valor a la creatividad.

Piensa en ti como creativo

Antes de abrazar la creatividad, es útil que te veas a ti mismo como alguien capaz de pensar o emprender con imaginación. Piensa en las veces que has establecido conexiones entre ideas dispares o has ideado nuevas formas de ver un problema. ¿Intentas averiguar qué podría ocurrir a continuación en tu programa de televisión favorito, o experimentas con distintas especias en la cocina? ¿Se te da bien ayudar a los demás a contemplar un punto de vista diferente? Todos estos son ejemplos de creatividad. Todos somos mucho más creativos de lo que creemos. A veces solo necesitamos darnos cuenta de ello.

Desconecta

Aléjate de las distracciones digitales. Es difícil ser creativo cuando tus pensamientos tienen que competir con la distracción constante y el exceso de información online. Desconéctate de tus dispositivos durante un rato, deja que se calme el ruido constante y permite que surjan tus propios pensamientos e ideas.

Abrazar la apertura

Las personas creativas suelen sentirse atraídas por probar cosas nuevas o involucrarse en el mundo que les rodea de formas diferentes, y los estudios han demostrado que las experiencias más amplias fomentan la creatividad. Intenta abrirte a tomar una ruta diferente para ir al trabajo, probar una cocina desconocida o experimentar con una nueva afición. Puede que encuentres nuevas formas de ver el mundo y de despertar tu creatividad.

Soñar despierto con un propósito

Date tiempo y espacio para pensar de modo que tu mente pueda generar ideas y establecer conexiones más allá de las prisas y la presión de la vida cotidiana. Dado que la creatividad implica tanto el control cognitivo como las regiones de la red por defecto del cerebro, puede ser útil guiar un poco tus pensamientos cuando estés en busca de inspiración, en lugar de dejar que tu mente vague por donde quiera. Pon tus pensamientos en la dirección correcta y luego déjalos surgir por sí mismos.

Permitir el aburrimiento

Puede parecer contraintuitivo, pero cultivar el aburrimiento puede conducir a una mayor creatividad. En varios estudios, los investigadores descubrieron que después de llevar a cabo tareas que inducían al aburrimiento, las personas estaban preparadas para buscar experiencias nuevas, diferentes y creativas. Así que la próxima vez que tengas algo de tiempo libre o te veas inmerso en la mundana tarea de doblar la ropa o vaciar el lavavajillas, aprovéchalo y toma conciencia de que después estarás especialmente creativo.

Sal al exterior

Como sabemos, pasar tiempo en la naturaleza permite que nuestro cerebro descanse y se recupere. Pero también hay investigaciones que sugieren que estar en un espacio más amplio, donde somos libres de respirar y pasear, favorece los pensamientos expansivos y creativos. Los investigadores creen que las experiencias en la naturaleza pueden estimular la creatividad a través de una combinación de restauración de la atención —que se consigue mirando hacia fuera, hacia la naturaleza— y el pensamiento libre —al mirar hacia dentro, hacia nuestros propios pensamientos—.

Genera pensamiento divergente

Cuanto más practiques la habilidad de idear múltiples posibilidades para resolver un problema o abordar una situación, más empezarás a hacerlo de forma natural. Busca cualquier objeto corriente y pregúntate: «¿Qué podría hacer con esto?», a ver qué respuestas te vienen a la mente. Acostúmbrate a dejar que las ideas broten sin censurarlas: siempre podrás recortarlas más tarde.

Piensa lateralmente

A veces, ser creativo significa abordar un problema desde una dirección diferente. Muy a menudo trabajamos para resolver problemas esforzándonos más con la misma solución, pero a veces necesitamos parar y probar otro enfoque o una idea nueva.

Practica la empatía

Hace falta imaginación para poder ponerse en el lugar de otra persona y empezar a entender cómo se siente, como nos pide la empatía. Este salir de nuestra propia mentalidad para ver el mundo a través de los ojos de otra persona nos permite ver con una mente abierta y establecer nuevas conexiones entre nosotros y los demás.

Retoma el arte

A muchos de nosotros nos animaron a tomar clases de música o arte cuando éramos niños, pero desistimos cuando nos dimos cuenta de que nunca íbamos a cambiar el mundo con nuestros esfuerzos. Ahora puede ser el momento de volver a intentarlo. Si te gusta la música, coser o dibujar, considera la posibilidad de explorar más a fondo esas pasiones, o inténtalo con algo nuevo. Tu cerebro te lo agradecerá. Recuérdate a ti mismo que el proceso es el objetivo: no necesitas convertirte en un maestro artesano para disfrutar del acto de la creatividad.

Programa el tiempo de flujo

Date cuenta de la necesidad que tiene tu cerebro de largos periodos de creatividad e intenta incluir tiempo en tu agenda para ser creativo. Quizá puedas reservar una mañana para proyectos de carpintería, decorar galletas o jugar al ajedrez si algo de esto te lleva a un estado de flujo. Es tentador decir que no tienes tiempo o considerar el flujo como una prioridad baja, pero una vez que lo hayas experimentado, querrás más.

Claves para enfocar tu mente

Nuestro mundo rebosa de información que compite constantemente por nuestra atención. Este capítulo ha desafiado la suposición de que la concentración consiste tan solo en una productividad implacable. En su lugar, revela cómo fomentar la creatividad es el arma secreta para agudizar la concentración.

¿Disminuye la creatividad?

- Nuestro sistema educativo y la obsesión de la sociedad por la productividad a menudo ahogan la creatividad, de modo que con el tiempo podemos perder el contacto con nuestra capacidad innata para ella.

El motor de la creatividad

- La creatividad mejora la función cognitiva al fortalecer y formar nuevas conexiones cerebrales.
- La creatividad mejora el bienestar mental reduciendo el estrés y la depresión a la vez que fomenta un sentido de propósito.
- Dedicarse a actividades creativas activa los centros de placer del cerebro, lo que aumenta el disfrute.

La creatividad como catalizador del enfoque

- Participar en actividades creativas permite una concentración profunda y una sensación de estar «en la zona» o en un estado de flujo. Al activar la red de control cognitivo del cerebro, la creatividad nos ayuda a mantener la concentración y a filtrar las distracciones.

Libera tu flujo creativo

- **Desafía la narrativa.** Reconoce tu creatividad inherente y acepta su valor.
- **Desconecta para reconectar.** Aléjate de las distracciones digitales para permitir que afloren tus propios pensamientos.
- **Abraza nuevos horizontes.** Busca nuevas experiencias y perspectivas que te aporten nuevas ideas.
- **Hazte amigo del aburrimiento.** El aburrimiento puede alimentar la creatividad al incitar a la mente a buscar estímulos.
- **Sumérgete en la naturaleza.** La naturaleza proporciona espacio para el pensamiento expansivo y la restauración mental.
- **Piensa con originalidad.** Practica la generación de soluciones múltiples y cuestiona los supuestos.

- **Desarrolla la empatía.** Ponerse en el lugar del otro fomenta nuevas conexiones y perspectivas.
- **Abraza las artes.** Participa en actividades creativas por el placer de hacerlo, no solo para alcanzar la maestría.
- **Programa tiempo para fluir.** Reserva tiempo para actividades que te lleven a un estado de flujo.

CAPÍTULO DIECINUEVE

Curiosidad

A veces mis hijos me hacen preguntas que me hacen reír («¿Y si todos tuviéramos colas como Charlie, nuestro cachorro?»), o me hacen mirar el mundo desde una nueva perspectiva («¿Crees que a los árboles les gusta que los conviertan en papel?»), y otras veces sus interminables «¿por qué?» son agotadores, sobre todo al caer la tarde. Pero sus preguntas siempre me hacen reflexionar sobre dónde ha ido a parar nuestra capacidad de ser curiosos. De niños, nacemos con el afán de conocer el mundo, de explorar, descubrir y aprender sobre todo lo que hay bajo el sol y más allá. En algún momento, el cuestionamiento pierde su atractivo. Quizás, ahora que somos adultos, pensamos que sabemos lo que necesitamos en la vida, y los constantes «y si...» se entrometen en el camino del «hazlo ahora». La educación formal, centrada en las hojas de ejercicios, los exámenes y la búsqueda de la respuesta correcta, no favorece la curiosidad por sí misma. De niños, aprendemos que hacer demasiadas preguntas nos vale una mirada frustrada, o algo peor, del profesor. En casa puede que hayamos oído la respuesta «Porque lo digo yo» a nuestros eternos ¿por qué?, y por eso dejamos de preguntar.

Entre mis clientes y amigos, he notado que reina la mentalidad de que no hay tiempo para ser curiosos, que tenemos otras cosas más concretas que hacer. Y cuando tenemos el anhelo de ampliar nuestros conocimientos, tenemos a Google o a Siri para solucionarlo. Pero nos perdemos mucho cuando no somos curiosos. Me preocupa que la gratificación instantánea que obtenemos de la tecnología pueda acallar nuestras preguntas y limitar nuestra capacidad de complejidad.

La curiosidad nos desafía a reflexionar sobre nosotros mismos, el mundo y nuestro lugar en el universo. Nos anima a perseguir el conocimiento y el aprendizaje en lugar de ser receptores pasivos de cualquier cosa que aparezca en nuestras pantallas. Aunque los motores de búsqueda nos permiten explorar lo más desconocido y satisfacer nuestra curiosidad —lo que puede ser beneficioso hasta cierto punto—, es importante ser cauteloso para evitar la trampa de la sobrecarga de información. Al igual que cuando nos deleitamos con una comida deliciosa, el consumo excesivo de información puede hacernos sentir mentalmente lentos y dificultar nuestra capacidad para concentrarnos, retener conocimientos y tomar decisiones claras. Los algoritmos también pueden atraparnos en cámaras de eco, limitando nuestra perspectiva y contribuyendo a las divisiones sociales. La verdadera curiosidad y el aprendizaje van más allá del consumo; implican pensamiento crítico y aplicar lo que aprendemos.

Nos perdemos mucho cuando no somos curiosos.

La curiosidad es importantísima para nuestra capacidad de concentración. Funciona como precursora, dirigiendo nuestra atención hacia un pensamiento, una pregunta, una búsqueda de información. A medida que dirigimos nuestra mirada hacia su búsqueda, afinamos también nuestro enfoque. En este capítulo profundizaremos en la curiosidad y en las formas de alimentar una mentalidad inquisitiva para fortalecer nuestro músculo de la concentración.

La curiosidad es el deseo de buscar información, estar abierto a nuevas ideas y explorar nuevas posibilidades. Mientras leía un artículo de Judson Brewer, autor de *Unwinding Anxiety: New Science Shows How to Break the Cycles of Worry and Fear to Heal Your Mind*, conocí el trabajo de los psicólogos Jordan Litman y Paul Silvia, que identificaron los dos tipos principales de curiosidad: I-curiosidad y D-curiosidad. Como señala

Brewer, «La I de I-curiosidad representa el interés, los aspectos placenteros del hambre de conocimiento, mientras que la D de D-curiosidad representa el déficit, la idea de que si tenemos un vacío de información, entramos en un estado inquieto, desagradable, de necesidad de saber». La curiosidad de interés incluiría las preguntas que mis hijos me hacen a diario, o reflexionar sobre por qué las nubes se mueven tan deprisa, qué tono de verde quedaría bien en la pared de un dormitorio o cómo asar mejor el pescado. La curiosidad de déficit, por otro lado, consiste en llenar una carencia en nuestros conocimientos: el nombre de un colega de negocios, lo que ocurre a continuación en el programa de televisión que estamos viendo, la respuesta a una pregunta de trivial.

La curiosidad es el deseo de buscar información, estar abierto a nuevas ideas y explorar nuevas situaciones.

Las investigaciones han demostrado que la curiosidad está ligada a los circuitos de recompensa en el cerebro, regiones que se activan cuando anticipamos la llegada de una recompensa. Las vías de la dopamina se disparan con más intensidad cuando los niveles de curiosidad son altos. Los investigadores creen que, desde un punto de vista evolutivo, estamos cableados para ser curiosos, ya que conduce a la activación de sistemas de aprendizaje en nuestro cerebro, lo que aumenta nuestras posibilidades de supervivencia. Por extraño que parezca, con la D-curiosidad, recibimos un golpe de dopamina cuando encontramos la información que nos faltaba, pero con la I-curiosidad, el proceso de ser curioso en sí mismo es gratificante. No hay un destino específico para nuestra búsqueda; estamos disfrutando de la curiosidad por la curiosidad misma.

POR QUÉ IMPORTA LA CURIOSIDAD

Silvan Tomkins, un influyente investigador de las emociones, dijo: «La importancia de la curiosidad para el pensamiento y la memoria es tan amplia que su ausencia... pondría en peligro el desarrollo intelectual no menos que la destrucción del tejido cerebral... No hay competencia humana que pueda alcanzarse en ausencia de un interés que la sustente». Entonces, ¿cómo encaja exactamente el superpoder de la curiosidad en nuestra vida cotidiana?

La curiosidad está vinculada al aprendizaje

En 2021, la Organización para la Cooperación y el Desarrollo Económico (OCDE) analizó el desarrollo socioemocional de más de 3000 niños de diez y quince años de once países, incluido Estados Unidos, para ver su impacto en el rendimiento escolar. El estudio se centró en cinco áreas importantes:

- Mentalidad abierta (incluidas la curiosidad y la creatividad).
- Realización de tareas (incluidas la persistencia y la responsabilidad).
- Comprometerse con los demás (incluidas la asertividad y la sociabilidad).
- Colaboración (incluidas la empatía y la confianza).
- Regulación emocional (incluidos el optimismo y la resistencia al estrés).

La curiosidad, definida en la encuesta como el «interés de un niño por las ideas y el amor por el aprendizaje, la comprensión y la exploración intelectual» y el hecho de tener «una mentalidad inquisitiva», era una de las dos aptitudes estrechamente vinculadas a un mejor rendimiento académico (la otra era la persistencia). La OCDE destacó la necesidad de que los educadores se centraran en aumentar la curiosidad de los alumnos y, sobre todo, en asegurarse de que no decayera a medida que crecían, como parecía ser el caso. El informe afirmaba: «La curiosidad intelectual es un poderoso motivador intrínseco. Los alumnos que sienten curiosidad por un conjunto diverso de temas y les encanta aprender cosas nuevas están mejor preparados para enfrentarse a las dificultades y tienen más probabilidades de alcanzar sus objetivos».

La curiosidad mejora la memoria

Parece tener sentido que seamos más propensos a recordar algo por lo que sentimos curiosidad, y las investigaciones confirman que la curiosidad, como hemos visto, mejora la memoria. Durante un estudio en el que se plantearon preguntas triviales a algunas personas y se les sometió a una prueba posterior, los participantes eran mucho más propensos a recordar las respuestas a las preguntas que habían captado su interés, las calificadas como «preguntas de alta curiosidad», que las respuestas a las preguntas calificadas como de «baja curiosidad». Los datos de los escáneres cerebrales por IRMf tomados durante el estudio confirmaron la interacción de la curiosidad y la memoria, mostrando una conexión especialmente fuerte entre los centros de recompensa del cerebro y el hipocampo, una región importante para la consolidación de la memoria, cuando los participantes respondían a preguntas que habían despertado su interés.

La curiosidad fomenta la autoconciencia

Pasamos gran parte de nuestro tiempo en internet navegando y desplazándonos por infinitas cantidades de palabras, imágenes y vídeos y, mientras lo hacemos, los circuitos de recompensa de nuestro cerebro se activan: por el proceso de ser curiosos, por la anticipación de encontrar respuestas a nuestras preguntas y siempre que nuestras búsquedas se ven interrumpidas por notificaciones que nos pueden resultar agradables. Es interesante pensar en la curiosidad, este impulso evolutivo de buscar información, en una época de sobrecarga de información, y preguntarse si puede estar ayudándonos o perjudicándonos. O algo intermedio.

Podemos utilizar el poder de la curiosidad para recuperar nuestra atención y nuestra concentración. Podemos preguntarnos por qué pasamos tanto tiempo online, cómo nos está afectando realmente este consumo excesivo de información y si podríamos hacer algo diferente. Podemos darnos cuenta de que estamos navegando sin pensar o recibiendo información de forma pasiva y reajustar nuestro comportamiento.

Curiosidad empática

La curiosidad puede mejorar nuestra comprensión de los demás y fomentar relaciones más sólidas. Cuando nos interesa saber más sobre los pensamientos y sentimientos de otra persona, nos acercamos a ella y nos abrimos al mundo a través de sus ojos. Aunque no tenemos por qué estar de acuerdo con sus opiniones, la curiosidad puede promover una conexión más profunda y ampliar nuestros propios horizontes.

La curiosidad reconfigura el cerebro

Cuando sentimos curiosidad, prestamos más atención, tanto si buscamos información como si perseguimos una actividad o desarrollamos una relación. Nos guía para que podamos aprender y explorar, adquiriendo nuevos conocimientos y experiencias, y nos hace sentir bien en el proceso, por lo que estamos motivados para continuar. Como sabemos, ampliar nuestras capacidades y probar cosas nuevas crea cambios positivos en la estructura de nuestro cerebro y conduce a un mejor funcionamiento cognitivo. Cuanto más nos permitamos sentir y perseguir la curiosidad, mejor será para nuestro cerebro y nuestro bienestar mental.

ABRAZAR LA CURIOSIDAD

Cuando te permites ser curioso, puedes encontrarte aprendiendo algo nuevo. Puede que descubras que tu atención y tu concentración brotan con mayor intensidad de lo que recuerdas haber experimentado antes. Hacer preguntas es la chispa que te permite dar a tu curiosidad la oportunidad de impulsarte hacia este tipo de descubrimiento. Si puedes empezar a preguntarte «¿y si...?» o «¿por qué...?», estarás en el buen camino. Veamos algunos ejemplos de cómo funciona.

Hazte preguntas

No temas preguntar «¿por qué...?» o «¿y si...?». Tal vez estés haciendo de abogado del diablo o tal vez estés dejando volar tu imaginación. Sea como sea, descubrirás algo nuevo. Como adultos, a menudo tenemos la sensación de que ya deberíamos ser expertos en la vida y competentes en múltiples esferas diferentes, pero eso no hace más que cerrarnos a nuevas experiencias, ideas y formas de ser. Nos dificulta asumir el incómodo papel de ser principiantes. En última instancia, si no hacemos preguntas, nos estamos saltando una oportunidad de curiosidad, y somos nosotros los que nos la perdemos. Sé paciente contigo mismo y con los demás. Cuando alguien te haga preguntas, intenta verlo de forma positiva, como alguien que siente curiosidad. Puede que juntos descubráis algo nuevo.

Actúa según tus «¿y si...?»

No hace mucho, uno de mis clientes tuvo lo que describió como un «momento de iluminación» de autoconciencia. Se hizo una sencilla pregunta: «¿Y si no me pasara las tardes viendo Netflix?». Se había acostumbrado a tumbarse en el sofá después del trabajo, abrir una cerveza y ver la última serie de moda. Era relajante, pero empezó a darse cuenta de que se sentía algo adormecido, como si ya no fuera dueño de su tiempo. Decidió explorar su pregunta.

La primera noche, se sentó en su porche durante una hora, observando a los pájaros en el seto, a un gato que merodeaba y a sus vecinos que llegaban a casa del trabajo, y luego se dirigió al interior cuando empezó a anochecer. Fue un cambio sencillo, pero le pareció enorme, el comienzo de algo nuevo. Con el tiempo, ha aprendido a plantar un jardín de plantas aromáticas en su porche, al tiempo que entablaba amistad con su vecina, una ávida jardinera, y ha empezado a tocar la guitarra, algo que tenía curiosidad por probar desde la universidad. «No soy muy bueno —me dijo—, pero lo disfruto. Quizá cree una banda».

Algunas noches, todavía se sienta en el sofá y ve la última serie, pero a veces ve tutoriales de guitarra o jardinería. Su vida parece más plena porque se cuestionó a sí mismo, se preguntó «¿y si...?» y se atrevió a explorar su curiosidad. Tú mismo podrías probar este enfoque: pregúntate un simple «¿y si...?» sobre algo de tu vida, actúa en consecuencia y descubre adónde te lleva. ¿Y si invitara a mi vecino a tomar café? ¿Y si saliera de la oficina a las 5 de la tarde los martes? ¿Y si me mudara a la costa oeste? Las posibilidades son infinitas.

Mirar hacia arriba y hacia fuera

Siente curiosidad por el mundo más allá de tu propia burbuja y amplía tus ideas y puntos de vista. Habla con personas con creencias diferentes a las tuyas para obtener una visión más completa. Abraza la amplitud de la «visión de embudo», estando abierto a más de lo que ocurre a tu alrededor, en lugar del enfoque estrecho de la «visión de túnel». Una de mis clientas asiste a una serie de cenas, organizadas por su iglesia, en las que personas de diferentes orígenes políticos se reúnen y comen juntos, llegando a conocerse como personas. Una de las directrices que se comparten antes de la cena es «Sé curioso». Le ha resultado útil tener esto presente cuando alguien expresa una opinión que difiere de la suya, y le ha permitido estar más abierta a aprender por qué piensan así.

Programa algo de tiempo para pensar

Aunque pueda parecer contraintuitivo añadir elementos adicionales a tu agenda, la idea es asegurarse de que dispones de algún tiempo de la semana solo para pensar, para meditar sobre ideas o cuestiones de una forma más pausada en busca de respuestas o estrategias alternativas. Prepárate para que este tiempo de pensamiento libre te resulte incómodo al principio. En varios estudios, los investigadores descubrieron que a las personas no les gustaba pasar ni siquiera un poco de tiempo (de seis a quince minutos) a solas en una habitación sin nada que hacer salvo pensar. De hecho, preferían enormemente hacer algo, incluso actividades mundanas, y muchos incluso prefirieron administrarse descargas eléctricas antes que reflexionar sobre su monólogo interior. Nuestros cerebros están cableados para la estimulación, y el pensamiento no estructurado puede resultar desagradable. Sin embargo, cuando podemos estar a solas con nuestros pensamientos, podemos dar rienda suelta a nuestra curiosidad, permitiéndonos pensar a lo grande, ser expansivos y hacer preguntas. Considera la posibilidad de incorporar actividades que involucren con amabilidad tus sentidos a la vez que despiertan la reflexión. Por ejemplo, dar un paseo por la naturaleza puede ser una forma estupenda de combinar un poco de actividad física ligera con algo de reflexión. Las vistas y los sonidos de la naturaleza pueden ser calmantes y ayudar a encender tu chispa creativa, animándote a explorar nuevas ideas y a profundizar en problemas complejos.

Desmonta su tostadora

Diviértete abrazando de nuevo la curiosidad infantil y vuelve a aprender y redescubrir el asombroso mundo que te rodea. No desestimes las maravillas grandes y pequeñas que se encuentran en tu puerta por considerarlas poco importantes para tu vida. Descubre cómo se construyó ese nido de avispas vacío, averigua de dónde procede el agua del grifo o echa un vistazo a cómo funciona tu tostadora desde el interior (¡pero desenchúfala antes!). El mundo es un lugar más fascinante que las preocupaciones de tu bandeja de entrada. Ponte manos a la obra, reduce la velocidad y tómate tu tiempo para preguntar cómo funcionan las cosas.

Acércate al mundo con interés

Muchos de nosotros enfocamos el mundo como un problema que hay que resolver, y eso puede conducirnos a una visión menos amplia, más limitada. Si, por el contrario, nos interesamos por aprender más sin la urgencia de resolver, podemos cosechar los beneficios de la curiosidad, la oleada de dopamina que nos hace sentir bien, sin el estrés de necesitar encontrar respuestas o soluciones.

Aprende algo nuevo

Puede ser astronomía o golf, bailes de salón o backgammon. Tan solo debería ser algo por lo que sientas curiosidad, que tengas el anhelo de experimentar. Abraza la sensación de volver a ser un aprendiz, de no saberlo todo, de hacer preguntas, y descubre adónde te lleva.

Observa

Tómate tu tiempo para sentarse a observar el mundo pasar y ver qué preguntas te surgen. Una de mis clientas aparta a propósito su teléfono en el trayecto en autobús al hospital donde trabaja y juega a un juego consigo misma para fortalecer su músculo de la curiosidad. Ella lo llama «¿Pero por qué...?». En este juego, en lugar de aceptar sin más lo que hay a su alrededor, se pregunta «¿por qué?». Se pregunta a sí misma sobre sus compañeros de viaje, quiénes son y adónde pueden estar yendo, y a lo largo de los meses ha notado que se ha puesto en sintonía con la forma en que las emociones se mantienen en el cuerpo:

los hombros apretados que sugieren preocupación, la cabeza caída que parece expresar resignación. Se ha hecho preguntas sobre la ruta que sigue el autobús, los limpiaparabrisas, los asientos, por qué se diseñaron así y, si tuviera que rediseñarlos, cómo lo haría. Me dijo: «Puedo sentir cómo mi atención se activa y mi cerebro se pone en marcha cada vez que miro a mi alrededor de esta manera». Su mundo se ha hecho mucho más grande y detallado a medida que ha llevado el «¿Pero por qué…?» a su trabajo y a su vida personal. Prueba a practicar su propia versión de «¿Pero por qué…?».

Claves para enfocar tu mente

Este capítulo ha examinado las formas en que la curiosidad alimenta nuestra capacidad de concentración. Veamos cómo:

- **Enfoque más preciso a través de la indagación.** La curiosidad actúa como un faro que dirige nuestra atención hacia preguntas, ideas o áreas de exploración específicas. Este enfoque preciso está impulsado por el deseo de comprender y aprender.
- **El bucle del aprendizaje.** Despertar la curiosidad activa los centros de aprendizaje del cerebro, reforzando las conexiones entre las células cerebrales. Esto conduce a una mejora de la función cognitiva y de la memoria, lo que mejora en última instancia nuestra capacidad para concentrarnos y retener información.
- **Mente abierta para un compromiso más profundo.** La curiosidad fomenta el amor por el aprendizaje y una mente abierta. Esto nos permite abordar las tareas y la información con mayor concentración y un nivel de compromiso más profundo.

- **Rendimiento académico y más allá.** La curiosidad no es solo escolar, aunque las investigaciones demuestran que conduce a un mejor rendimiento académico. Promueve el conocimiento de uno mismo y fomenta conexiones más profundas con los demás a través de la empatía y el interés.

Reavivar la llama de la curiosidad

Este capítulo va más allá de la simple definición de la curiosidad, y ofrece formas prácticas de reactivarla:

- **Aprovecha el poder del «¿por qué?».** No temas hacer preguntas, cuestionar supuestos y explorar nuevas perspectivas. Este cuestionamiento constante mantiene tu mente activa y centrada.
- **Actúa según tus «¿y si...?».** Persigue tus curiosidades, grandes o pequeñas. Explora nuevas aficiones, intereses o formas de pasar el tiempo. Este acto de exploración alimenta tu deseo de aprender y mantiene tu concentración.
- **Amplía tus horizontes.** Busca puntos de vista diversos y comprométete con personas que tengan creencias diferentes. Esto amplía tu perspectiva y despierta la curiosidad.
- **Programa tiempo para pensar.** Dedica tiempo a la exploración no estructurada del pensamiento. Deja que tu mente divague y hazte preguntas abiertas.
- **Redescubre el asombro.** Acércate al mundo con la mente de un principiante. Explora los ¿cómo? y ¿por qué? que hay detrás de las cosas cotidianas.
- **Abraza la alegría de aprender.** ¡Comienza algo nuevo! Toma una clase, aprende una habilidad o tan solo profundiza en un tema que despierte tu interés.
- **Practica la observación.** Vive en el presente. Presta atención a lo que te rodea y deja que te sugiera preguntas y despierte tu curiosidad.

Epílogo

Al llegar al final de nuestro viaje juntos, me siento llena de gratitud por los momentos que hemos compartido y las ideas que hemos descubierto. También siento una oleada de esperanza. Esperanza de que hayas vislumbrado el poder que yace latente en tu interior: el poder de recuperar tu concentración, acallar el bullicio constante y abrirte camino a través de la jungla digital. Este libro no trata de convertirse en una máquina de productividad, que realiza tareas sin descanso en un torbellino incesante. Se trata de recuperar la esencia misma de lo que eres: un ser curioso y comprometido con la capacidad de elegir hacia dónde dirigir tu recurso más preciado: tu atención. A lo largo de estas páginas, hemos descubierto una verdad fundamental: que la atención no es un lujo pasajero, sino un derecho innato. Hemos aprendido que nuestra búsqueda de la concentración no consiste en retirarnos o aislarnos, sino en desenterrar y reiniciar lo que ya tenemos. Gran parte de este camino es un viaje de regreso a nuestro yo más auténtico. Se trata de rescatar el asombro infantil que una vez alimentó nuestro entusiasmo en las actividades, y de redescubrir la serena satisfacción que surge al prestar toda nuestra atención no solo a las tareas, sino también a las conexiones que de verdad importan.

Espero que a lo largo de este viaje hayas podido hacer una pausa en medio del frenesí de la vida diaria, que hayas podido reflexionar un poco sobre lo que realmente anhelas y, sobre todo, que hayas visto que la posibilidad de cambio está en tus manos. Una vez que comprendemos que podemos recuperar nuestro enfoque, podemos decidir hacia dónde redirigir nuestra atención. Para mí, eso es inmenso. No tenemos que girar sin cesar en la dirección que elijan los demás. Podemos recuperar el control y vivir nuestras vidas de acuerdo con nuestros valores más profundos, asignando nuestro tiempo y atención con intención.

Sé por experiencia que no es fácil, y que no siempre es posible, pero vivir una vida centrada la mayor parte del tiempo está a nuestro alcance... si seguimos intentándolo. También sé que cuanto más tiempo pasemos alejados de la atracción de nuestros dispositivos, más fácil nos resultará resistirnos a ellos. Podemos volver a entrenar nuestro cerebro para que se centre en el aquí y ahora, en el simple proceso de la vida tal y como se desarrolla. Para abrazar la magia de la curiosidad y el desorden de la creatividad. Para dedicar tiempo a alimentar la conexión profunda con los demás. Y cuanto más lo hagamos, más lo desearemos.

Podemos volver a entrenar nuestros cerebro para que se centre en el aquí y ahora, en el simple proceso de la vida tal y como se desarrolla.

En los últimos años, a medida que me he vuelto más cuidadosa con los aspectos en los que elijo centrarme, he experimentado una notable ligereza, una sensación de libertad respecto de la constante actividad, de la falsa urgencia. Me siento más auténtica, como si estuviera más en contacto con mis emociones, más presente y, en definitiva, más centrada en la vida real. Ha sido emocionante aprender a convivir con la tecnología en lugar de quedar atrapada en ella.

Espero que esta lectura y tu propio viaje hasta ahora te hayan llenado de inspiración. ¿Qué has decidido priorizar? ¿Hacia dónde dirigirás el foco de tu atención? ¿Cómo estás cambiando el rumbo de tu vida cada día que pasa?

Al embarcarte en la siguiente etapa de tu viaje, debes saber que llevas dentro de ti la brújula del enfoque, una guía fiable para atravesar las corrientes siempre cambiantes de la vida. Siempre podrás volver a este libro para estimular tu determinación.

Te deseo fuerza y claridad mientras continúas siguiendo la luz guía de la concentración. El poder está, y siempre ha estado, en tu interior.

Apéndice A. Kit de emergencia para la concentración

A veces, la vida se interpone en el camino de nuestras mejores intenciones. Para esos momentos en los que estamos completamente agotados, he elaborado una lista con mis cinco consejos favoritos para ayudarte a encontrar la concentración incluso en el ojo del huracán.

RESPIRA PARA ENFOCAR TU MENTE (RESPIRACIÓN DIAFRAGMÁTICA PROFUNDA)

Cuando te sientas abrumado o ansioso. Puede ser antes de una gran presentación, una conversación difícil o cualquier situación que desencadene tu respuesta al estrés. La respiración profunda activa el sistema de relajación del cuerpo; ralentiza tu ritmo cardíaco y calma los nervios. Para probarla, siéntate cómodamente y coloca una mano debajo de la caja torácica y la otra en la parte superior del pecho, de modo que puedas sentir cómo se mueve el diafragma al respirar. Inspira lentamente por la nariz, sintiendo cómo se dilata el estómago, pero manteniendo la mano sobre el pecho lo más quieta posible. Exhala por la boca, tensando los músculos del estómago al hacerlo.

Repite la operación durante un minuto o más.

CONTROLA TU TIEMPO DE ENFOQUE (ACCESO LIMITADO)

Cuando necesites concentrarte en una tarea compleja durante un periodo prolongado —como redactar un informe, abordar una larga lista de tareas pendientes o estudiar para un examen—la técnica de los bloques de tiempo puede resultar muy eficaz. Establecer bloques o periodos de trabajo con descansos breves te ayudará a mantener la concentración y evitar la procrastinación. Sé proactivo a la hora de evitar interrupciones: silencia las notificaciones, apaga el wifi o distánciate de tu compañero de trabajo charlatán para poder concentrarte de verdad.

MUEVE TU CUERPO (ACTIVACIÓN CINESTÉSICA)

¿Te sientes atascado ante un problema y necesitas una chispa creativa? El bloqueo del escritor, llegar a un callejón sin salida en un proyecto o necesitar una nueva perspectiva son situaciones en las que una rápida ráfaga de actividad física puede ser beneficiosa. Mover el cuerpo aumenta el flujo sanguíneo al cerebro, lo que puede potenciar la creatividad y la capacidad de resolver problemas. La duración exacta puede variar en función de la intensidad de la actividad física que elija y de la complejidad de tu problema, pero incluso diez minutos de ejercicio pueden bastar para que su creatividad vuelva a fluir.

CAMBIA DE ENTORNO (EFECTO NOVEDAD)

Cuando te enfrentes a un largo día de tareas repetitivas y necesites aumentar la concentración, un cambio de escenario puede ser lo que necesitas. La introducción de datos, el trabajo administrativo o cualquier situación en la que te sientas mentalmente aletargado pueden beneficiarse enormemente de esto. Un nuevo entorno estimula el cerebro y te ayuda a mantenerte comprometido con el trabajo.

ABRAZAR LA MICROMEDITACIÓN (FRAGMENTOS DE MINDFULNESS)

Cuando te sientas disperso y tu atención esté fragmentada, la micromeditación puede ser de gran ayuda. Sentirse abrumado por las exigencias de otras personas, realizar varias tareas a la vez entre proyectos o simplemente tener la mente ocupada son situaciones en las que esta técnica puede ser beneficiosa. Tomarse unos momentos para concentrarse en la respiración aquieta la mente y mejora la capacidad de concentración en la tarea que se estés realizando.

Estos cinco consejos pueden ser un buen punto de partida, pero te animo a explorar y experimentar, y, cuando tengas tiempo, a crear tu propio kit de herramientas de emergencia. Aquí tienes algunas cosas que debes tener en cuenta mientras lo haces:

- **Preferencia personal.** Ten en cuenta que las personas responden de forma diferente a las distintas técnicas, así que experimenta para ver qué va mejor contigo. Sé observador y curioso sobre tus propias respuestas.
- **Enfoque holístico.** Combinar diferentes técnicas para un enfoque múltiple puede ser más eficaz que confiar únicamente en un solo consejo. Quizá la música de concentración y la respiración profunda sea una combinación perfecta para ti, o quizás un paseo a paso ligero por un espacio verde sea el estímulo cerebral que necesitas.
- **Identifica tus desencadenantes.** Comprender qué desencadena tus distracciones puede ayudarte a evitarlas o a adelantarte a su impacto. ¿Pierdes la concentración en cuanto te entra hambre antes de comer? ¿Una rápida ojeada al correo electrónico se convierte en una excursión de compras online de una hora de duración cuando ves un mensaje sobre una oferta? Planifica en consecuencia.

Apéndice B. Guía de 21 días para concentrarte

Si quieres empezar a probar los métodos de este libro en un reto exhaustivo de veintiún días, esta sección es para ti. He creado una serie de pasos prácticos que puede seguir en relación con cada capítulo. Esta puede ser una forma poderosa de iniciar tu viaje hacia una mente más centrada. Aunque el plan está estructurado en veintiún días, también puedes adaptarlo a tu propio ritmo y necesidades, quizá centrándote solo en uno o dos elementos a la semana, o empezando por el área que te parezca más urgente y relevante en este momento de tu vida. La clave es empezar a tomar medidas, ya sean grandes o pequeñas.

DÍA UNO (INTRODUCCIÓN: COMPRENDER LA CONCENTRACIÓN)

Te invito a que empieces a desarrollar una nueva relación con la multitarea y a que veas tu concentración como un bien preciado que se aprovecha mejor realizando una «monotarea» (o tarea única). En esta etapa de tu viaje, basta con «pillarse en el acto» de la multitarea para aumentar tu conciencia de cuándo la utilizas más y empezar a pensar en estrategias para reducirla. A medida que reconozcas tus tendencias, podrás iniciar la transición, dando un paso cada vez, ayudado por las herramientas y sugerencias que aparecen a lo largo del libro.

Como primer paso, te recomiendo que establezcas ciertos momentos en los que dejes el teléfono a un lado —puede ser mientras trabajas o cuando estés con tu familia o amigos—. Esta única acción te ayudará en tu camino hacia la monotarea. Y recuerda que no será fácil. Adaptarte a las tareas únicas requiere algo más que práctica. Requiere compromiso, vigilancia y un nivel de autoconciencia que puede hacerte sentir incómodo al principio. Es un maratón, no un esprint. Sustituir hábitos arraigados requiere tiempo y esfuerzo. Sé paciente, celebra las pequeñas victorias y no te desanimes por los contratiempos.

A medida que avanzas a lo largo del día, sé consciente de cuándo estás cayendo en el hábito de la multitarea. En este caso, nuestro objetivo inicial no es encontrar remedios para lo que nos distrae, al menos no totalmente, ni tampoco plantearnos exigencias poco razonables. Por el contrario, se trata de ser conscientes de nuestros comportamientos y resaltar nuestra tendencia a hacer más de una cosa a la vez, y de reflexionar sobre las situaciones que pueden provocar estos comportamientos, para poder encontrar soluciones y alternativas en el futuro. La tarea de hoy también llamará tu atención sobre tu cerebro y el modo en que funciona, para que puedas comprender que intentar realizar varias tareas a la vez establece una competición por los recursos cognitivos, agota tu atención y enseña al cerebro ciertos comportamientos que fomentan hacer más de una cosa a la vez.

A lo largo del día, tómate un tiempo para evaluar lo que estás haciendo y anota si tu atención se centra en una tarea o en varias. Hazte algunas de estas preguntas:

- ¿Qué es lo que más te distrae a lo largo del día?
- ¿Recibes alertas en las pantallas portátiles?
- ¿Con qué frecuencia compruebas las redes sociales?
- ¿Te interrumpen las notificaciones?
- ¿Con qué frecuencia te interrumpes a ti mismo y por qué?
- ¿Con qué frecuencia te interrumpen los demás? ¿Cómo respondes?
- Lleva un registro de las distintas tareas que realizas y de las que sueles alternar. ¿Hay momentos del día en los que realizas más tareas múltiples que en otros?

A medida que avanza el día, puedes empezar a ser consciente de cuándo cambias tu atención de una tarea a otra. Pillarse en el acto es el primer paso para cambiar los hábitos. Intenta realizar una sola tarea durante el día de hoy. Cuando empieces algo nuevo, hazlo con intención, abordando una nueva empresa con deliberación. Anota mentalmente el comienzo de la actividad, disfrútala a medida que va sucediendo y, cuando termines, reconoce su finalización. Tal vez se trate de fregar los platos, hacer una llamada telefónica o bañar a un niño. Mantén la mente en la tarea que tienes entre manos, con el objetivo de terminarla antes de pasar a otra cosa. En este proceso, empezarás a entrenar a tu cerebro para que atienda a una tarea cada vez y no a la multitarea. Puede que te resulte extraño. Incluso puedes sentirte ineficaz. Pero en el fondo tu cerebro se sentirá mejor por ello.

Recuerda que la clave es el esfuerzo constante y la autoconciencia. Experimenta, encuentra lo que funciona mejor para ti y adapta tu enfoque según sea necesario. No te desanimes por los lapsus ocasionales: céntrate en el progreso, no en la perfección. En última instancia, la forma más eficaz de reducir la multitarea es aquella que puedas incorporar de forma sostenible a tu vida diaria y a tu estilo de trabajo.

DÍA DOS (CAPÍTULO UNO: VISIÓN Y COMPROMISO)

En la tarea de hoy, voy a ayudarte a crear tu declaración de visión. Una declaración de visión no es una hoja de ruta rígida para la vida; es tu guía interior, una luz que ilumina tus aspiraciones a largo plazo. Es una frase poderosa (o una de las pocas frases) que capta la esencia de lo que quieres conseguir y el tipo de vida que deseas vivir. Aunque tu visión puede evolucionar con el tiempo, tener una imagen clara de tu guía interior puede proporcionarte dirección y enfoque para tus decisiones.

El primer paso para elaborar tu declaración de visión es darte tiempo para la introspección. Para ello toma papel y bolígrafo, busca un espacio tranquilo, libre de distracciones y plantéate estas preguntas:

- ¿Cuál es la vida que deseas?

- ¿De qué te gustaría tener más? ¿Y menos?
- ¿Qué te hace sentirte más como tú mismo?
- ¿Qué tipo de impacto quieres tener en el mundo que te rodea?
- ¿Quiénes son las personas que más te importan?
- ¿Qué tipo de relaciones quiere cultivar con ellos?
- ¿Cómo te sientes cuando estás en tu punto óptimo?
- ¿Qué sentirías al utilizar tu mente y tu tiempo para traer más de esa sensación, sea cual sea, a tu vida?

A medida que reflexiones sobre estas preguntas, es posible que surja un tema o hilo conductor recurrente. Esta idea central es la semilla a partir de la cual florecerá tu declaración de visión.

Veamos algunos ejemplos para despertar tu creatividad y curiosidad:

- *Crear un refugio donde los vecinos conecten, compartan historias y cultiven juntos algo hermoso. Un espacio como un jardín que bulle de vida, fomenta un sentimiento de pertenencia y deja una huella positiva en el mundo.* Esta declaración pone de relieve el deseo de comunidad, de responsabilidad medioambiental y de mejorar la vida de los demás.
- *Vivir una vida rebosante de creatividad y aventura, aprendiendo constantemente y superando mis límites artísticos a la vez que inspiro a los demás a abrazar su propia chispa única.* Esta declaración hace hincapié en el crecimiento personal, la expresión artística y la inspiración a los demás.

Una vez que hayas elaborado una declaración de visión que te represente, ¡aférrate a ella! Escríbela, léela en voz alta y compártela con alguien en quien confíes. Revisar tu declaración de visión con regularidad puede proporcionarte motivación y mantenerte centrado en tus objetivos a largo plazo. Tu visión es un documento vivo, y puede evolucionar junto contigo.

DÍA TRES (CAPÍTULO DOS: COMBUSTIBLE)

Hoy me gustaría ayudarte a comprometerte a comer para tu bienestar mental y cognitivo. Muchos de nosotros conocemos los tipos de alimentos que deberíamos comer, y probablemente los comemos algunas veces. Pero a menudo nos desviamos, sobre todo cuando estamos ocupados. Puede ser muy útil establecer estructuras para que, incluso cuando estemos abrumados, podamos seguir dando prioridad a comer para concentrarnos.

En primer lugar, piensa en los cambios nutricionales específicos que quieres conseguir. Decir que te gustaría empezar a comer más sano en general no va a funcionar. Te parecerá un objetivo demasiado amplio y difícil de alcanzar. Como con cualquier tipo de fijación de objetivos, cuanto más específico sea, mayor será la probabilidad de que pases a la acción y tengas éxito. Puede que decidas empezar a beber una taza de té verde por la tarde, o aumentar tu consumo de bayas, o quizás integrar proteínas en el desayuno.

Haz balance de cómo es tu ingesta diaria de alimentos, no con el objetivo de contar calorías o restringir la dieta, sino para tener una idea de tus hábitos y pautas.

Desayuno

¿Desayunas? En caso afirmativo, ¿qué tipo de alimentos comes y dónde? ¿Te llevas algo para comer cuando sales corriendo por la puerta o compras algo de camino al trabajo? ¿Cuándo empiezas a sentir hambre durante el día? ¿Cómo son tus niveles de concentración por la mañana?

Almuerzo

¿Qué comes para almorzar? ¿Tienes una rutina para comer, o es más aleatorio o espontáneo? ¿Con qué frecuencia comes en tu escritorio o sobre la marcha? ¿Te saltas a veces la comida?

Cena

¿Cómo te sientes a la hora de cenar en casa? ¿Cocinas para ti y para los demás? ¿Te resulta estresante llevar la comida a la mesa? ¿Con qué frecuencia pides comida a domicilio o comes fuera? ¿Qué comes cuando lo haces?

Tentempiés

¿Con qué frecuencia tomas un bocado durante el día? ¿Qué tipos de tentempiés comes? ¿Cuáles son los motivos para picar entre comidas?

Fijación de objetivos

A medida que cambies tu forma de comer, anota los alimentos, bebidas o hábitos que te gustaría reducir o eliminar por completo, así como los que te gustaría introducir o adoptar.

Decide entre uno y tres objetivos alimentarios concretos que vayas a cumplir a diario. Recuerda que se trata de cambios pequeños y específicos, como «Cambio al café descafeinado después de las 3 de la tarde», no demasiado generales, como «Comeré más verduras». Una vez que hayas integrado cómodamente estos hábitos en tu vida, siéntete libre de añadir objetivos adicionales. Pero por ahora, mantenlos accesibles.

DÍA CUATRO (CAPÍTULO TRES: DORMIR)

Hoy, da un paso hacia la priorización del sueño evaluando lo bien que duermes actualmente y lo que podría ser útil cambiar. En primer lugar, piensa en tu sueño como un todo. ¿A qué hora sueles ir a dormir y a qué hora sueles despertarte? ¿Te cuesta dormirte? Si es así, ¿sabes por qué? ¿Te despiertas alguna vez durante la noche? ¿Cómo te sientes por la mañana y durante el día? ¿Sientes a veces el cerebro nublado y desconcentrado?

A la luz de lo que has observado sobre tus propios patrones de sueño, elige dos sugerencias del capítulo 3 para introducirlas en tu vida. Es mejor no intentar demasiados cambios a la vez, ya que podría parecerte abrumador y llevarte a abandonar tu intento de mejorar el sueño. Los pequeños pasos pueden marcar y marcarán una gran diferencia en tu vida. Si no estás seguro de por dónde empezar, te sugiero que empieces por crearte un ritual para ir a la cama que te resulte reconfortante y factible, algo a lo que puedas recurrir cada noche, incluso cuando estés fuera de casa. Y, como parte de ese ritual, relega el uso del teléfono a la hora de acostarte. Intenta dejarlo en otra habitación o, al menos, fuera de tu alcance, en el momento de relajarse antes de dormir.

DÍA CINCO (CAPÍTULO CUATRO: ACTIVIDAD FÍSICA)

Hoy trabajaremos para encontrar formas de introducir el ejercicio en tu rutina diaria replanteándolo como movimiento.

En primer lugar, tendrás que dar prioridad al ejercicio, mirando tu calendario de las próximas semanas y marcando los momentos en los que realizarás actividad física. Piensa si es más probable que te comprometas a hacerlo si tienes un horario fijo para poner tu cuerpo en movimiento, o si prefieres aprovechar los huecos de tiempo, siempre que puedas, a lo largo de la semana. Sé realista sobre el tiempo que necesitarás, teniendo en cuenta el tiempo de desplazamiento, si es necesario, o el tiempo para ducharte después si es preciso. A estas alturas, la idea es que incluyas la actividad física de alguna forma en tu horario para que puedas planificar en torno a ella y eliminar la excusa de que no tienes tiempo para mover el cuerpo.

A continuación, piensa en el ejercicio o actividad específicos que deseas realizar durante cada franja horaria asignada. Tómate algo de tiempo con esto y sé creativo sobre lo que de verdad te apetece hacer. Si subirte a una bicicleta elíptica te suena a pura tortura, no vas a seguir haciéndolo. Combínalo para hacerlo divertido, probando nuevas actividades o haciéndolo social. ¿Te gustaría caminar con un amigo o apuntarte a una clase? Estos planes requerirán más organización que una carrera por el parque por tu cuenta, así que asegúrate de ponerte en contacto con ese amigo o investiga las clases locales hoy mismo. Recuerda que el ejercicio viene en muchas formas y tamaños y no tiene por qué ser un entrenamiento largo o tener lugar en un gimnasio para que cuente para tu objetivo diario o semanal. Intenta añadir algunos «snacks de ejercicio» a tu día. Estos breves y vigorosos estallidos de actividad física pueden durar solo un par de minutos y son perfectos para encajarlos entre reuniones o citas. La idea es levantarte de su asiento y elevar el ritmo cardíaco. Puedes probar a hacer zancadas, saltar a la comba, subir escaleras o hacer flexiones. Intenta incluir una variedad de snacks varias veces al día.

Acostúmbrate también a considerar otras opciones de actividad física a lo largo del día. Presta atención a cuándo puedes caminar o subir las escaleras, o cuándo puedes tomarte unos minutos para estira los músculos. Tal vez la jardinería o las tareas domésticas, o incluso levantar las bolsas de la compra, tienen un papel importante. Solo porque sea funcional no significa que no sea ejercicio. Cuanto más puedas dirigir tu atención a encontrar posibilidades para mover tu cuerpo, más verás las oportunidades cuando surjan.

DÍA SEIS (CAPÍTULO CINCO: NATURALEZA)

La tarea de hoy es comprometerte a salir más a la naturaleza, ya sea planificando una salida al campo este fin de semana, paseando por una playa local o caminando por el parque de tu barrio antes de cenar. Algunos de nosotros pensamos que no somos «gente de naturaleza», pero como hemos visto, hay beneficios significativos incluso en la más pequeña exposición a la naturaleza. No se necesita ser mochilero.

Piensa en qué es lo más lógico para ti a la hora de incorporar tiempo en la naturaleza a tu semana. ¿Tienes días en los que podrías pasar una o dos horas caminando entre árboles o flores o adentrándote en un parque nacional, o por tu horario es más fácil fijar tiempos cortos varias veces a la semana?

Considera tus opciones: ¿hay lugares cerca de casa, la escuela o el trabajo que te ofrezcan oportunidades para alejarte, desestresarte y recuperar la concentración? Mira los mapas de tu entorno local y elige lo que te atraiga. ¿Necesitarás desplazarte a algún lugar para obtener los máximos beneficios? ¿Podrías plantearte un viaje de fin de semana a algún lugar? ¿Puedes ajustar tu ruta al trabajo o a la escuela, o mientras haces recados, para tener contacto con la naturaleza?

Basándote en el capítulo 4, piensa en combinar la actividad física con tiempo en la naturaleza algunos días, de modo que puedas aumentar el tiempo para ambas cosas. Otros días, tu inmersión en la naturaleza podría consistir en sentarte junto a un lago con un amigo o leer en el parque. De nuevo, la idea es mezclarlo para asegurarte de que estás disfrutando y aumentando la probabilidad de cumplir tu compromiso.

Ahora que has pensado en tus preferencias y posibilidades, haz una lista de las formas concretas en que piensas integrar la naturaleza en tu vida durante las próximas dos semanas. Proponte de tres a cinco excursiones a la semana —aunque solo sean unos minutos cada una— y cúmplelas.

Toma nota mentalmente de cómo te sientes con cada experiencia, anotando tu estado de ánimo y tu capacidad para concentrarte al volver.

DÍA SIETE (CAPÍTULO SEIS: REDEFINIR PRIORIDADES)

Vivir en sintonía con tu ritmo ultradiano puede ser poderoso. Veamos algunas formas concretas de aprovecharlo:

- **Impulsa la productividad.** Programa reuniones o trabajo creativo durante los «picos» y recárgate con descansos rápidos durante los bajones.
- **Mejora la concentración.** Evita luchar contra la fatiga. Utiliza los descansos para meditar, pasear o realizar tareas ligeras para recuperar la agudeza mental.
- **Duerme mejor.** Identifica tus momentos de baja energía naturales con el fin de ayudarte a programar el sueño para un descanso más profundo.

Al principio, céntrate en empezar a entender tus ritmos ultradianos evaluando cómo te sientes en cuanto a atención y energía a lo largo del día. Esto te hará más consciente de qué partes del día son mejores para abordar tareas que requieren mucha energía y concentración. El reloj interno de cada persona es único. Puedes descubrir el tuyo observando lo siguiente y haciéndose estas preguntas:

- ¿Con qué frecuencia eres capaz de concentrarte a lo largo del día?

- ¿Cuándo te sientes con más entusiasmo y energía?
- ¿Hay ciertos momentos del día en los que te encuentras mejor para concentrarte?
- ¿Hay ciertos momentos del día en los que te ves interrumpido una y otra vez?

A lo largo del día, valora tu energía, concentración y estado de ánimo utilizando la siguiente escala del 1 al 5 para cada uno:

- **Energía.** De 1 (deseas desesperadamente una siesta) a 5 (¡listo para partir!).
- **Concentración.** De 1 (completamente distraído, incapaz de mantenerte en la tarea) a 5 (concentrado como un láser).
- **Estado de ánimo.** De 1 (abrumado e infeliz) a 5 (contento y capaz).

Anota cómo te siente durante el día en los siguientes momentos:

	Energía	Concentración	Estado de ánimo
Después de despertar			
Por la mañana temprano			
A media mañana			
Al final de la mañana			
A la hora de comer			
A primera hora de la tarde			
A media tarde			
Por la tarde			
Al anochecer			
La hora de la cena			
Antes de acostarte			
Hora de acostarte			

Repite este ejercicio durante varios días para observar tendencias y patrones repetidos. A continuación, una vez que tengas una idea más clara de cuáles son tus patrones, intenta programar tareas exigentes durante tus horas «punta» y deja descansos para las bajadas. Observa cómo te sientes y haz ajustes a medida que afinas tu capacidad para utilizar tus ritmos ultradianos en el futuro.

DÍA OCHO (CAPÍTULO SIETE: CONCENTRACIÓN)

Para la tarea de hoy, piensa en el valor de estar atento, y en especial en la diferencia entre guiar tu atención y dejarte llevar por las distracciones. A medida que avances en tu día, intenta fijarte en tus pensamientos. Sé consciente de a qué prestas atención, de cuándo controlas tus pensamientos y de cuándo revolotean sin guía. No juzgues en este proceso. En particular, si padeces TDAH, es posible que se te haya juzgado con dureza por tener problemas para concentrarte, como si fuera un fallo personal. El objetivo aquí es no repetir esa narrativa falsa. Se trata de un ejercicio de toma de conciencia, de observar simplemente adónde va tu atención.

Piensa también en tu capacidad de concentración. ¿Te resulta difícil concentrarte en una cosa durante un periodo prolongado de tiempo? Si es así, ¿la dificultad es interna, como si tu cerebro no estuviera acostumbrado a trabajar tanto, o te interrumpen las distracciones externas? Abordar ambos elementos es la clave del éxito de la concentración.

Vamos a ejercitar de forma activa tu músculo de la concentración probando este ejercicio:

- Ponte una alarma para cinco minutos y comprométete a permanecer en una tarea durante ese tiempo, resistiendo las distracciones internas y externas aunque te resulte incómodo.
- Si en esos cinco minutos te distraes, no te reprendas. Solo vuelve a centrar tu atención en la tarea una vez que te hayas dado cuenta de la distracción y continúa.
- El mundo ha pasado años entrenándote para distraerte. Recuerda que volver a aprender a concentrarse es un trabajo lento.

- Programa otra sesión de concentración cada día durante los siguientes días, aumentando el tiempo un minuto cada día y llegando a los diez minutos. Con el tiempo empezará a resultarte más fácil.

DÍA NUEVE (CAPÍTULO OCHO: EVALUAR LA URGENCIA)

Pongamos a trabajar la matriz de decisión de Eisenhower y la IUAN (Importante, Urgente, Ambos, Ninguno).

Piensa en tus próximas tareas, objetivos y compromisos:

- **Reserva hoy un tiempo para revisar tus tareas y establecer prioridades entre ellas.** Aunque solo sean diez minutos, tómate un tiempo cada día para pensar en lo que tienes que conseguir.
- **Sé realista sobre el tiempo con el que cuentas y lo que puede conseguir.** No intentes hacer demasiadas cosas a la vez. Es mejor centrarse en unas pocas tareas importantes y hacerlas bien que intentar hacerlo todo y acabar sintiéndose abrumado.
- **No temas delegar tareas.** Si tienes pareja, pídele ayuda con las tareas domésticas y el cuidado de los niños o, si es posible, contrata a alguien que te ayude. También puedes delegar tareas en otros miembros de la familia, amigos o vecinos.
- **No temas eliminar tareas.** No todo lo que hay en tu lista de tareas pendientes es esencial. Si hay tareas que puedes eliminar o posponer, no lo dudes.
- **Revisa tus prioridades con regularidad y haz los ajustes necesarios.** Tus prioridades cambiarán con el tiempo, por lo que es importante revisarlas a menudo.

Veamos un ejemplo de cómo una madre trabajadora con niños pequeños podría utilizar la matriz de decisiones de Eisenhower:

Importante

- Planificar semanalmente una noche de cena familiar divertida.
- Programar una hora para hablar con el profesor de tu hijo sobre sus progresos en la escuela.
- Discutir un plan de promoción con mi jefe.

Urgente

- Comprar zapatos en las rebajas que terminan esta noche.
- Visitar el mercado de agricultores antes de que cierre por el verano.
- Limpiar el salón antes de que lleguen los amigos a cenar.

Ambos

- Responder a una llamada de la escuela que informaba que uno de los niños está enfermo y necesita que lo recojan.
- Terminar la presentación que tienes que hacer mañana en el trabajo.
- Asistir a una cita médica para mi hijo.

Ninguno

- Comprobar las redes sociales.
- Ver el programa de televisión del que todo el mundo habla maravillas.
- Confirmar la recepción del correo grupal.

DÍA DIEZ (CAPÍTULO NUEVE: RENOVARSE)

Hoy te tomarás en serio lo de hacer pausas a lo largo del día. Piensa en las ocasiones en las que has permanecido demasiado tiempo en un proyecto, luchando contra el cansancio y la niebla cerebral, quizá tomando cafeína para mantenerte concentrado. ¿Cómo te sentiste durante la tarea? ¿Y después? ¿Desearías que hubiera otra forma de recuperar la concentración y la energía?

Al repasar los ejemplos del capítulo 9, considera las distintas formas en que puedes tomarte un descanso. Crea un «menú» de opciones de pausa que te resulten atractivas y estén acorde con tu estilo de vida. Tener a mano una lista de opciones de pausas atractivas y prácticas hará más probable que te tomes una pausa cuando la necesites. Siéntete libre de aportar ideas y opciones propias, pero asegúrate de no estar disfrazando una tarea laboral como una pausa. Considera la posibilidad de dividir tu menú en pausas cortas (de cinco a diez minutos), medias (de quince a treinta minutos) y más largas, en función del tiempo del que disponga. Selecciona una de las opciones de tu menú y comprométete a hacer una pausa hoy mismo.

DÍA ONCE (CAPÍTULO DIEZ: MEMORIZACIÓN)

Para la tarea de hoy, prueba los siguientes ejercicios para mejorar la memoria y la concentración. Se basan en una estrategia eficaz llamada *recuerdo activo*, que consiste en retarse a uno mismo a recordar la información a la que se ha estado expuesto.

Existen diversas formas de practicar:

- **Cuestionarte** sobre la información que has aprendido recientemente.
- **Resumir** un texto que acabas de leer.
- **Recordar** los pasos de una tarea que acaba de completar.
- **Dibujar** un mapa de un lugar que acabas de visitar
- **Explicar** un concepto a otra persona

Veamos algunas formas concretas de ponerlo a prueba hoy mismo:

- Memoriza un poema o una cita que siempre te haya gustado.
- Escucha las primeras líneas de una canción y comprueba si puedes recordar todas las estrofas posteriores.
- Juega al GPS e imagina que estás dando indicaciones giro a giro para llegar desde tu casa al trabajo, a la escuela o a tu cafetería favorita. ¿Cómo le dirías a alguien cómo llegar del

punto A al punto B? Si no conoces los nombres de las calles, intenta hacer referencia a puntos conocidos o distancias.

- Cuando salgas de tu casa, de una sala de conferencias o de una tienda, intenta recordar todo lo que observaste en ese lugar, desde el color de la pared hasta los objetos de la mesa. Reconstruye la descripción más precisa que puedas.

Practica a diario durante cinco minutos, luego amplía a más si puedes.

DÍA DOCE (CAPÍTULO ONCE: PRESENCIA)

Encontrar formas de estar en el presente es el tema para tu progreso hacia el enfoque de hoy. Pregúntate qué es lo que suele alejarte del momento presente. ¿Son las distracciones externas de otras personas o de tus dispositivos? ¿Hay mensajes o tipos de notificaciones concretos que te resulta difícil ignorar y que te alejan del momento presente durante periodos de tiempo prolongados? ¿Tiendes a preocuparte o rumiar mucho? ¿Eres más propenso a proyectarte en el futuro o a rememorar un acontecimiento pasado?

Anota tres cosas que te gustaría hacer para estar más presente a diario. Vuelve a consultar el capítulo 11, en la sección «Cómo traer la presencia a nuestras vidas», para encontrar ideas que puedas aplicar. Reflexionando sobre las preguntas anteriores del día once, puedes adaptar tu enfoque a los momentos en los que es más probable que desconectes.

¿Puedes descuidar selectivamente ciertos elementos? Teniendo en cuenta qué comportamientos tienden a sacarte del presente, ¿puedes eliminar algunos de ellos, o al menos reducirlos? Quizá podrías activar recordatorios preventivos para evitar las distracciones que más tiempo te quitan. Por ejemplo, si sabes que durante las pausas de trabajo tiendes a revisar las redes sociales en lugar de tomarte un descanso reparador, añade una alerta que puedas ver cuando comiences la pausa, o anota un recordatorio en tu lista de tareas pendientes. La idea es dejar de mirar el teléfono de forma selectiva y sustituirlo por acciones que sean más tranquilizadoras y propicien la concentración, como ir al parque en tu descanso o practicar la respiración profunda.

DÍA TRECE (CAPÍTULO DOCE: PROCESO)

Tómate un tiempo para pensar en lo mucho que te centras en los resultados en lugar de en el proceso, y en cómo eso puede estar afectando a tu enfoque. Si descubres que muchos de tus pensamientos y actividades están orientados a los resultados, intenta replantearlos desde el punto de vista del proceso. Esto podría significar examinar cómo estás definiendo tus objetivos y ver si siempre estás orientado al destino. Puedes seguir teniendo objetivos, pero asegúrate de que no son objetivos absolutos. Por ejemplo, «Quiero correr una maratón» podría reformularse como «Me gustaría fortalecer mi cuerpo, mejorar corriendo y aumentar mi distancia». De este modo, cada vez que hagas ejercicio, muevas tu cuerpo o salgas a correr, estarás atendiendo al proceso y cumpliendo tu deseo. Si por el camino acabas corriendo un maratón, ¡bien por ti!

Considera dos objetivos en los que hayas estado trabajando y cómo puedes replantear la narrativa. Piensa en formas de hacerlos más orientados al proceso, quizá dividiéndolos en fragmentos del tamaño de un bocado. ¿Puedes infundirles alegría o significado para ayudarte con la incomodidad que a menudo conlleva el proceso? ¿O encontrar formas de incorporar celebraciones, de encontrar el lado positivo en los pasos cotidianos? ¿Qué puedes disfrutar mientras desarrollas el músculo de permanecer en el proceso?

DÍA CATORCE (CAPÍTULO TRECE: PRÁCTICA)

Aquí trabajarás en el apilamiento de hábitos, iniciando el impulso para que se desarrollen nuevos hábitos de enfoque. Piensa en qué hábito deseas centrarte y ¡empecemos a apilar!

- Nombra el nuevo hábito que deseas crear. Asegúrate de que se trata de algo específico y procesable («Leer un libro por la mañana» frente a «Leer más», o «Dar un paseo de quince minutos después de comer» frente a «Ser más activo»).
- Decide a qué comportamiento actual vincularás el nuevo comportamiento para que se convierta en una práctica diaria. Podría ser estirarte durante unos minutos después de

levantarte de la cama, completar un ejercicio de equilibrio mientras te cepilla los dientes o cambiar el té matutino por un ritual de té consciente, lo que mejor se adapte en tu vida.

- Vincula el nuevo hábito al antiguo comportamiento en tu mente y dilo en voz alta. «Cada vez que me levante de la cama por la mañana, meditaré durante doce minutos». «Con el café de la tarde, leeré un capítulo de un libro en lugar de mirar el teléfono».
- Recuerda que debes ser específico.
- ¡Pruébalo! A medida que pongas en práctica el hábito apilado, puede que descubras que la conducta a la que has acoplado ese hábito no encaja del todo bien; quizá no hay tiempo suficiente, o las actividades no encajan (es decir, apilar la meditación antes del café matutino está resultando ser una receta para una siesta improvisada). Sé flexible y prepárate para realizar los ajustes necesarios.

DÍA QUINCE (CAPÍTULO CATORCE: AUTORREGULACIÓN)

Como hemos visto, el estrés puede afectar negativamente a tu salud e interponerse en el camino del pensamiento de alto nivel. Teniendo esto en cuenta, comprométete a introducir algunas estrategias en tu día para desestresarte. En primer lugar, reflexiona sobre lo que te produce estrés:

- ¿Cuándo notas que te sientes estresado a lo largo del día?
- ¿Hay situaciones, tareas o personas concretas que asocies con el estrés?
- A la inversa, ¿cuándo te sientes más relajado?
- ¿Qué situaciones te hacen sentirte más a gusto?

Una vez que tengas una idea de tus factores desencadenantes del estrés y de tu respuesta a ellos, vuelve a consultar el capítulo 14, elige una o dos sugerencias y pontee en serio a aplicarlas. Podría ser dar prioridad al sueño o incluir el ejercicio o la actividad física en su horario.

A muchos de nosotros nos afecta el estrés y no tenemos por qué estarlo, al menos no todo el tiempo.

Ahora que has elegido algunas formas saludables de relajarte, piensa en cómo puedes aprovechar las herramientas de autocontrol del capítulo para asegurarte de que tus días incluyen cosas que deseas y valoras. Reevalúa algunos de tus objetivos y comprueba que tus comportamientos te dirigen hacia ellos. ¿En qué estás trabajando personal o profesionalmente? Al observar tu día, ¿puedes ver esos objetivos reflejados en aquello a lo que estás dedicando el tiempo? Define algunas tareas, pasos o compromisos que te ayuden a dejar de ceder a la gratificación a corto plazo. Si los dices en voz alta o los anotas, fortalecerás el camino.

DÍA DIECISÉIS (CAPÍTULO CATORCE: AUTORREGULACIÓN)

Hoy seguirás una práctica básica de la técnica de entrenamiento de la atención (ATT) diseñada para ayudarte a desarrollar una concentración precisa y mejorar tu capacidad para gestionar las distracciones. Practica estos ejercicios e intenta incorporarlos a tu rutina habitual en adelante.

En preparación

- **Encuentra tu zona tranquila.** Elige un entorno tranquilo y libre de distracciones para lograr una concentración óptima.
- **Relaja tu mente.** Respira profundamente unas cuantas veces o realiza una técnica de relajación breve para asentar tus pensamientos.
- **Reúne tus herramientas.** Ten a mano cualquier grabación o instrucciones que vayas a necesitar para los ejercicios.

El entrenamiento de enfoque

- **Concentración selectiva.** Entrena tu atención concentrándote en un único sonido (por ejemplo, un metrónomo, el suave tictac de un reloj o el piar de los pájaros en el exterior) durante veinte segundos seguidos. Redirige suavemente tu atención si tu mente divaga. Repite este ejercicio varias veces.

- **Cambio rápido.** Desafía a tu mente cambiando rápidamente tu enfoque entre diferentes sonidos (por ejemplo, los tonos agudos de las campanillas de viento y los tonos graves del tráfico exterior o el estruendo de la lavadora) durante cinco segundos cada uno. Aumenta gradualmente el ritmo a medida que vayas mejorando.
- **Atención dividida.** Amplía tu atención prestando atención a varios sonidos simultáneamente (por ejemplo, sonidos de la naturaleza y gente hablando y riendo en el parque). Observa cómo tu cerebro desplaza la atención entre los distintos paisajes sonoros.

Impulsar la práctica

- **Empieza poco a poco, sé constante.** Comienza con sesiones de práctica cortas y aumenta gradualmente la duración a medida que desarrollas tu músculo de la concentración. La práctica regular es la clave para mejorar.
- **Sé paciente.** Construir el enfoque es un maratón, no un esprint.
- **Reconoce tus victorias.** Reconoce y celebra tus logros, por grandes o pequeños que sean. Reconocer los logros refuerza el comportamiento positivo y te mantiene motivado.

DÍA DIECISIETE (CAPÍTULO QUINCE: QUIETUD)

Tómate unos minutos para pensar en la antítesis de la quietud y reflexionar sobre lo que parece agitado en tu vida en este momento. Puede ser una sola cosa o muchas. ¿Cómo te sientes respecto a estos elementos frenéticos? ¿Por qué están en tu vida y qué contribuye a ello? ¿Hay algo que puedas hacer para cambiarlos? Mientras sigues reflexionando sobre estas cuestiones, aquí tienes algunas preguntas que pueden resultarte útiles:

- ¿Qué papel desempeñan para ti el ajetreo y la urgencia?
- ¿Consideras que estar siempre ocupado equivale a llevar una buena vida?

- ¿Te hace sentirse necesitado? ¿Como si estuvieras experimentando todo lo que la vida puede ofrecerte? ¿O surgen otros sentimientos?
- Cuando piensas en abrazar la quietud, ¿qué pensamientos y emociones te brotan? ¿Te parece atractivo? ¿Inalcanzable? ¿O simplemente no es para ti? Considera por qué puedes pensar así.

A medida que vayas realizando los ejercicios de este apéndice y avances en las próximas semanas, irás aprendiendo a darle una oportunidad a la quietud en tu vida. Así que considera cómo podrías disminuir el ruido eliminando de tu rutina diaria algunos de los factores que contribuyen al ajetreo y la urgencia que sientes:

- Elige dos áreas de tu vida en las que te gustaría trabajar. Reflexiona sobre por qué las sientes agitadas y qué te gustaría cambiar en ellas. Sé específico y visualiza cómo sería tener más quietud y facilidad en estas áreas. Esa visión es una motivación poderosa.
- Elige dos elementos de quietud del capítulo 15 —empezando por la sección «Abrazar la quietud»— que te gustaría aplicar a estas partes ocupadas de su vida, y comprométete a probarlos esta semana. Quizás uno de ellos podría ser la sección «Meditación guiada theta».

DÍA DIECIOCHO (CAPÍTULO DIECISÉIS: ESCUCHA ACTIVA)

Fíjate en tu estilo de escucha mientras haces tu vida hoy. Intenta descubrir si te concentras plenamente cuando la gente te habla o si tiendes a realizar varias tareas a la vez. ¿Hablas mucho por teléfono? Durante las conversaciones, ¿interrumpes a los demás? Si es así, ¿cuáles crees que son tus motivos? ¿Tiendes a asentir con la cabeza y a desconectar? ¿Te encuentras formulando una respuesta mientras otra persona está hablando? Cuanto más consciente seas de tus hábitos al escuchar, antes podrás empezar a cambiar.

A lo largo del día, toma nota también de cómo te escucha la gente cuando estás hablando. Fíjate en lo que sientes cuando alguien no te presta atención mientras hablas, o si acribillas con interrupciones, opiniones y consejos lo que está diciendo.

Reserva algo de tiempo para practicar la escucha activa con alguien en quien confíes. Invita a un amigo o a un ser querido a una conversación reflexiva y prueba a escuchar atentamente. ¿Cuáles son tus impulsos naturales mientras la otra persona está hablando? Céntrate en escuchar lo que dicen e intenta comprender. Haz algunas preguntas abiertas y comprueba adónde te llevan. Practica parafrasear lo que ha dicho el interlocutor. Puedes preguntar: «¿He dado en el clavo de lo que sientes o hay algo que se me haya escapado?».

Comprométete a desarrollar la práctica de la escucha atenta durante los próximos días y semanas para que se convierta en algo natural para ti.

Descubrirás que tus conversaciones son más significativas y menos estresantes, y que tu capacidad de atención aumenta.

DÍA DIECINUEVE (CAPÍTULO DIECISIETE: EN LA VIDA REAL)

La próxima vez que te encuentres navegando por las redes sociales en busca del murmullo de la conexión, anota cuánto tiempo pasas allí. ¿Qué esperas? ¿Cómo te sientes después? ¿Sientes que se han satisfecho tus necesidades? Si es como muchos de nosotros, seguirás anhelando la conexión en persona.

Para la tarea de hoy, te reto a que dejes a un lado el teléfono, salgas a dar un paseo y te permitas estar abierto a lo que la vida real te tenga reservado. Sé consciente de la gente que te rodea mientras sigues con tu día. ¿Necesita alguien ayuda para abrir una puerta o indicaciones para llegar a algún sitio? Quizá reconozcas a alguien y puedas saludar (podría ser de una de tus clases en la universidad, del gimnasio o del colegio de tu hijo, por ejemplo). Presta atención a la información sobre eventos locales, oportunidades de voluntariado o clases para ver si puedes encontrar opciones para socializar en persona.

Cuando regreses a casa, haz balance de cómo te sientes, de lo que notaste mientras estabas fuera y de las interacciones sociales que tuvieron lugar.

DÍA VEINTE (CAPÍTULO DIECIOCHO: CREATIVIDAD)

La creatividad o la inspiración a menudo parecen aleatorias, pero en realidad no lo son tanto como creemos. Podemos crear las circunstancias que conviertan la inspiración en un acontecimiento regular y predecible. Una de las mejores formas de encontrar soluciones y potenciar la concentración es dejar de intentarlo: concentrarse demasiado en algo puede provocar parálisis cognitiva. Así que tómate un descanso, deja que tu mente divague y fomenta por un momento la libertad creativa mental. Sabemos que es saludable dar un paseo diario, ¡así que llevemos también a nuestros cerebros a dar un paseo diario! La ciencia nos demuestra que, aunque el pensamiento analítico se utiliza mejor en momentos de alerta, la creatividad está en el punto álgido cuando tu mente está menos encendida.

Así que asegúrate de elegir un momento del día para dejar que tu mente divague cuando te estés relajando. Empieza poco a poco las primeras veces y luego ve aumentando, entrenando tu cerebro para la apertura y potenciando la creatividad. Pon un temporizador para dos minutos. Parece poco tiempo, pero cuando nuestro cerebro no está acostumbrado a divagar y siempre está lleno de cosas por hacer, dos minutos pueden parecer mucho al principio. Concéntrate en tu respiración, mira por una ventana o sal al exterior y contempla un punto en la distancia. Permite que se produzca cualquier pensamiento o sensación. El objetivo, un poco como en una meditación, es permitir que estos pensamientos pasen sin pensar demasiado ni juzgar. Aumenta el tiempo y cambia de lugar cada pocos días para cosechar los beneficios.

Reflexiona sobre lo que te vino a la mente durante tus «divagaciones cognitivas».

DÍA VEINTIUNO (CAPÍTULO DIECINUEVE: CURIOSIDAD)

Tómate hoy un tiempo para reflexionar sobre tus intereses. No te censures, más bien deja que tus pensamientos y preguntas se desarrollen. Si tuvieras todo el tiempo del mundo, ¿qué elegirías hacer? ¿Cómo cambiarías tu vida, tu barrio, el mundo? Piensa en tu infancia e intenta recordar qué absorbía tu atención. ¿De qué era difícil apartarse cuando te llamaban a cenar?

Sé intencionado a la hora de abrazar el aprendizaje y de explorar nuevos aspectos de tus propios pensamientos y del mundo que te rodea. Sal de tus rutinas y observa lo que se desata. Prométete ser más curioso sobre tu papel en el rompecabezas de la existencia humana.

Cuando te surjan preguntas, sigue con los «por qué».

Elige tres cosas nuevas por las que sientas curiosidad y comprométete a explorarlas esta semana. Puede ser cualquier cosa, desde leer un libro sobre astronomía hasta escuchar un género musical diferente o averiguar cómo reducir tu huella de carbono. Lo único que cuenta es que despierten tu interés.

Por último, considera la posibilidad de volver a consultar esta guía de vez en cuando. Puede que te sorprendas de las nuevas percepciones que extraigas en cada lectura. A medida que crezcan tus conocimientos y experiencias, también lo harán tu capacidad de cambio y tu habilidad para recuperar la atención. La guía te sirve de trampolín para lanzarte a explorar una vida más centrada, pero también puedes utilizarla para volver a comprometerte con tu viaje y reforzar tu determinación. Así que no temas volver a visitar estas páginas, utilizarlas como punto de referencia y permitir que despierten nuevas posibilidades.

Agradecimientos

Este libro nació del deseo de concentrarme en medio de la efervescencia de mi vida. Cada palabra, un fragmento de mi alma, trazó un viaje hasta lo más profundo de mi ser. Este esfuerzo no habría sido posible sin el apoyo incondicional de innumerables personas.

En primer lugar, quiero agradecer de corazón a mi agente literaria, Meg Thompson. Eres una joya única, una persona inteligente y con un alma hermosa, y me siento muy afortunada de trabajar contigo. Desde el principio, has defendido mi voz y mi visión. Tu confianza en mí ha sido clave en mi carrera. Gracias, Meg, por acompañarme en este increíble viaje a lo largo de los años. También quiero expresar mi sincero agradecimiento a Lindsey Tate, cuyo discernimiento, espíritu sereno y consumada experiencia en la escritura y la edición han creado un oasis en medio del torbellino de mi proceso creativo. Este libro no sería lo que es sin ti.

Mi más sincero agradecimiento a Gwen Hawkes, mi brillante editora desde el principio; Sean Moreau, mi editor jefe de producción; la correctora Katherine Streckfus; las correctoras Kay Mariea y Lori Lewis; el indexador Robie Grant; y al resto del talentoso equipo de Hachette Book Group. Gwen, desde nuestra primera conversación, sentí una profunda conexión y una chispa emocionante. Tu aliento, tus agudas percepciones y tu inquebrantable dedicación hicieron que todo el proceso fuera un placer. Me siento increíblemente afortunada de haberte tenido como guía en las etapas más formativas de este proyecto. Al equipo de Balance y Grand Central Press, incluyendo a la editora Nana Twumasi, Nzinga Temu y Natalie Bautista, gracias por vuestro papel en el desarrollo de este proyecto. Vuestro apoyo para llevar este libro a su etapa final es muy apreciado.

A mis leales, empoderadoras y estimulantes amigas: Sois la hermandad que nunca supe que necesitaba, y mi corazón rebosa de gratitud. Habéis sido mi ancla en los momentos de agobio, ofreciéndome vuestra escucha activa, vuestras risas compartidas, vuestra ayuda con el coche y todo lo demás. Vuestro apoyo y comprensión han sido mi salvavidas. Gracias por ser el alma que da forma a mi vida. También a las personas increíbles que ayudan a cuidar de nuestros hijos y nuestro hogar, vuestras contribuciones y vuestra fiabilidad son inestimables. Vuestra preciada ayuda me ha permitido equilibrar mis innumerables responsabilidades y mi carga mental. Estamos verdaderamente agradecidos por vuestra amabilidad, vuestra generosidad y vuestra pureza de corazón.

A Fianna, mi querida hermana, y a tu preciosa familia, incluidos mis sobrinos, que cuando eran recién nacidos me revelaron por primera vez la capacidad ilimitada del amor de una forma que nunca antes había conocido: vuestra devoción y vuestro desinteresado cuidado de nuestro vínculo, que trasciende la distancia y la edad, han sido mi consuelo en las tormentas de la vida. Sois mis confidentes más cercanos, mis mejores amigos, una fuente de amor incondicional y de motivación inquebrantable. Eres la hermana con la que todos los sueños pueden hacerse realidad, y te estaré eternamente agradecida.

A mis padres, Esfira y Frank: Vuestra dedicación y generosidad sin límites me han moldeado en todos los sentidos. Habéis alimentado los cimientos sólidos sobre los que me apoyo, arraigados en la fortaleza de vuestra extraordinaria experiencia como inmigrantes. Ser testigo de vuestra perseverancia encendió en mí una ferviente determinación y cultivó lecciones que resuenan en cada página.

Vuestra persistencia y vuestro amor incondicional, junto con vuestra profunda conexión con nuestra herencia, me han dado el valor para seguir adelante. Os estaré eternamente agradecida.

A mi compañero eterno, mi alma gemela, mi esposo, Joel: Eres mi roca y tu fe en mí siempre ha sido mi fuerza vital. Encarnas la esencia de la concentración y la determinación que exploro en estas mismas páginas, inspirándonos a todos cada día. Somos almas gemelas que hemos emprendido un viaje extraordinario e intenso, arraigado en nuestro compromiso mutuo. Aprecio nuestra sinceridad y profunda humanidad, que solo se encuentran en una conexión inquebrantable y auténtica que hemos construido sobre el respeto mutuo, un amor profundo y una confianza indomable. Tu dedicación a nuestra familia nos ha dado a todos la libertad de volar. Por esto, por ti y por la fuerza de nuestra unión, mi corazón te estará eternamente agradecido.

Mis queridos hijos, Ethan, Ava, Ella (¡y nuestro juguetón perro, Charlie!): Sois la esencia de mi atención, los arquitectos y reforzadores de mi energía. Aunque hayáis desbaratado mis supuestas prioridades en innumerables ocasiones, al hacerlo habéis revelado lo que realmente importa. Vuestra luz guía me recuerda que la concentración no consiste en excluir, sino en abrazar el vibrante caos de la vida. Sois el paisaje emocional que me da forma y me habéis desafiado a redefinir la intencionalidad y a vivir con un propósito. Espero que nunca perdáis vuestro sentido de la maravilla y vuestra aguda capacidad para involucraros en la vitalidad de cada momento. Me maravilláis cada uno de vosotros. Este libro es un testimonio de nuestra evolución compartida, una carta de amor grabada con la más profunda gratitud de una madre.

Notas

INTRODUCCIÓN

xx **el psicólogo y filósofo William James:** William James, *Los principios de la psicología*, 2 vols. (Nueva York: Dover, 1950), cap. II. 11. Pub. orig. 1890.

xxvi **veintitrés minutos y quince segundos:** Gloria Mark, Daniela Gudith y Ulrich Klocke, «The Cost of Interrupted Work», Actas de la Conferencia SIGCHI sobre Human Factors in Computing Systems, 6 de abril de 2008, https://doi.org/10.1145/1357054.1357072

xxvii **aunque estas interrupciones no tienen por qué disminuir nuestra productividad:** Mark *et al.*, «El coste del trabajo interrumpido».

xxvii **un estudio reveló que solo el 2,5 por ciento de las personas:** Jason M. Watson y David L. Strayer, «Supertaskers: Profiles in Extraordinary Multitasking Ability», *Psychonomic Bulletin and Review*, 17, n.º 4 (agosto de 2010), pp. 479-485, https://doi.org/10.3758/pbr.17.4.479

CAPÍTULO UNO

4 **en el trabajo, gran parte de nuestro día:** Michael Chui, James Manyika, Jacques Bughin, Richard Dobbs, Charles Roxburgh, Hugo Sarrazin, Geoffrey Sands y Magdalena Westergren, «The Social Economy: Unlocking Value and Productivity Through Social Technologies», *McKinsey*, 1 de julio de 2012, www.mckinsey.com/industries/technology-media-and-telecommunications/our-insights/the-social-economy

5 **más del 80 por ciento de lo que vemos en Netflix:** Carlos A. Gómez-Uribe y Neil Hunt, «The Netflix Recommender System: Algorithms, Business Value, and Innovation», *ACM Transactions on Management Information Systems*, 6, n.º 4, artículo 13 (diciembre de 2015), https://doi.org/10.1145/2843948

7 **en un estudio sobre el establecimiento de objetivos:** Sarah Gardner y Dave Albee, «Study Focuses on Strategies for Achieving Goals, Resolutions», Dominican University of California, comunicado de prensa 266, 1 de febrero de 2015, https://scholar.dominican.edu/news-releases/266

7 **se debe al «efecto de generación»:** Zachary A. Rosner, Jeremy A. Elman y Arthur P. Shimamura, «The Generation Effect: Activating Broad

Neural Circuits During Memory Encoding», *Cortex*, 49, n.º 7 (julio de 2013): pp. 1901-1909, https://doi.org/10.1016/j.cortex.2012.09.009

CAPÍTULO DOS

13 **un estudio con más de 16.000 personas:** Elizabeth E. Devore, Jae Hee Kang, Monique M. Breteler y Francine Grodstein, «Dietary Intakes of Berries and Flavonoids in Relation to Cognitive Decline», *Annals of Neurology*, 72, n.º 1 (2012): pp. 135-143, https://doi.org/10.1002/ana.23594

13 **comer una ración al día de verduras de hoja verde:** Martha Clare Morris, Yamin Wang, Lisa L. Barnes, David A. Bennett, Bess Dawson-Hughes y Sarah L. Booth, «Nutrients and Bioactives in Green Leafy Vegetables and Cognitive Decline», *Neurology*, 90, n.º 3 (16 de enero de 2018), https://doi.org/10.1212/wnl.0000000000004815

14 **una proporción de alrededor de 1 a 1:** A. P. Simopoulos, «Evolutionary Aspects of Diet, the Omega-6 / Omega-3 Ratio and Genetic Variation: Nutritional Implications for Chronic Diseases», *Biomedicine and Pharmacotherapy*, 60, n.º 9 (noviembre de 2006), pp. 502-507, https://doi.org/10.1016/j.biopha.2006.07.080

17 **incluidos nuestro estado de ánimo, nuestra cognición y nuestra memoria:** Lucsame Gruneck, Lisa K. Marriott, Eleni Gentekaki, Kongkiat Kespechara, Thomas J. Sharpton, Justin Denny, Jackilen Shannon, y Siam Popluechai, «A Non-Randomized Trial Investigating the Impact of Brown Rice Consumption on Gut Microbiota, Attention, and Short-Term Working Memory in Thai School-Aged Children», *Nutrients*, 14, n.º 23 (5 de diciembre de 2022): p. 5176, https://doi.org/10.3390/nu14235176; Grace L. Douglas, Diane DeKerlegand, Holly Dlouhy, Nathan Dumont-Leblond, Eden Fields, Martina Heer, Stephanie Krieger, *et al.*, « Impact of Diet on Human Nutrition, Immune Response, Gut Microbiome, and Cognition in an Isolated and Confined Mission Environment», *Scientific Reports*, 12, n.º 1 (15 de diciembre de 2022), https://doi.org/10.1038/s41598-022-21927-5

17 **estaba asociada a los síntomas depresivos:** Djawad Radjabzadeh, Jos A. Bosch, André G. Uitterlinden, Aeilko H. Zwinderman, M. Arfan Ikram, Joyce B. van Meurs, Annemarie I. Luik, *et al.*, «Gut Microbiome-Wide Association Study of Depressive Symptoms», *Nature Communications*, 13, n.º 1 (6 de diciembre de 2022), https://doi.org/10.1038/s41467-022-34502-3

17 **la composición del microbioma intestinal y el rendimiento cognitivo:** Lisa Manderino, Ian Carroll, M. Andrea Azcarate-Peril, Amber Rochette, Leslie Heinberg, Christine Peat, Kristine Steffen, James Mitchell y John Gunstad, «Preliminary Evidence for an Association Between the Composition of the Gut Microbiome and Cognitive Function in Neurologically Healthy Older Adults»,

Journal of the International Neuropsychological Society, 23, n.º 8 (23 de junio de 2017), pp. 700-705, https://doi.org/10.1017/s1355617717000492

18 la suplementación puede alterar: Jotham Suez, Niv Zmora, Gili Zilberman-Schapira, Uria Mor, Mally Dori-Bachash, Stavros Bashiardes, Maya Zur, *et al.*, «Post-Antibiotic Gut Mucosal Microbiome Reconstitution Is Impaired by Probiotics and Improved by Autologous FMT», *Cell*, 174, n.º 6 (septiembre de 2018), https://doi.org/10.1016/j.cell.2018.08.047

19 los beneficios del té verde: Edele Mancini, Christoph Beglinger, Jürgen Drewe, Davide Zanchi, Undine E. Lang y Stefan Borgwardt, «Green Tea Effects on Cognition, Mood and Human Brain Function: A Systematic Review», *Phytomedicine*, 34 (octubre de 2017), pp. 26-37, https://doi.org/10.1016/j.phymed.2017.07.008

19 una encuesta realizada en 2024: «Daily Coffee Consumption at 20-Year High, Up Nearly 40%», *National Coffee Association*, comunicado de prensa, 11 de abril de 2024, www.ncausa.org/Newsroom/Daily-coffee-consumption-at-20-year-high-up-nearly-40

20 un efecto positivo sobre la memoria a largo plazo: Latarsha Gatlin, «Caffeine Has Positive Effect on Memory, Johns Hopkins Researchers Say», *Hub, Johns Hopkins University*, 12 de enero de 2014, https://hub.jhu.edu/2014/01/12/caffeine-enhances-memory

21 comer veinticuatro gramos: Eri Sumiyoshi, Kentaro Matsuzaki, Naotoshi Sugimoto, Yoko Tanabe, Toshiko Hara, Masanori Katakura, Mayumi Miyamoto, Seiji Mishima y Osamu Shido, «Sub-Chronic Consumption of Dark Chocolate Enhances Cognitive Function and Releases Nerve Growth Factors: A Parallel-Group Randomized Trial», *Nutrients*, 11, n.º 11 (16 de noviembre de 2019): 2800, https://doi.org/10.3390/nu11112800

21 El chocolate debe consumirse con moderación: Jacob M. Hands, *et al.*, «A Multi-Year Heavy Metal Analysis of 72 Dark Chocolate and Cocoa Products in the USA», *Frontiers in Nutrition*, 11 (31 de julio de 2024), https://doi.org/10.3389/fnut.2024.1366231; Tewodros Rango Godebo, *et al.*, «Occurrence of Heavy Metals Coupled with Elevated Levels of Essential Elements in Chocolates: Evaluación de riesgos para la salud», *Food Research International*, 187 (julio de 2024): 114360, https://doi.org/10.1016/j.foodres.2024.114360

22 mejorar la memoria y el aprendizaje: Samaneh Nakhaee, Alireza Kooshki, Ali Hormozi, Aref Akbari, Omid Mehrpour y Khadijeh Farrokhfall, «Cinnamon and Cognitive Function: A Systematic Review of Preclinical and Clinical Studies», *Nutritional Neuroscience*, 27, n.º 2 (18 de enero de 2023), pp. 132-146, https://doi.org/10.1080/1028415x.2023.2166436

22 oler canela: Bryan Raudenbush, Rebecca Grayhem, Tom Sears e Ian Wilson, «Effects of Peppermint and Cinnamon Odor Administration on Simulated

Driving Alertness, Mood and Workload», *North American Journal of Psychology*, 11, n.º 2 (junio de 2009), pp. 245-256.

22 **investigadores de la Universidad de Northumbria:** Sean Coughlan, «Exam Revision Students "Should Smell Rosemary for Memory"», BBC News, 4 de mayo de 2017, www.bbc.com/news/education-39780544

23 **los investigadores pidieron a unos voluntarios:** «Herbs That Can Boost Your Mood and Memory», Universidad de Northumbria, 29 de abril de 2016, www.northumbria.ac.uk/about-us/news-events/news/2016/04/herbs-that-can-boost-your-mood-and-memory

24 **un puñado de nueces:** Abha Chauhan y Ved Chauhan, «Beneficial Effects of Walnuts on Cognition and Brain Health», *Nutrients*, 12, n.º 2 (20 de febrero de 2020), p. 550, https://doi.org/10.3390/nu12020550

24 **a costa de secuestrar:** Matt Field, Reinout W. Wiers, Paul Christiansen, Mark T. Fillmore, y Joris C. Verster, «Acute Alcohol Effects on Inhibitory Control and Implicit Cognition: Implications for Loss of Control over Drinking», *Alcoholism: Clinical and Experimental Research*, 34, n.º 8 (21 de julio de 2010), pp. 1346-1352, https://doi.org/10.1111/j.1530-0277.2010.01218.x

24 **el alcohol altera los niveles:** John H. Krystal, Ismene L. Petrakis, Graeme Mason, Louis Trevisan y D. Cyril D'Souza, «N-Methyl-D-Aspartate Glutamate Receptors and Alcoholism: Reward, Dependence, Treatment, and Vulnerability», *Pharmacology and Therapeutics*, 99, n.º 1 (julio de 2003), pp. 79-94, https://doi.org/10.1016/s0163-7258(03)00054-8

25 **los factores genéticos, la tasa metabólica:** A. C. Heath, K. K. Bucholz, P. A. Madden, S. H. Dinwiddie, W. S. Slutske, L. J. Bierut, D. J. Statham, M. P. Dunne, J. B. Whitfield y N. G. Martin, «Genetic and Environmental Contributions to Alcohol Dependence Risk in a National Twin Sample: Consistency of Findings in Women and Men», *Psychological Medicine*, 27, n.º 6 (noviembre de 1997), pp. 1381-1396, https://doi.org/10.1017/s0033291797005643

CAPÍTULO TRES

27 **tanto la Academia Americana de Medicina del Sueño como la Sociedad de Investigación del Sueño:** Nathaniel F. Watson, M. Safwan Badr, Gregory Belenky, Donald L. Bliwise, Orfeu M. Buxton, Daniel Buysse, David F. Dinges, *et al.*, « Recommended Amount of Sleep for a Healthy Adult: A Joint Consensus Statement of the American Academy of Sleep Medicine and Sleep Research Society», *Sleep 38*, n.º 6 (1 de junio de 2015): 843-844, https://doi.org/10.5665/sleep.4716.

28 **encuesta conductual sobre el sueño realizada en 2020:** «Adults-Sleep and Sleep Disorders», Centers for Disease Control and Prevention, 2 de noviembre de 2022, www.cdc.gov/sleep/data-and-statistics/adults.html.

28 papel crucial del sueño: Kannan Ramar, Raman K. Malhotra, Kelly A. Carden, Jennifer L. Martin, Fariha Abbasi-Feinberg, R. Nisha Aurora, Vishesh K. Kapur, *et al.*, «Sleep Is Essential to Health: An American Academy of Sleep Medicine Position Statement», *Journal of Clinical Sleep Medicine* 17, n.º 10 (octubre de 2021), pp. 2115-2119, https://doi.org/10.5664/jcsm.9476.

29 indican que este es el momento: Yujie Zhang y Reut Gruber, «Can Slow-Wave Sleep Enhancement Improve Memory? A Review of Current Approaches and Cognitive Outcomes», *Yale Journal of Biology and Medicine* 92, n.º 1 (2019), pp. 63-80, https://pubmed.ncbi.nlm.nih.gov/30923474.

30 nuestros cerebros eliminan toxinas: Andrew R. Mendelsohn y James W. Larrick, «Sleep Facilitates Clearance of Metabolites from the Brain: Glymphatic Function in Aging and Neurodegenerative Diseases», *Rejuvenation Research* 16, n.º 6 (diciembre de 2013), pp. 518-523, https://doi.org/10.1089/rej.2013.1530; Séverine Sabia, Aurore Fayosse, Julien Dumurgier, Vincent T. van Hees, Claire Paquet, Andrew Sommerlad, Mika Kivimäki, Aline Dugravot y Archana Singh-Manoux, «Association of Sleep Duration in Middle and Old Age with Incidence of Dementia», *Nature Communications* 12, n.º 1 (20 de abril de 2021), https://doi.org/10.1038 /s41467-021-22354-2.

30 se despertó a personas en diferentes etapas del sueño: Matthew P. Walker, Conor Liston, J. Allan Hobson y Robert Stickgold, «Cognitive Flexibility Across the SleepWake Cycle: Rem-Sleep Enhancement of Anagram Problem Solving», Cognitive Investigación cerebral 14, no. 3 (noviembre de 2002): 317-324, https://doi.org/10.1016/s0926-6410(02)00134-9.

30 privación extrema de sueño: Drew Dawson y Kathryn Reid, «Fatigue, Alcohol and Performance Impairment», *Nature* 388, n.º 6639 (17 de julio de 1997), pp. 235-235, https://doi.org/10.1038/40775.

31 han demostrado desde hace tiempo que una buena noche de sueño: Nancy Barone Kribbs y David Dinges, «Vigilance Decrement and Sleepiness», en Sleep Onset: Normal and Abnormal Processes, eds. Robert D. Ogilvie y John R. Harsh, pp. 113-125 (Washington, DC: American Psychological Association, 1994), https://doi.org/10.1037/10166-007.

31 peor rendimiento cognitivo: Yvonne Harrison y James A. Horne, «The Impact of Sleep Deprivation on Decision Making: A Review», *Journal of Experimental Psychol ogy: Applied* 6, n.º 3 (2000), pp. 236-249, https://doi.org/10.1037//1076-898x.6.3.236.

31 estudio de restricción crónica del sueño: Hans P. A. Van Dongen, Greg Maislin, Janet M. Mullington y David F. Dinges, «The Cumulative Cost of Additional Wakefulness: Dose-Response Effects on Neurobehavioral Functions and Sleep Physiology from Chronic Sleep Restriction and Total Sleep Deprivation», *Sleep* 26, n.º 2 (marzo de 2003), pp. 117-126, https://doi.org/10.1093/sleep/26.2.117.

32 correlación entre la privación de sueño: Paul Whitney, John M. Hinson, Melinda L. Jackson y Hans P. A. Van Dongen, «Feedback Blunting: Total Sleep Deprivation Impairs Decision Making That Requires Updating Based on Feedback0187, *Sleep* 38, n.º 5 (1 de mayo de 2015), pp. 745-754, https://doi.org/10.5665/sleep.4668.

34 duermen con sus teléfonos: «The New Bedtime Companion: Devices», *Common Sense Media,* 29 de mayo de 2019, www.commonsensemedia.org/press-releases/the-new-bedtime-companion-devices.

39 personas que vivían en la ciudad de Nueva York: Matthew R. Ebben, Peter Yan y Ana C. Krieger, «The Effects of White Noise on Sleep and Duration in Individuals Living in a High Noise Environment in New York City», *Sleep Medicine* 83 (julio de 2021), pp. 256-259, https://doi.org/10.1016/j.sleep.2021.03.031.

40 la subida y bajada del oleaje, la lluvia o incluso el canto de las ballenas: Cassandra D. Gould van Praag, Sarah N. Garfinkel, Oliver Sparasci, Alex Mees, Andrew O. Philippides, Mark Ware, Cristina Ottaviani y Hugo D. Critchley, «Mind-Wandering and Alterations to Default Mode Network Connectivity when Listening to Naturalistic Versus Artificial Sounds», *Scientific Reports* 7, n.º 1 (27 de marzo de 2017), https://doi.org/10.1038/srep45273.

40 volumen seguro: Consejo de Isaac Erbele y Russell De Jong, «Are White Noise Machines Bad? Here's What the Latest Science Says», *Washington Post,* 23 de junio de 2024, www.washingtonpost.com/wellness/2024/06/24/white-noise-machine-safe.

CAPÍTULO CUATRO

44 un enfoque poco convencional de la clase de gimnasia: John J. Ratey, y Eric Hagerman, Spark: The Revolutionary Science of Exercise and the Brain, Nueva York: Little, Brown, 2008.

45 los datos genéticos de más de 350.000 personas: Boris Cheval, Liza Darrous, Karmel W. Choi, Yann C. Klimentidis, David A. Raichlen, Gene E. Alexander, Stéphane Cullati, Zoltán Kutalik y Matthieu P. Boisgontier, «Genetic Insights into the Causal Relationship Between Physical Activity and Cognitive Functioning», *Scientific Reports* 13, n.º 1 (31 de marzo de 2023), https://doi.org/10.1038/s41598-023-32150-1.

45 múltiples estudios realizados en niños, adolescentes y adultos: Teatske M. Altenburg, Mai J. M. Chinapaw y Amika S. Singh, 1Effects of One Versus Two Bouts of Moderate Intensity Physical Activity on Selective Attention During a School Morning in Dutch Primary Schoolchildren: A Randomized Controlled Trial», *Journal of Science and Medicine in Sport* 19, n.º 10 (octubre de 2016), pp. 820-824, https://doi.org/10.1016/j.jsams.2015.12.003.

45 planificar, atender y llevar a cabo nuestros objetivos: Charles H. Hillman, Matthew B. Pontifex, Darla M. Castelli, Naiman A. Khan, Lauren B. Raine,

Mark R. Scudder, Eric S. Drollette, Robert D. Moore, Chien-Ting Wu y Keita Kamijo, «Effects of the FITKids Randomized Controlled Trial on Executive Control and Brain Function», *Pediatrics* 134, n.º 4 (1 de octubre de 2014), https://doi.org/10.1542/peds.2013-3219; Catherine L. Davis, Phillip D. Tomporowski, Jennifer E. McDowell, Benjamin P. Austin, Patricia H. Miller, Nathan E. Yanasak, Jerry D. Allison y Jack A. Naglieri, «Exercise Improves Executive Function and Achievement and Alters Brain Activation in Overweight Children: A Randomized, Controlled Trial», *Health Psychology* 30, n.º 1 (2011), pp. 91-98, https://doi.org/10.1037/a0021766.

47 **estudios tanto en animales como en humanos han demostrado:** J. A. Zoladz y A. Pilc, «The Effect of Physical Activity on the Brain Derived Neurotrophic Factor: From Animal to Human Studies», *Journal of Physiology and Pharmacology: An Official Journal of the Polish Physiological Society* 61, n.º 5 (2010), pp. 533-541.

48 **una reducción del 26 por ciento:** Karmel W. Choi, Chia-Yen Chen, Murray B. Stein, Yann C. Klimentidis, Min-Jung Wang, Karestan C. Koenen y Jordan W. Smoller, «Assessment of Bidirectional Relationships Between Physical Activity and Depression Among Adults», *JAMA Psychiatry* 76, n.º 4 (1 de abril de 2019), p. 399, https://doi.org/10.1001/jamapsychiatry.2018.4175.

51 **lo han relacionado con una mejora de la concentración y la cognición:** Yin Wu, Yongtai Wang, Elisabeth O. Burgess y Jerry Wu, «The Effects of Tai Chi Exercise on Cognitive Function in Older Adults: A Meta-Analysis», *Journal of Sport and Health Science* 2, n.º 4 (diciembre de 2013), pp. 193-203, https://doi.org/10.1016/j.jshs.2013.09.001.

52 **podría ser beneficioso para el crecimiento de nuevas neuronas:** véase Ethan Freedman, «Just a 6-Minute HIIT Workout Can Give You a Brain Boost», *Fatherly*, 28 de julio de 2023, www.fatherly.com/health/6-minutes-hiit-workout-could-brain-boost-study-finds; Travis D. Gibbons, James D. Cotter, Philip N. Ainslie, Wickliffe C. Abraham, Bruce G. Mockett, Holly A. Campbell, Emma M. W. Jones, Elliott J. Jenkins y Kate N. Thomas, «Fasting for 20 h Does Not Affect Exercise-Induced Increases in Circulating BDNF in Humans», *Journal of Physiology* 601, n.º 11 (2023), pp. 2121-2137,

52 **un estudio que evaluó a estudiantes universitarios:** Christine Lo Bue-Estes, Barry Willer, Harold Burton, John J. Leddy, Gregory E. Wilding y Peter J. Horvath, «ShortTerm Exercise to Exhaustion and Its Effects on Cognitive Function in Young Women», *Perceptual and Motor Skills* 107, n.º 3 (diciembre de 2008), pp. 933-945, https://doi.org/10.2466/pms.107.3.933-945.

CAPÍTULO CINCO

56 **o viviendo en barrios más verdes:** Omid Kardan, Peter Gozdyra, Bratislav Misic, Faisal Moola, Lyle J. Palmer, Tomáš Paus y Marc G. Berman,

«Neighborhood Greenspace and Health in a Large Urban Center», *Scientific Reports* 5, n.º 1 (9 de julio de 2015), https://doi.org/10.1038/srep11610; Daniel Cox, Danielle Shanahan, Hannah Hudson, Richard Fuller, Karen Anderson, Steven Hancock y Kevin Gaston, «Doses of Nearby Nature Simultaneously Associated with Multiple Health Benefits», *International Journal of Environmental Research and Public Health* 14, n.º 2 (9 de febrero de 2017), p. 172, https://doi.org/10.3390/ijerph14020172; Mireia Gascon, Margarita Triguero-Mas, David Martínez, Payam Dadvand, David Rojas-Rueda, Antoni Plasència y Mark J. Nieuwenhuijsen, «Residential Green Spaces and Mortality: A Systematic Review», *Environment International* 86 (enero de 2016), pp. 60-67, https://doi.org/10.1016/j.envint.2015.10.013.

56 **en un amplio estudio británico:** Mathew P. White, Ian Alcock, James Grellier, Benedict W. Wheeler, Terry Hartig, Sara L. Warber, Angie Bone, Michael H. Depledge y Lora E. Fleming, «Spending at Least 120 Minutes a Week in Nature Is Associated with Good Health and Wellbeing», *Scientific Reports* 9, n.º 1 (13 de junio de 2019), https://doi.org/10.1038/s41598-019-44097-3.

56 **un estudio patrocinado por la Agencia de Protección Ambiental:** Neil E. Klepeis, William C. Nelson, Wayne R. Ott, John P. Robinson, Andy M. Tsang, Paul Switzer, Joseph V. Behar, Stephen C. Hern y William H. Engelmann, «The National Human Activity Pattern Survey (NHAPS): A Resource for Assessing Exposure to Environmental Pollutants», *Journal of Exposure Science and Environmental Epidemiology* 11, n.º 3 (1 de julio de 2001), pp. 231-252, https://doi.org/10.1038/sj.jea.7500165.

56 **vivimos en entornos urbanos:** «2018 Revision of World Urbanization Prospects», Naciones Unidas, Departamento de Asuntos Económicos y Sociales, 16 de mayo de 2018, www.un.org/en/desa/2018-revision-world-urbanization-prospects.

57 **utilizamos la atención descendente:** Stephen Kaplan y Marc G. Berman, «Directed Attention as a Common Resource for Executive Functioning and Self-Regulation», *Perspectives on Psychological Science* 5, n.º 1 (enero de 2010), pp. 43-57, https://doi.org/10.1177/1745691609356784.

58 **nuestra atención descendente es capaz de descansar:** Marc G. Berman, John Jonides y Stephen Kaplan, «The Cognitive Benefits of Interacting with Nature», *Psychological Science* 19, n.º 12 (diciembre de 2008), pp. 1207-1212, https://doi.org/10.1111/j.1467-9280.2008.02225.x.

59 **la hipótesis de que la capacidad cognitiva:** Ruth Ann Atchley, David L. Strayer y Paul Atchley, «Creativity in the Wild: Improving Creative Reasoning Through Immersion in Natural Settings», *PLOS One* 7, n.º 12 (12 de diciembre de 2012), https://doi.org/10.1371/journal.pone.0051474.

59 **la palabra «tecnoestrés»:** Craig Brod, *Technostress: The Human Cost of the Computer Revolution* (Nueva York: Basic Books, 1984).

60 **el impacto de los baños de bosque:** Qing Li, «Effects of Forest Environment (Shinrin-Yoku / Forest Bathing) on Health Promotion and Disease Prevention-the Establishment of "Forest Medicine"», *Environmental Health and Preventive Medicine* 27 (2022), pp. 43-43, https://doi.org/10.1265/ehpm.22-00160.

60 **veinticuatro bosques japoneses:** Bum Jin Park, Yuko Tsunetsugu, Tamami Kasetani, Takahide Kagawa y Yoshifumi Miyazaki, «The Physiological Effects of Shinrin-Yoku (Taking in the Forest Atmosphere or Forest Bathing): Evidence from Field Experiments in 24 Forests Across Japan», *Environmental Health and Preventive Medicine* 15, n.º 1 (2 de mayo de 2009), pp. 18-26, https://doi.org/10.1007/s12199-009-0086-9.

61 **respirarás fitoncidas:** Michele Antonelli, Davide Donelli, Grazia Barbieri, Marco Valussi, Valentina Maggini y Fabio Firenzuoli, «Forest Volatile Organic Compounds and Their Effects on Human Health: A State-of-the-Art Review», *International Journal of Environmental Research and Public Health* 17, n.º 18 (7 de septiembre de 2020), p. 6506, https://doi.org/10.3390/ijerph17186506.

61 **escuchar el canto de los pájaros:** E. Stobbe, J. Sundermann, L. Ascone y S. Kühn, «Birdsongs Alleviate Anxiety and Paranoia in Healthy Participants», *Scientific Reports* 12, n.º 1 (13 de octubre de 2022), https://doi.org/10.1038/s41598-022-20841-0.

62 **la experiencia de Pamela está respaldada por estudios recientes:** Gregory N. Bratman, J. Paul Hamilton, Kevin S. Hahn, Gretchen C. Daily y James J. Gross, «Nature Experience Reduces Rumination and Subgenual Prefrontal Cortex Activation», *Proceedings of the National Academy of Sciences* 112, n.º 28 (29 de junio de 2015), pp. 8567-8572, https://doi.org/10.1073/pnas.1510459112.

64 **en especial cuando interactuamos con ellas:** Min-sun Lee, Juyoung Lee, Bum-Jin Park y Yoshifumi Miyazaki, «Interaction with Indoor Plants May Reduce Psychological and Physiological Stress by Suppressing Autonomic Nervous System Activity in Young Adults: A Randomized Crossover Study», *Journal of Physiological Anthropology* 34, n.º 1 (28 de abril de 2015), https://doi.org/10.1186/s40101-015-0060-8.

64 **un pequeño estudio realizado en Corea del Sur:** Yun-Ah Oh, Seon-Ok Kim y Sin-Ae Park, «Real Foliage Plants as Visual Stimuli to Improve Concentration and Attention in Elementary Students», *International Journal of Environmental Research and Public Health* 16, n.º 5 (5 de marzo de 2019), p. 796, https://doi.org/10.3390/ijerph16050796.

CAPÍTULO SEIS

72 **origen de este concepto:** Stephen R. Covey, *Los 7 hábitos de la gente altamente efectiva* (Nueva York: Simon and Schuster, 1989). El libro ha aparecido en varias ediciones revisadas desde su publicación original, con una edición del trigésimo aniversario en 2020.

74 **la palabra «prioridad» apareció en el idioma inglés:** «Priority (n.)», *Online Etymology Dictionary*, consultado el 15 de marzo de 2024, www.etymonline.com/word/priority.

78 **en 2022, la media de uso de las redes sociales:** Stacy Jo Dixon, «Global Daily Social Media Usage 2023», *Statista*, 29 de agosto de 2023, www.statista.com/statistics/433871/daily-social-media-usage-worldwide.

CAPÍTULO SIETE

83 **un estudio de 2015 de Microsoft:** Kevin McSpadden, «Science: You Now Have a Shorter Attention Span Than a Goldfish», *Time*, 14 de mayo de 2015, https://time.com/3858309/attention-spans-goldfish.

85 **Francesco Cirillo:** Véase www.francescocirillo.com

87 **sometemos a nuestro cerebro a un entrenamiento intensivo:** Norman M. Weinberger, «Music and the Brain», *Scientific American* 291, n.º 5 (2004), pp. 88-95.

88 **personas de entre sesenta y ochenta años:** Sofía Seinfeld, Heidi Figueroa, Jordi Ortiz-Gil y María V. Sánchez-Vives, «Effects of Music Learning and Piano Practice on Cognitive Function, Mood and Quality of Life in Older Adults», *Frontiers in Psychology* 4 (2013), https://doi.org/10.3389/fpsyg.2013.00810.

89 **la meditación diaria de tan solo trece minutos:** Julia C. Basso, Alexandra McHale, Victoria Ende, Douglas J. Oberlin y Wendy A. Suzuki, «Brief, Daily Meditation Enhances Attention, Memory, Mood, and Emotional Regulation in Non-Experienced Meditators», *Behavioural Brain Research* 356 (enero de 2019), pp. 208-220, https://doi.org/10.1016/j.bbr.2018.08.023.

CAPÍTULO OCHO

95 **más de 300 millones de personas:** Federica Laricchia, «Tema: US Smartphone Market», *Statista*, 23 de febrero de 2024, www.statista.com/topics/2711/us-smartphone-market.

96 **pasamos a otro vídeo:** S. Shunmuga Krishnan y Ramesh K. Sitaraman, «Video Stream Quality Impacts Viewer Behavior: Inferring Causality Using Quasi-Experimental Designs», *IEEE/ACM Transactions on Networking* 21, n.º 6 (diciembre de 2013), pp. 2001-2014, https://doi.org/10.1109/tnet.2013.2281542.

97 **el uso del teléfono por parte de los padres:** Jenny S. Radesky, Caroline J. Kistin, Barry Zuckerman, Katie Nitzberg, Jamie Gross, Margot Kaplan-Sanoff, Marilyn Augustyn y Michael Silverstein, «Patterns of Mobile Device Use by Caregivers and Children During Meals in Fast Food Restaurants», *Pediatrics* 133, n.º 4 (1 de abril de 2014), https://doi.org/10.1542/peds.2013-3703; Brandon T. McDaniel

y Jenny S. Radesky, « Technoference: Parent Distraction with Technology and Associations with Child Behavior Problems», *Child Development* 89, n.º 1 (10 de mayo de 2017), pp. 100-109, https://doi.org/10.1111/cdev.12822.

98 **tienden a perseguir la urgencia:** Meng Zhu, Yang y Christopher K. Hsee, «The Mere Urgency Effect», *Journal of Consumer Research*, 9 de febrero de 2018, https://doi.org/10.1093/jcr/ucy008.

99 **matriz de decisión de Eisenhower:** Stephen R. Covey, *Los 7 hábitos de la gente altamente efectiva* (Nueva York: Simon and Schuster, 1989).

107 **decir no positivamente:** Jonathan Yukawa, *The Power of a Positive No*, Oxford Leadership, 3 de febrero de 2023, www.oxfordleadership.com/the-power-of-a -positive-no.

CAPÍTULO NUEVE

112 **según una encuesta realizada en 2022:** «Workplace Benefits Trends, 2022-2023», *Aflac*, 2022, www.aflac.com/docs/awr/pdf/2022-trends-and-topics/2022-aflac-awr-employee-well-being-and-mental-health.pdf.

113 **enfermeras tomaban decisiones clínicas menos eficaces:** Julia L. Allan, Derek W. Johnston, Daniel J. Powell, Barbara Farquharson, Martyn C. Jones, George Leckie y Marie Johnston, «Clinical Decisions and Time Since Rest Break: An Analysis of Decision Fatigue in Nurses», *Health Psychology* 38, n.º 4 (abril de 2019), pp. 318-324, https://doi.org/10.1037/hea0000725.

113 **se analizaron las decisiones de libertad condicional:** Shai Danziger, Jonathan Levav y Liora Avnaim-Pesso, «Extraneous Factors in Judicial Decisions», *Proceedings of the National Academy of Sciences* 108, n.º 17 (11 de abril de 2011), pp. 6889-6892, https://doi.org/10.1073/pnas.1018033108.

113 **recargar las pilas de nuestro cerebro:** Zhanna Lyubykh, Duygu Gulseren, Zahra Premji, Timothy G. Wingate, Connie Deng, Lisa J. Bélanger y Nick Turner, «Role of Work Breaks in Well-Being and Performance: A Systematic Review and Future Research Agenda», *Journal of Occupational Health Psychology* 27, n.º 5 (octubre de 2022), pp. 470-487, https://doi.org/10.1037/ocp0000337.

114 **los estudios han descubierto que el burnout:** Wido G. Oerlemans y Arnold B. Bakker, «Burnout and Daily Recovery: A Day Reconstruction Study», *Journal of O ccupational Health Psychology* 19, n.º 3 (julio de 2014), pp. 303-314, https://doi.org/10.1037/a0036904.

114 **puede dejarnos emocionalmente agotados:** Hongjai Rhee y Sudong Kim, «Effects of Breaks on Regaining Vitality at Work: An Empirical Comparison of 'Conventional' and 'Smart Phone' Breaks», *Computers in Human Behavior* 57 (abril de 2016), pp. 160-167, https://doi.org/10.1016/j.chb.2015.11.056.

114 **nos permite distanciarnos emocionalmente:** Sabine Sonnentag, «Psychological Detachment from Work During Leisure Time», *Current Directions in*

Psychological Science 21, n.º 2 (20 de marzo de 2012), pp. 114-118, https://doi.org/10.1177/0963721411434979.

116 realizadas por el sitio web The Muse: Julia Gifford, «How the Most Productive People Schedule Their Day», *The Muse*, 31 de julio de 2014, www.themuse.com/advice/the-rule-of-52-and-17-its-random-but-it-ups-your-productivity.

118 mejorar el funcionamiento cognitivo y el estado de alerta: Mohammad M. Amin, Mark Graber, Khalid Ahmad, Dragos Manta, Sayeed Hossain, Zuzana Belisova, William Cheney, Morris S. Gold y Avram R. Gold, «The Effects of a Mid-Day Nap on the Neurocognitive Performance of First-Year Medical Residents», *Academic Medicine* 87, n.º 10 (octubre de 2012), pp. 1428-1433, https://doi.org/10.1097/acm.0b013e3182676b37.

118 una dosis de 200 miligramos de cafeína: Sara C. Mednick, Denise J. Cai, Jennifer Kanady y Sean P. A. Drummond, «Comparing the Benefits of Caffeine, Naps and Placebo on Verbal, Motor and Perceptual Memory», *Behavioural Brain Research* 193, n.º 1 (noviembre de 2008), pp. 79-86, https://doi.org/10.1016/j.bbr.2008.04.028.

120 los estudiantes jugaban con perros y gatos: Patricia Pendry y Jaymie L. Vandagriff, «Animal Visitation Program (AVP) Reduces Cortisol Levels of University Students: A Randomized Controlled Trial», *AERA Open* 5, n.º 2 (abril de 2019), https://doi.org/10.1177/2332858419852592.

CAPÍTULO DIEZ

124 uno de mis estudios de investigación favoritos: Katherine Woollett y Eleanor A. Maguire, «Acquiring 'The Knowledge' of London's Layout Drives Structural Brain Changes», *Current Biology* 21, n.º 24 (diciembre de 2011), pp. 2109-2114, https://doi.org/10.1016/j.cub.2011.11.018.

125 alrededor de un millón de gigabytes: Paul Reber, «Ask the Brains», *Scientific American Mind* 21, n.º 2 (mayo de 2010), p. 70, https://doi.org/10.1038/scientificamericanmind 0510-70.

128 nos permite trasladar la información: Nelson Cowan, «Evolving Conceptions of Memory Storage, Selective Attention, and Their Mutual Constraints Within the Human Information-Processing System», *Psychological Bulletin* 104, n.º 2 (1988), pp. 163-191, https://doi.org/10.1037/0033-2909.104.2.163.

128 acelera el proceso de acceso a la información: Daniel L. Schacter, Donna Rose Addis y Randy L. Buckner, «Remembering the Past to Imagine the Future: The Prospective Brain», *Nature Reviews Neuroscience* 8, n.º 9 (septiembre de 2007), pp. 657-661, https://doi.org/10.1038/nrn2213.

128 aumento de confianza en nuestra eficacia; Armin Zlomuzica, Friederike Preusser, Silvia Schneider y Jürgen Margraf, «Increased Perceived Self-Efficacy Facilitates the Extinction of Fear in Healthy Participants», *Frontiers in Behavioral Neuroscience* 9 (16 de octubre de 2015), https://doi.org/10.3389/fnbeh.2015.00270.

129 **los estudiantes con mejores habilidades de memorización:** Susanne M. Jaeggi, Martin Buschkuehl, John Jonides y Walter J. Perrig, «Improving Fluid Intelligence with Training on Working Memory», *Proceedings of the National Academy of Sciences* 105, n.º 19 (13 de mayo de 2008), pp. 6829-6833, https://doi.org/10.1073/pnas.0801268105.

129 **explorado por qué algunos:** Eleanor A. Maguire, Elizabeth R. Valentine, John M. Wilding y Narinder Kapur, «Routes to Remembering: The Brains Behind Superior Memory», *Nature Neuroscience* 6, n.º 1 (16 de diciembre de 2002), pp. 90-95, https://doi.org/10.1038/nn988.

129 **en campeonatos recientes:** Sitio web de estadísticas de la memoria mundial, consultado el 16 de marzo de 2024, www.world-memory-statistics.co.uk/home.php.

130 **un estudio alemán proporcionó:** Tara Radović y Dietrich Manzey, «The Impact of a Mnemonic Acronym on Learning and Performing a Procedural Task and Its Resilience Toward Interruptions», *Frontiers in Psychology* 10 (6 de noviembre de 2019), https://doi.org/10.3389/fpsyg.2019.02522.

131 **la secuencia ABCDEF:** E. Wesley Ely, «The ABCDEF Bundle: Science and Philosophy of How ICU Liberation Serves Patients and Families», *Critical Care Medicine* 45, n.º 2 (febrero de 2017), pp. 321-330, https://doi.org/10.1097/ccm.0000000000002175.

131 **solo podemos almacenar allí siete:** George A. Miller, «The Magical Number Seven, Plus or Minus Two: Some Limits on Our Capacity for Processing Information», *Psychological Review* 63, n.º 2 (marzo de 1956), pp. 81-97, https://doi.org/10.1037/h00 43158.

132 **escribir la información a mano:** Pam A. Mueller y Daniel M. Oppenheimer, «The Pen Is Mightier Than the Keyboard», *Psychological Science* 25, n.º 6 (23 de abril de 2014), pp. 1159-1168, https://doi.org/10.1177/0956797614524581.

134 **una menor actividad en el hipocampo:** Amir-Homayoun Javadi, Beatrix Emo, Lorelei R. Howard, Fiona E. Zisch, Yichao Yu, Rebecca Knight, Joao Pinelo Silva y Hugo J. Spiers, «Hippocampal and Prefrontal Processing of Network Topology to Simulate the Future», *Nature Communications* 8, n.º 1 (21 de marzo de 2017), https://doi.org/10.1038/ncomms14652.

134 **mayor actividad cuando utilizamos estrategias:** Kyoko Konishi y Véronique D. Bohbot, «Spatial Navigational Strategies Correlate with Gray Matter in the Hippocampus of Healthy Older Adults Tested in a Virtual Maze», *Frontiers in Aging Neuroscience* 5 (2013), https://doi.org/10.3389/fnagi.2013.00001.

CAPÍTULO ONCE

139 **pasamos el 46,9 por ciento:** Matthew A. Killingsworth y Daniel T. Gilbert, «A Wandering Mind Is an Unhappy Mind», *Science* 330, n.º 6006 (12 de noviembre de 2010), p. 932, https://doi.org/10.1126/science.1192439.

141 **se enseñaron técnicas de mindfulness a niños:** Kimberly A. Schonert-Reichl, Eva Oberle, Molly Stewart Lawlor, David Abbott, Kimberly Thomson, Tim F. Oberlander y Adele Diamond, «Enhancing Cognitive and Social-Emotional Development Through a Simple-to-Administer Mindfulness-Based School Program for Elementary School Children: A Randomized Controlled Trial», *Developmental Psychology* 51, n.º 1 (enero de 2015), pp. 52-66, https://doi.org/10.1037/a0038454.

142 **recopilando 250.000 registros:** Killingsworth y Gilbert, «A Wandering Mind Is an Unhappy Mind».

CAPÍTULO DOCE

152 **definición de diccionario:** «Proceso (n.)», Diccionario Cambridge, consultado el 17 de junio de 2024, https://dictionary.cambridge.org/us/dictionary/english/process.

153 **el estrés agudo debilita:** Amy Arnsten, Carolyn M. Mazure y Rajita Sinha, «This Is Your Brain in Meltdown», *Scientific American* 306, n.º 4 (20 de marzo de 2012), pp. 48-53, https://doi.org/10.1038/scientificamerican0412-48.

CAPÍTULO TRECE

161 **10.000 horas de práctica:** Malcolm Gladwell, *Outliers: The Story of Success* (Nueva York: Little, Brown, 2008).

161 **«este se asienta»:** Ann M. Graybiel y Kyle S. Smith, «Good Habits, Bad Habits: Researchers Are Pinpointing the Brain Circuits That Can Help Us Form Good Habits and Break Bad Ones», *Scientific American* 310, n.º 6 (junio de 2014), pp. 39-43.

165 **«una fuerza mucho más fuerte»:** John Steinbeck, *Working Days: The Journals of The Grapes of Wrath, 1938-1941*, ed. Robert DeMott. Robert DeMott (Nueva York: Penguin, 1990).

165 **utiliza este término:** S. J. Scott, *Habit Stacking: 97 Small Life Changes That Take Five Minutes or Less* (Lexington, KY: Archangel Ink, 2014); James Clear, *Hábitos atómicos: Cambios pequeños, resultados extraordinarios* (Nueva York: Avery, 2018).

167 **acoplándolas a comportamientos que nos gustan:** Katherine L. Milkman, Julia A. Minson y Kevin G. Volpp, «Holding the Hunger Games Hostage at the Gym: An Evaluation of Temptation Bundling», *Management Science* 60, n.º 2 (febrero de 2014), pp. 283-299, https://doi.org/10.1287/mnsc.2013.1784.

CAPÍTULO CATORCE

170 **amplio conjunto de habilidades:** Barry J. Zimmerman y Dale Schunk, eds., *Self-Regulated Learning and Academic Achievement: Theoretical Perspectives* (Mahwah, NJ: Lawrence Erlbaum Associates, 2001), pp. 1-37.

170 **«la capacidad de actuar en función de nuestro interés a largo plazo»:** Steven Stosny, «Autorregulación: To Feel Better, Focus on What Is Most Important», *Psychology Today,* 28 de octubre de 2011, www.psychologytoday.com/us/blog/anger-in-the-age-entitlement/201110/self-regulation.

171 **habilidades de la función ejecutiva que incluyen la atención:** Adele Diamond, «Executive Functions», *Annual Review of Psychology* 64, n.º 1 (3 de enero de 2013), pp. 135-168, https://doi.org/10.1146/annurev-psych-113011-143750.

172 **físico, mental y cognitivo:** Habib Yaribeygi, Yunes Panahi, Hedayat Sahraei, Thomas P. Johnston y Amirhossein Sahebkar, «The Impact of Stress on Body Function: A Review», *EXCLI Journal* 16 (21 de julio de 2017), pp. 1057-1072, https://doi.org/10.17179/excli2017-480.

174 **«inhibir los impulsos fuertes»:** Stuart Shanker, «Self-Regulation vs. Self-Control», *Psychology Today,* 11 de julio de 2011, www.psychologytoday.com/intl/blog/self-reg/201607/self-regulation-vs-self-control. Véase también Stuart Shanker, Self-Reg: *How to Help Your Child (and You) Break the Stress Cycle and Successfully Engage with Life* (Nueva York: Penguin, 2016).

175 **prueba del malvavisco:** Walter Mischel y Ebbe B. Ebbesen, «Attention in Delay of Gratification», *Journal of Personality and Social Psychology* 16, n.º 2 (octubre de 1970), pp. 329-337, https://doi.org/10.1037/h0029815.

175 **durante más de cuarenta años:** Jay Belsky, Avshalom Caspi, Terrie E. Moffitt y Richie Poulton, *The Origins of You: How Childhood Shapes Later Life* (Cambridge, MA: Harvard University Press, 2020).

175 **de la determinación como del autocontrol:** Angela Duckworth, *Grit: El poder de la pasión y la perseverancia* (Nueva York: Scribner, 2016).

176 **Duckworth y su equipo de investigación:** Angela L. Duckworth y Laurence Steinberg, «Unpacking Self-Control», *Child Development Perspectives* 9, n.º 1 (31 de enero de 2015), pp. 32-37, https://doi.org/10.1111/cdep.12107.

179 **niños mejoraron significativamente:** Joanne Murray, Anna Theakston y Adrian Wells, «Can the Attention Training Technique Turn One Marshmallow into Two? Improving Children's Ability to Delay Gratification», *Behaviour Research and Therapy* 77 (febrero de 2016), pp. 34-39, https://doi.org/10.1016/j.brat.2015.11.009.

180 **una serie de estudios fascinantes:** Anamarie Gennara, Johanna Peetz y Marina Milyavskaya, «When More Is Less: Self-Control Strategies Are Seen as Less Indicative of Self-Control Than Just Willpower», *Journal of Experimental Social Psychology* 106 (mayo de 2023): 104457, https://doi.org/10.1016/j.jesp.2023.104457.

CAPÍTULO QUINCE

184 **«lograr o conseguir cada vez más cosas»:** Meyer Friedman y Ray H. Rosenman, *Type A Behavior and Your Heart* (Nueva York: Knopf, 1983).

184 **más del 30 por ciento de los adultos:** «Adults Reporting Symptoms of Anxiety or Depressive Disorder During COVID-19 Pandemic», *KFF,* 1 de marzo de 2023, www.kff.org/other/state-indicator/adults-reporting-symptoms-of-anxiety-or-depressive-disorder-during-COVID-19-pandemic.

184 **asciende a más del 50 por ciento:** «Latest Federal Data Show That Young People Are More Likely than Older Adults to Be Experiencing Symptoms of Anxiety or Depression», *KFF,* 27 de marzo de 2023, www.kff.org/mental-health/press-release /latest-federal-data-show-that-young-people-are-more-likely-than-older-adults-to-be-experiencing-symptoms-of-anxiety-or-depression.

184 **1600 trabajadores de los Estados Unidos y el Reino Unido:** Brianna Hansen, «Crash and Burnout: Is Workplace Stress the New Normal?», *Blog Wrike,* 8 de noviembre de 2021, www.wrike.com/blog/stress-epidemic-report-announcement.

187 **«aprendemos reflexionando sobre la experiencia»:** John Dewey, *How We Think, a Restatement of the Relation of the Reflective Thinking to the Educative Process* (Boston, MA: Heath, 1933), p. 78.

189 **a nuestras mentes les encantan los patrones:** Mark P. Mattson, «Superior Pattern Processing Is the Essence of the Evolved Human Brain», *Frontiers in Neuroscience* 8 (22 de agosto de 2014), https://doi.org/10.3389/fnins.2014.00265.

CAPÍTULO DIECISÉIS

197 **las investigaciones han descubierto que solo recordamos:** Laura Stafford, Cynthia S. Burggraf y William F. Sharkey, «Conversational Memory: The Effects of Time, Recall, Mode, and Memory Expectancies on Remembrances of Natural Conversations», *Human Communication Research* 14, n.º 2 (diciembre de 1987), pp. 203-229, https://doi.org/10.1111/j.1468-2958.1987.tb00127.x.

199 **de 125 a 175 palabras por minuto:** Owen Hargie, *Skilled Interpersonal Interaction: Research, Theory, and Practice* (Londres: Routledge, Taylor and Francis, 2011), p. 200.

200 **adultos de mediana edad y mayores:** Joel Salinas, Adrienne O'Donnell, Daniel J. Kojis, Matthew P. Pase, Charles DeCarli, Dorene M. Rentz, Lisa F. Berkman, Alexa Beiser y Sudha Seshadri, «Association of Social Support with Brain Volume and Cognition», *JAMA Network Open* 4, n.º 8 (16 de agosto de 2021), https://doi.org/10.1001/jamanetworkopen.2021.21122.

201 **reflejar el del orador:** Greg J. Stephens, Lauren J. Silbert y Uri Hasson, «Speaker-Listener Neural Coupling Underlies Successful Communication», *Proceedings of the National Academy of Sciences* 107, n.º 32 (26 de julio de 2010), pp. 14425-14430, https://doi.org/10.1073/pnas.1008662107.

205 **los hombres, en particular, interrumpen a las mujeres:** Adrienne B. Hancock y Benjamin A. Rubin, «Influence of Communication Partner's Gender on

Language», Journal of Language and Social Psychology 34, n.º 1 (11 de mayo de 2014), pp. 46-64, https://doi.org/10.1177/0261927x14533197.

205 **incluso en el Tribunal Supremo:** Adam Feldman y Rebecca D. Gill, «Power Dynamics in Supreme Court Oral Arguments: The Relationship Between Gender and Justice-to-Justice Interruptions», *Justice System Journal* 40, n.º 3 (3 de julio de 2019), pp. 173-195, https://doi.org/10.1080/0098261x.2019.1637309.

207 **la escucha activa centra toda nuestra atención:** Helen Riess, «The Science of Empathy», *Journal of Patient Experience* 4, n.º 2 (9 de mayo de 2017), pp. 74-77, https://doi.org/10.1177/2374373517699267.

208 **buen antídoto contra el burnout:** M. A. Wagaman, J. M. Geiger, C. Shockley y E. A. Segal, «The Role of Empathy in Burnout, Compassion Satisfaction, and Secondary Traumatic Stress Among Social Workers», *Social Work* 60, n.º 3 (1 de mayo de 2015), pp. 201-209, https://doi.org/10.1093/sw/swv014.

CAPÍTULO DIECISIETE

211 **seis horas al día:** Hannah Ritchie, Edouard Mathieu, Max Roser y Esteban Ortiz-Ospina, «Internet», *Our World in Data*, 2023, https://ourworldindata.org/internet.

211 **tres de cada diez adultos estadounidenses afirman:** Andrew Perrin, «About Three-in-Ten U.S. Adults Say They Are "Almost Constantly" Online», *Pew Research Center*, 26 de marzo de 2021, www.pewresearch.org/short-reads/2021/03/26/about-three-in-ten-u-s-adults-say-they-are-almost-constantly-online.

213 **cuando esta expectativa no se cumple:** Andy Clark, Whatever Next? Predictive Brains, Situated Agents, and the Future of Cognitive Science», *Behavioral and Brain Sciences* 36, n.º 3 (10 de mayo de 2013), pp. 181-204, https://doi.org/10.1017/s0140525x12000477.

213 **secuelas cognitivas, físicas y psicológicas:** Louise C. Hawkley y John T. Cacioppo, «Loneliness Matters: A Theoretical and Empirical Review of Consequences and Mechanisms», *Annals of Behavioral Medicine* 40, n.º 2 (22 de julio de 2010), pp. 218-227, https://doi.org/10.1007/s12160-010-9210-8.

213 **el compromiso social es una necesidad biológica básica:** Livia Tomova, Kimberly L. Wang, Todd Thompson, Gillian A. Matthews, Atsushi Takahashi, Kay M. Tye y Rebecca Saxe, «Acute Social Isolation Evokes Midbrain Craving Responses Similar to Hunger», *Nature Neuroscience* 23, n.º 12 (23 de noviembre de 2020), pp. 1597-1605, https://doi.org/10.1038/s41593-020-00742-z.

214 **declarado sentirnos solos:** «The Loneliness Epidemic Persists: A Post-Pandemic Look at the State of Loneliness Among U.S. Adults», Cigna Group, consultado el 16 de marzo de 2024, https://newsroom.thecignagroup.com/loneliness-epidemic-persists-post-pandemic-look.

214 **quince cigarrillos al día:** Julianne Holt-Lunstad, Theodore F. Robles y David A. Sbarra, «Advancing Social Connection as a Public Health Priority in the United States», *American Psychologist* 72, n.º 6 (septiembre de 2017), pp. 517-530, https://doi.org/10.1037/amp0000103.

214 **estudios han descubierto que la soledad:** John T. Cacioppo, Mary Elizabeth Hughes, Linda J. Waite, Louise C. Hawkley y Ronald A. Thisted, «Loneliness as a Specific Risk Factor for Depressive Symptoms: Cross-Sectional and Longitudinal Analyses», *Psychology and Aging* 21, n.º 1 (marzo de 2006), pp. 140-151, https://doi.org/10.1037/0882-7974.21.1.140; Raffaella Calati, Chiara Ferrari, Marie Brittner, Osmano Oasi, Emilie Olié, André F. Carvalho, y Philippe Courtet, «Suicidal Thoughts and Behaviors and Social Isolation: A Narrative Review of the Literature», *Journal of Affective Disorders* 245 (febrero de 2019), pp. 653-667, https://doi.org/10.1016/j.jad.2018.11.022.

214 **400.000 británicos de mediana edad:** Chun Shen, Edmund T. Rolls, Wei Cheng, Jujiao Kang, Guiying Dong, Chao Xie, Xing-Ming Zhao, Barbara J. Sahakian y Jianfeng Feng, «Associations of Social Isolation and Loneliness with Later Dementia», *Neurology* 99, n.º 2 (12 de julio de 2022), https://doi.org/10.1212/wnl.0000000000200583.

215 **hasta un 50 por ciento más felices:** Joyce Siette, Laura Dodds, Didi Surian, Mirela Prgomet, Adam Dunn y Johanna Westbrook, «Social Interactions and Quality of Life of Residents in Aged Care Facilities: A Multi-Methods Study», *PLOS One* 17, n.º 8 (29 de agosto de 2022), https://doi.org/10.1371/journal.pone.0273412.

215 **experimentan menos depresión:** Adam M. Kuczynski, Max A. Halvorson, Lily R. Slater y Jonathan W. Kanter, «The Effect of Social Interaction Quantity and Quality on Depressed Mood and Loneliness: A Daily Diary Study», *Journal of Social and Personal Relationships* 39, n.º 3 (20 de octubre de 2021), pp. 734-756, https://doi.org/10.1177/02654075211045717.

215 **reducir los efectos negativos del estrés:** Steven M. Southwick, Lauren Sippel, John Krystal, Dennis Charney, Linda Mayes y Robb Pietrzak, «Why Are Some Individuals More Resilient Than Others: The Role of Social Support», *World Psychiatry* 15, n.º 1 (febrero de 2016), pp. 77-79, https://doi.org/10.1002/wps.20282.

215 **personas que interactúan más con los demás:** Cynthia Felix, Caterina Rosano, Xiaonan Zhu, Jason D. Flatt y Andrea L. Rosso, «Greater Social Engagement and Greater Gray Matter Microstructural Integrity in Brain Regions Relevant to Dementia», *Journals of Gerontology: Serie B* 76, n.º 6 (19 de octubre de 2020), pp. 1027-1035, https://doi.org/10.1093/geronb/gbaa173.

215 **los que eran más activos socialmente:** Bryan D. James, Robert S. Wilson, Lisa L. Barnes y David A. Bennett, «Late-Life Social Activity and Cognitive Decline in Old Age», *Journal of the International Neuropsychological Society* 17, n.º 6 (8 de abril de 2011), pp. 998-1005, https://doi.org/10.1017/s1355617711000531.

215 **la interacción social es necesaria:** Erika M. Vitale y Adam S. Smith, «Neurobiology of Loneliness, Isolation, and Loss: Integrating Human and Animal Perspectives», *Frontiers in Behavioral Neuroscience* 16 (8 de abril de 2022), https://doi.org/10.3389/fnbeh.2022.846315.

216 **compromiso social cara a cara con los amigos:** Viji Diane Kannan y Peter J. Veazie, «US Trends in Social Isolation, Social Engagement, and Companionship-Nationally and by Age, Sex, Race/Ethnicity, Family Income, and Work Hours, 2003-2020», *SSM-Population Health* 21 (marzo de 2023), p. 101331, https://doi.org/10.1016/j.ssmph.2022.101331.

216 **no se ilumina de la misma manera:** Nan Zhao, Xian Zhang, J. Adam Noah, Mark Tiede y Joy Hirsch, «Separable Processes for Live "in-Person" and Live "ZoomLike" Faces», *Imaging Neuroscience* 1 (noviembre de 2023), pp. 1-17, https://doi.org/10.1162/imag_a_00027.

217 **alguien a través de la interacción personal directa:** Géza Gergely Ambrus, Charlotta Marina Eick, Daniel Kaiser y Gyula Kovács, «Getting to Know You: Emerging Neural Representations During Face Familiarization», *Journal of Neuroscience* 41, n.º 26 (24 de mayo de 2021), pp. 5687-5698, https://doi.org/10.1523/jneurosci.2466-20.2021.

217 **teléfono móvil presente durante una conversación:** Andrew K. Przybylski y Netta Weinstein, «Can You Connect with Me Now? How the Presence of Mobile Communication Technology Influences Face-to-Face Conversation Quality», *Journal of Social and Personal Relationships* 30, n.º 3 (19 de julio de 2012), pp. 237-246, https://doi.org/10.1177/0265407512453827.

218 **pensamientos personales o más profundos:** Michael Kardas, Amit Kumar y Nicholas Epley, «Overly Shallow? Miscalibrated Expectations Create a Barrier to Deeper Conversation», *Journal of Personality and Social Psychology* 122, n.º 3 (marzo de 2022), pp. 367-398, https://doi.org/10.1037/pspa0000281.

219 **a convertirnos en nuestra mejor versión de nosotros mismos:** Nicholas A. Christakis y James H. Fowler, «Social Contagion Theory: Examining Dynamic Social Networks and Human Behavior», *Statistics in Medicine* 32, n.º 4 (18 de junio de 2012), pp. 556-577, https://doi.org/10.1002/sim.5408.

220 **no es necesario que los lazos débiles se conviertan en algo más significativo:** Gillian M. Sandstrom y Elizabeth W. Dunn, «Social Interactions and Well-Being», *Personality and Social Psychology Bulletin* 40, n.º 7 (25 de abril de 2014), pp. 910-922, https://doi.org/10.1177/0146167214529799.

220 **correlacionan el uso de las redes sociales con el deterioro de la salud mental:** Melissa G. Hunt, Rachel Marx, Courtney Lipson y Jordyn Young, «No More FOMO: Limiting Social Media Decreases Loneliness and Depression», *Journal of Social and Clinical Psychology* 37, n.º 10 (diciembre de 2018), pp. 751-768, https://doi.org/10.1521/jscp.2018.37.10.751; Brian A. Primack, Ariel Shensa, Jaime E. Sidani, Erin O. Whaite, Liu yi Lin, Daniel Rosen, Jason B. Colditz, Ana Radovic y Elizabeth Miller, «Social Media Use and Perceived Social Isolation Among Young Adults in the U.S.», *American Journal of Preventive Medicine* 53, n.º 1 (julio de 2017), pp. 1-8, https://doi.org/10.1016/j.amepre.2017.01.010.

CAPÍTULO DIECIOCHO

224 **definición oficial:** Mark A. Runco y Garrett J. Jaeger, «The Standard Definition of Creativity», *Creativity Research Journal* 24, n.º 1 (enero de 2012), pp. 92-96, https://doi.org/10.1080/10400419.2012.650092.

224 **definición que a menudo se atribuye por error:** «La creatividad es que la inteligencia divirtiéndose», Quote Investigator, 11 de noviembre de 2021, https://quoteinvestigator.com/2017/03/02/fun.

225 **tipo de pensamiento creativo y de resolución de problemas cotidianos:** James C. Kaufman y Ronald A. Beghetto, «Beyond Big and Little: The Four C Model of Creativity», *Review of General Psychology* 13, n.º 1 (marzo de 2009), pp. 1-12, https://doi.org/10.1037/a0013688.

225 **científico y experto en creatividad George Land:** George Land y Beth Jarman, *Breakpoint and Beyond: Mastering the Future Today* (Champaign, IL: HarperBusiness, 1992), cap. III. 3.

226 **estudios más recientes confirman:** Manish Saggar, Hua Xie, Roger E. Beaty, Atanas D. Stankov, Meredith Schreier y Allan L. Reiss, «Creativity Slumps and Bumps: Examining the Neurobehavioral Basis of Creativity Development During Middle Childhood», *NeuroImage* 196 (agosto de 2019), pp. 94-101, https://doi.org/10.1016/j.neuroimage.2019.03.080.

227 **intervienen tanto la red de control cognitivo:** Roger E. Beaty, Robert A. Cortes, Daniel C. Zeitlen, Adam B. Weinberger y Adam E. Green, «Functional Realignment of Frontoparietal Subnetworks During Divergent Creative Thinking», *Cerebral Cortex* 31, n.º 10 (24 de abril de 2021), pp. 4464-4476, https://doi.org/10.1093/cercor/bhab100.

227 **los factores de riesgo de depresión:** Mark A. Runco, Creativity Research Handbook, vol. 3 (Cresskill, NJ: Hampton Press, 2012), pp. 163-191.

228 **supervivientes del huracán Katrina de 2005:** Einat S. Metzl, «The Role of Creative Thinking in Resilience After Hurricane Katrina», *Psychology of Aesthetics, Creativity, and the Arts* 3, n.º 2 (mayo de 2009), pp. 112-123, https://doi.org/10.1037/a0013479.

228 **En otro estudio con mujeres mayores:** Maureen C. McHugh, «Experiencing Flow: Creativity and Meaningful Task Engagement for Senior Women», *Women and Therapy* 39, n.º 3-4 (16 de marzo de 2016), pp. 280-295, https://doi.org/10.1080/02703149.2016.1116862.

228 **«momentos ¡ahá!»:** Yongtaek Oh, Christine Chesebrough, Brian Erickson, Fengqing Zhang y John Kounios, «An Insight-Related Neural Reward Signal», *NeuroImage* 214 (julio de 2020), p. 116757, https://doi.org/10.1016/j.neuroimage.2020.116757.

228 **profesor de psicología e investigador Mihaly Csikszentmihalyi:** Jeanne Nakamura y Mihaly Csikszentmihalyi, «The Concept of Flow», in Handbook of Positive Psychology, eds. C. R. Snyder y Shane J. Lopez, pp. 89-105 (Nueva York: Oxford Academic, 2001), https://doi.org/10.1093/oso/9780195135336.003.0007.

229 **«los mejores momentos de nuestra vida»:** Mihaly Csikszentmihalyi, *Flow: The Psychology of Optimal Experience* (Nueva York: Harper and Row, 2009), p. 3.

229 **Un estudio sobre mujeres que se dedicaban a tejer:** Kate Lampitt Adey, «Understanding Why Women Knit: Finding Creativity and "Flow"», *Textile: Cloth and Culture* 16, n.º 1 (11 de septiembre de 2017), pp. 84-97, https://doi.org/10.1080/14759756.2017.1362748.

230 **fomentan la creatividad:** Małgorzata Anna Gocłowska, Rodica Ioana Damian, y Shira Mor, «The Diversifying Experience Model: Taking a Broader Conceptual View of the Multiculturalism–Creativity Link», *Journal of Cross-Cultural Psychology* 49, n.º 2 (18 de enero de 2018), pp. 303-322, https://doi.org/10.1177/0022022116650258.

231 **cultivar el aburrimiento:** Karen Gasper y Brianna L. Middlewood, «Approaching Novel Thoughts: Understanding Why Elation and Boredom Promote Associative Thought More Than Distress and Relaxation», *Journal of Experimental Social Psychology* 52 (mayo de 2014), pp. 50-57, https://doi.org/10.1016/j.jesp.2013.12.007.

231 **tareas que inducían al aburrimiento:** Guihyun Park, Beng-Chong Lim y Hui Si Oh, «Why Being Bored Might Not Be a Bad Thing After All», **Academy of Management Discoveries** 5, n.º 1 (marzo de 2019), pp. 78-92, https://doi.org/10.5465/amd.2017.0033.

231 **favorece los pensamientos expansivos y creativos:** Kathryn J. H. Williams, Kate E. Lee, Terry Hartig, Leisa D. Sargent, Nicholas S. G. Williams y Katherine A. Johnson, «Conceptualising Creativity Benefits of Nature Experience: Attention Restoration and Mind Wandering as Complementary Processes», *Journal of Environmental Psychology* 59 (octubre de 2018), pp. 36-45, https://doi.org/10.1016/j.jenvp.2018.08.005.

CAPÍTULO DIECINUEVE

237 **«La I de I-curiosidad»:** Judson Brewer, «The Science of Curiosity», *Mindful*, 16 de noviembre de 2023, www.mindful.org/the-science-of-curiosity.

237 **la curiosidad está ligada a los circuitos de recompensa:** Celeste Kidd y Benjamin Y. Hayden, «The Psychology and Neuroscience of Curiosity»,

Neuron 88, n.º 3 (noviembre de 2015), pp. 449-460, https://doi.org/10.1016/j.neuron.2015.09.010.

237 **«la importancia de la curiosidad»:** Silvan S. Tomkins, *Affect, Imagery, Consciousness, vol. 1, The Positive Affects* (Nueva York: Springer, 1962), p. 347.

238 **desarrollo socioemocional:** Organización para la Cooperación y el Desarrollo Económico (OCDE), *Beyond Academic Learning: First Results from the Survey of Social and Emotional Skills* (París: Ediciones de la OCDE, 2021), p. 6, https://doi.org/10.1787/92a11084-es.

239 **la curiosidad, como hemos visto, mejora la memoria:** Matthias J. Gruber, Bernard D. Gelman y Charan Ranganath, «States of Curiosity Modulate Hippocampus-Dependent Learning via the Dopaminergic Circuit», *Neuron* 84, n.º 2 (octubre de 2014), pp. 486-496, https://doi.org/10.1016/j.neuron.2014.08.060.

242 **a las personas no les gustaba pasar ni siquiera un poco de tiempo:** Timothy D. Wilson, David A. Reinhard, Erin C. Westgate, Daniel T. Gilbert, Nicole Ellerbeck, Cheryl Hahn, Casey L. Brown y Adi Shaked, «Just Think: The Challenges of the Disengaged Mind», *Science* 345, n.º 6192 (4 de julio de 2014), pp. 75-77, https://doi.org/10.1126/science.1250830.

APÉNDICE B

276 **la creatividad está en el punto álgido:** Mareike B. Wieth y Rose T. Zacks, «Time of Day Effects on Problem Solving: When the Non-Optimal Is Optimal», *Thinking and Reasoning* 17, n.º 4 (noviembre de 2011), pp. 387-401, https://doi.org/10.1080/13546783.2011.625663.

Índice

SÉ MÁS FELIZ de DANIEL G. AMEN

El Dr. Daniel Amen revela en *Sé más feliz* siete secretos neurocientíficos para aumentar tu felicidad en solo 30 días. Basado en más de 200.000 escáneres cerebrales, identifica cinco tipos de cerebro y ofrece estrategias personalizadas y prácticas para mejorar el bienestar emocional, tomar mejores decisiones y vivir con propósito, claridad y equilibrio duradero.

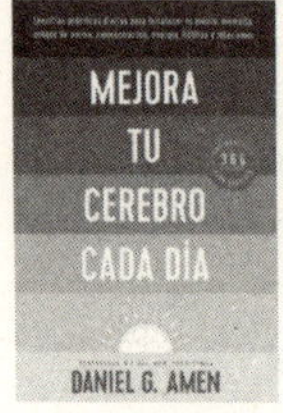

MEJORA TU CEREBRO CADA DÍA de DANIEL G. AMEN

366 prácticas diarias para mejorar tu cerebro, tu mente y tu vida. Daniel G. Amen, psiquiatra y neurocientífico con más de 40 años de experiencia, comparte hábitos diarios para mejorar el cerebro, potenciar la memoria y aumentar la felicidad. Estos hábitos promueven la gestión de la mente, la superación del estrés, la búsqueda de propósito y el aprendizaje para una vida saludable y exitosa.

CÓMO CRIAR HIJOS CON FORTALEZA MENTAL de DANIEL AMEN

El Dr. Daniel Amen y el Dr. Charles Fay fusionan neurociencia, amor y lógica en este innovador libro sobre crianza. Proporcionan herramientas prácticas para abordar problemas de comportamiento, ayudando a los niños a ser responsables, resilientes y capaces de tomar buenas decisiones. Los padres aprenderán a fomentar la salud mental y el potencial de sus hijos.

NUTRIVORE de SARAH BALLANTYNE

Nutrivore, de la Dra. Sarah Ballantyne, es la guía definitiva para comer mejor sin hacer dietas restrictivas. Descubre cómo llenar tu plato de alimentos ricos en nutrientes, sin contar calorías ni renunciar al placer de comer. Con consejos prácticos, efectivos y basados en ciencia, mejorarás tu salud, tendrás más energía y disfrutarás cuidándote sin complicaciones ni estrés.

LAS LEYES DIARIAS de ROBERT GREENE

Durante 25 años, Robert Greene ha ofrecido lecciones sobre aspectos humanos como el poder, la seducción, la estrategia y la psicología. *Las leyes diarias* recopila su sabiduría en 366 meditaciones, una para cada día del año, que abarcan temas como el liderazgo, la adversidad y la productividad, entre otros. Ryan Holiday se inspiró en este libro para escribir su bestseller *Diario para estoicos*.

INTELIGENCIA EMOCIONAL, 3ª EDICIÓN de HARVARD

La nueva edición revisada y ampliada, con información actualizada por Daniel Goleman y otros investigadores, ofrece herramientas para mejorar el bienestar y la satisfacción personal a través de la gestión emocional. Con un nuevo capítulo sobre el manejo del estrés y las conexiones emocionales en el trabajo, aprenderás a gestionar tus emociones y mejorar tus relaciones.

LAS LEYES DE LA NATURALEZA HUMANA de ROBERT GREENE

Las leyes de la naturaleza humana, de Robert Greene, es una obra fascinante que explora los impulsos y motivaciones ocultas detrás de las acciones humanas. Basado en ejemplos históricos de figuras como Pericles y Martin Luther King Jr., Greene nos enseña a gestionar nuestras emociones, desarrollar empatía, y entender las verdaderas intenciones de las personas, claves para el éxito personal y profesional.

CAMBIA TUS PREGUNTAS, CAMBIA TU VIDA de MARILEE ADAMS

Cambia tus preguntas, cambia tu vida, de Marilee Adams, es una guía transformadora que te enseña a cambiar tu forma de pensar y afrontar los desafíos. A través de la metodología de "preguntas de aprendizaje", aprenderás a mejorar tus relaciones y tomar decisiones más efectivas, logrando así un crecimiento personal y profesional que te acercará a tus objetivos y metas.

TU MEJOR VERSIÓN EN 12 SEMANAS de SANJAY GUPTA

Una guía transformadora con un enfoque paso a paso para cambiar hábitos arraigados y mejorar nuestra calidad de vida. Al seguir estos consejos, podremos reducir la ansiedad, mejorar el sueño y aumentar la energía, la claridad mental y la resistencia al estrés. Esta guía esencial nos permite adoptar comportamientos saludables y experimentar una transformación en solo 12 semanas.

DIARIO PARA ESTOICOS de RYAN HOLIDAY

Una guía fascinante para transmitir la sabiduría estoica a una nueva generación de lectores y mejorar nuestra calidad de vida. Su Agenda es un complemento perfecto para una reflexión más profunda sobre el estoicismo, así como indicaciones diarias y herramientas estoicas de autogestión.

Disponibles también en formato **e-book.**

Solicita más información en revertemanagement@reverte.com
www.revertemanagement.com
@revertemanagement

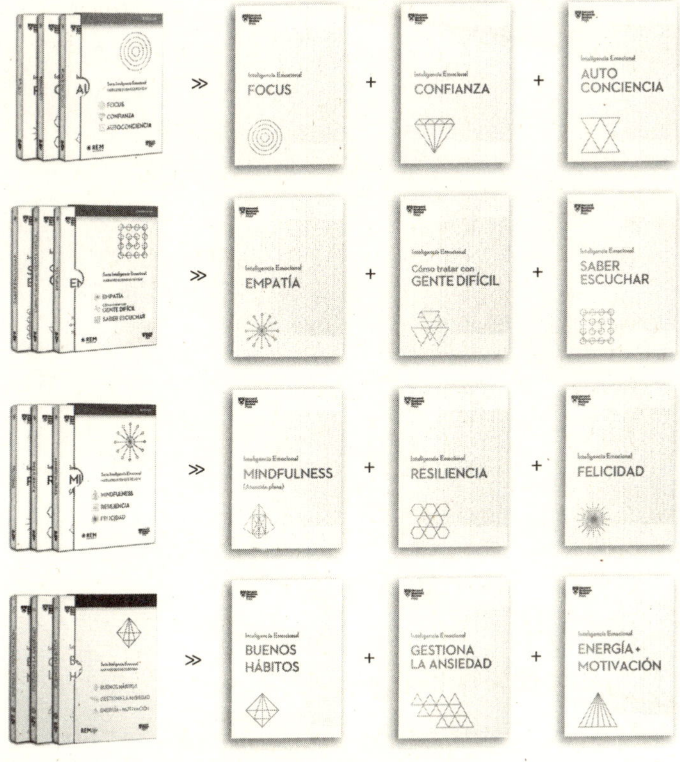
FOCUS
CONFIANZA
AUTO CONCIENCIA
EMPATÍA
Cómo tratar con GENTE DIFÍCIL
SABER ESCUCHAR
MINDFULNESS
RESILIENCIA
FELICIDAD
BUENOS HÁBITOS
GESTIONA LA ANSIEDAD
ENERGÍA + MOTIVACIÓN

Gracias

REM*life*

En REM*life* imprimimos todos nuestros libros con papeles ecológicos certificados FSC que contribuyen al uso responsable y conservación de los bosques.

100% sostenible / 100% responsable / 100% comprometidos